ALBERTO GINASTERA

5-7, rue de l'Ecole polytechnique ; 75005 Paris

http://www.librairieharmattan.com
diffusion.harmattan@wanadoo.fr
harmattan1@wanadoo.fr

ISBN : 978-2-296-03645-1
EAN : 9782296036451

Antonieta SOTTILE

ALBERTO GINASTERA

Le(s) style(s) d'un compositeur argentin

Préface de
Jean-Jacques Nattiez

Ouvrage publié avec le concours de
L'Observatoire international de la création musicale
(Université de Montréal)

L'Harmattan

Univers Musical

Collection dirigée par Anne-Marie Green

La collection *Univers Musical* est créée pour donner la parole à tous ceux qui produisent des études tant d'analyse que de synthèse concernant le domaine musical.
Son ambition est de proposer un panorama de la recherche actuelle et de promouvoir une ouverture musicologique nécessaire pour maintenir en éveil la réflexion sur l'ensemble des faits musicaux contemporains ou historiquement marqués.

Déjà parus

Deborah PRIEST, *Debussy, Ravel et Stravinski : textes de Louis Laloy (1874-1944)*, 2007.
Ronald LESSENS, *GRÉTRY ou Le triomphe de l'Opéra-Comique*, 2007.
Patrick REVOL, *Conception orientale du temps dans la musique occidentale du vingtième siècle*, 2007.
Jean-Louis BISCHOFF, *Tribus musicales, spiritualité et fait religieux*, 2007.
Claire HERTZ, *Salsa, une danse aux mille couleurs*, 2007.
Leiling CHANG, *György Ligeti. Lorsque le temps devient espace. Analyse du* Deuxième livre d'études pour piano, 2007.
Georges SAUVÉ, *Antonio Sacchini 1730-1786*, 2006.
Éric LECLER, *L'opéra symboliste*, 2006.
Roland GUILLON, *La New Wave, un jazz de l'entre-deux*, 2006.
Paul FUSTIER, *La vielle à roue dans la musique baroque française :Instrument de musique, objet mythique, objet fantasmé ?*, 2006.
Eric HUMBERTCLAUDE, *Pierre Souvtchinski,* 2006.
Robert GUILLOUX, *Maxime Dumoulin,* 2006.
Jean-Philippe HEBERLE, *Michael Tippett, ou l'expression de la dualité en mots et en notes*, 2006.
Bertrand RICARD, *La fracture musicale,* 2006.
Gabriel CASTILLO FADIC, *Musiques du XXème siècle au sud du río Bravo : images d'identité et d'altérité*, 2006.

Table des matières

Préface

L'ouvrage que nous offre aujourd'hui Antonieta Sottile consacré au(x) style(s) d'Alberto Ginastera (1916-1983) n'est pas une monographie comme il en existe bien d'autres.

Tout d'abord, c'est le premier livre en français consacré à celui qui, aux côtés d'Astor Piazzolla, mais dans un tout autre genre, est sans doute considéré comme le plus important compositeur argentin. À ce titre, il faut souligner et saluer le fait que l'auteure, hispanophone, ait rédigé son travail directement en français. C'est aussi celui qui, le premier, après de nombreux articles traitant d'aspects ou de moments particuliers de l'œuvre de Ginastera, et quelques ouvrages prétendant aborder la totalité de son œuvre, fasse réellement figure de synthèse d'ensemble, fondée sur de patientes analyses.

En deuxième lieu, cette étude témoigne d'une tendance nouvelle de la musicologie : alors qu'elle s'est le plus souvent exercée, jusqu'à une date récente, dans les grands « centres » de l'activité universitaire et scientifique (en Europe continentale, au Royaume-Uni ou aux États-Unis) et que ce sont souvent les chercheurs européens, britanniques ou nord-américains qui se sont penchés sur la musique des Autres, on voit de plus en plus de chercheurs « locaux » émerger dans les pays situés à la « périphérie » des Empires d'hier et d'aujourd'hui, et prendre la parole pour traiter de leurs musiques et de leurs musiciens nationaux. Trop longtemps, la musique moderne ou contemporaine qui s'est développée dans le Tiers-monde, a été considérée avec condescendance comme une culture d'importation, matinée de préoccupations folkloriques locales. Très souvent, dans les ouvrages consacrés à la musique du XXe siècle, Ginastera figure, quand il est cité, dans la rubrique marginale des « autres pays ». Le travail d'Antonieta Sottile contribue, pour reprendre la judicieuse expression de Malena Kuss (2005), à la décolonisation de la musicologie latino-américaine. Le style de Ginastera y est traité comme caractéristique d'une œuvre dotée de ses propres principes d'organisation et de qualités esthétiques intrinsèques, même si cela n'exclut pas, comme pour tout compositeur, d'y déceler le jeu des influences. Ce qui conduit l'auteure, en fait, à analyser comment, à partir d'elles, un compositeur doté d'une personnalité aussi forte réussit à créer un style personnel. Et ce n'est pas le moindre des mérites du livre d'Antonieta Sottile que de donner envie d'aller écouter les œuvres sur lesquelles elle se penche avec minutie et, on le devine, avec amour.

L'œuvre et l'évolution de Ginastera posent un problème musicologique spécifique qui constitue l'épine dorsale du propos d'Antonieta Sottile. Chez Ginastera en effet, on distingue aisément trois ou quatre grandes périodes distinctes, ce dont le compositeur était lui-même conscient, puisque, dans un texte de 1967 fréquemment cité, il les a lui-même découpées et dénommées. Mais il est revenu en 1981, deux ans avant sa mort, sur cette périodisation, en mettant l'accent sur d'autres aspects. Comme le traduit agréablement la fusion du singulier et du pluriel dans le titre du présent livre, plusieurs musicologues sont, en conséquence, intervenus soit pour contester la légitimité de toute périodisation dans l'œuvre de Ginastera, soit pour en proposer d'autres, fondées alors sur des critères différents. Le présent ouvrage paraît à un moment de l'histoire de la musicologie où la légitimité même de toute périodisation est remise en question : « The process becomes problematic because much contemporary critical thought has cast doubt on the validity of the narratives and strategies that underpin the notion of a historical period, a construct that carries an image of a totality », peut-on lire dans le premier dictionnaire musicologique qui reflète constamment le parti des nouvelles convictions (ou des nouvelles croyances) postmodernes (Beard and Gloag 2005 : 130). Le scepticisme manifesté par ces auteurs au sujet de la périodisation s'étend aux périodisations pratiquées à propos de la vie et de l'œuvre des compositeurs particuliers (*ibid.* : 131). Un des grands mérites de la monographie d'Antonieta Sottile est d'obliger à reconsidérer cette position par trop nihiliste.

Le travail de périodisation n'est pas différent, méthodologiquement, de tout travail d'analyse : découper en périodes ce qui articule l'écoulement du temps relève, en effet, des mêmes principes que la décomposition d'une œuvre en thèmes, phrases ou motifs. Or, ce n'est pas parce qu'une périodisation, comme toute proposition analytique, est toujours le résultat d'une *construction* que cette construction est arbitraire ou inutile. Qui consistera, car cela saute aux yeux, qu'il y ait bien chez Picasso une période bleue distincte d'une période rose ? Et au-delà des traits caractéristiques à chacune de ces deux périodes, n'y a-t-il pas quelque chose de « typiquement Picasso » dans l'une *et* dans l'autre ? Ce qui justifie l'entreprise de périodisation comme l'analyse musicale phraséologique, c'est le fait qu'une collection de traits récurrents contribue à donner à un segment de l'histoire comme d'une série d'œuvres une homogénéité qui en autorise l'isolement et le groupement. Mais, précisément parce qu'elle est construction, ces opérations reposent toujours sur une sélection particulière de critères et de traits dont il faut expliciter le choix et justifier la pertinence. C'est ce que fait ici l'auteure en distinguant, chez les différents musicologues et chez elle-même, entre les critères fondés sur le caractère et l'esthétique d'une part, et ceux fondés sur le langage musical utilisé de l'autre, des distinctions dont les musicologues qui l'ont précédée n'avaient pas pris conscience, tout simplement parce que la thématisation et l'explicitation des critères analytiques ne sont toujours pas, alors qu'elles devraient l'être, à l'ordre du jour des préoccupations centrales de la musicologie. Plusieurs périodisations d'une même œuvre sont donc possibles et légitimes, ce qui n'empêche pas de justifier ses propres préférences ou de tenter de concilier des options apparemment conflictuelles. C'est qu'en effet, le découpage de diverses périodes dans l'œuvre d'un compositeur n'a pas pour objectif d'en révéler une structuration immuable et définitive. Son rôle est de contribuer à en faciliter une meilleure connaissance en se gardant de tout essentialisme. À ce titre, l'intérêt de la monographie d'Antonieta Sottile dépasse le seul cas Ginastera. Son entreprise concerne, de par son caractère exemplaire, l'ensemble des musicologues et de la musicologie.

Jean-Jacques Nattiez
Université de Montréal

Remerciements

J'aimerais remercier très sincèrement le compositeur argentin Jorge Horst qui a accompagné la rédaction de ce livre de ses profondes connaissances musicales, de ses observations fines et de son amitié. De même, je tiens à remercier chaleureusement Diego Mattar pour la réalisation des exemples musicaux, ainsi que Nicolas Lartillot pour sa relecture attentive du manuscrit final et ses conseils concernant la rédaction en langue française. Je voudrais également exprimer ma profonde gratitude à l'Université de Montréal, à l'Observatoire international de la création musicale, et à Jean-Jacques Nattiez, pour leur soutien, sans lequel cette publication n'aurait pas été possible. Enfin, mes remerciements s'adressent à Boosey & Hawkes pour m'avoir permis de reproduire des exemples musicaux des œuvres suivantes d'Alberto Ginastera :

Introduction

Alberto Evaristo Ginastera (né à Buenos Aires, Argentine, le 11 avril 1916, et mort à Genève, Suisse, le 25 juin 1983) est considéré comme le compositeur le plus important d'Argentine, ainsi que l'un des compositeurs majeurs du continent américain. Sa brillante carrière commence très tôt, en 1937, avec la création, couronnée de succès, de la *Suite pour orchestre* de son ballet *Panambí*, assurée par l'Orchestre du Théâtre Colón à Buenos Aires. Ginastera est encore, à ce moment-là, un élève du *Conservatorio Nacional de Música* de Buenos Aires, dont il obtient le diplôme de professeur en 1938. Puis, en tant que récipiendaire de la bourse Guggenheim, il séjourne aux États-Unis entre 1945 et 1947, fréquentant d'importantes écoles de musique, telles que Juilliard, Columbia et Eastman. De retour à Buenos Aires, il partage sa vie entre la composition et l'enseignement. En 1948, il organise le *Conservatorio de Música y Arte dramático* de La Plata, et participe à la fondation de la section argentine de l'ISCM (*International Society for Contemporary Music*). Il devient en 1958 le premier doyen de la Faculté de musique de l'*Universidad Católica Argentina*, où il met en place, pour la première fois dans son pays, une formation universitaire en musicologie. Parallèlement à son activité académique, il répond, comme compositeur, à de nombreuses commandes, notamment d'institutions états-uniennes. Ses œuvres sont créées aux États-Unis et en Europe, par des interprètes renommés, comme Igor Markevitch, le Juilliard Quartet, Ruggiero Ricci, Leonard Bernstein. De 1963 à 1971, il est directeur du *Centro Latinoamericano de Altos Estudios Musicales del Instituto Torcuato Di Tella*, à Buenos Aires, importante institution consacrée à la promotion de la musique d'avant-garde. En 1971, Ginastera décide de s'installer à Genève, avec sa seconde épouse, la violoncelliste argentine Aurora Nátola, où il vivra douze ans entièrement consacré à la composition, laissant toutefois à sa mort plusieurs commandes inachevées.

La musicologue argentine et biographe principale de Ginastera, Pola Suárez Urtubey, publie, en 1967, son ouvrage *Alberto Ginastera*, qui consiste en une biographie du compositeur, ainsi qu'en une description sommaire de ses œuvres. Le livre inclut également (au chapitre X), un entretien avec Ginastera, dans lequel Suárez Urtubey demande au compositeur d'évaluer ses trente premières années de vie créatrice. Considérant alors l'évolution de sa musique, Ginastera affirme que son œuvre peut être divisée en trois périodes, qu'il définit comme « nationalisme objectif » (1935-1947)[1], « nationalisme subjectif » (1948-1957) et « néo-expressionnisme » (à partir de 1958) (Suárez Urtubey, 1967 : 72). Cette périodisation effectuée en 1967 par Ginastera, ainsi que la description qu'il propose de chacune de ses trois périodes, s'imposent dès lors comme une référence essentielle pour les musicologues qui ont étudié son œuvre. Or, dans un entretien accordé à Lilian Tan en 1981, et publié dans la revue *American Music Teacher*, Ginastera reconsidère cette division en trois périodes formulée quatorze ans auparavant. Ainsi, à une question de Tan concernant ce sujet, il répond : « I think there are not three [périodes], but two. The first I would call tonal and polytonal. Then a second period where I used atonality. But at the moment I am evolving... This change is taking the form of a kind of reversion, a going back to the primitive America of the Mayas, the Aztecs and the Incas » (Tan, 1984 : 7). Dans cette nouvelle périodisation, Ginastera englobe les deux périodes « nationalistes » dans une seule période qu'il appelle « tonale et polytonale », tenant compte essentiellement de la continuité du langage néo-tonal, et gommant ces différences qui l'avaient pourtant amené, en 1967, à faire une distinction entre expression « objective » ou « subjective » du nationalisme. La seconde période, quant à elle, caractérisée ici par le langage atonal, est celle que Ginastera avait qualifiée en 1967 de « néo-expressionniste », et qui commence avec le *Quatuor à cordes n° 2* (1958). Ginastera mentionne également qu'à ce moment-là de sa période « atonale », il est en train d'évoluer, pour se retourner vers le passé précolombien. Ce commentaire de Ginastera suggère donc que cette période qui comprendrait vingt-cinq ans de production, si l'on considère qu'elle s'étend jusqu'à la mort du compositeur (1983), n'est pas entièrement homogène. De façon générale, cette périodisation effectuée par Ginastera en 1981 n'est pas prise en considération par les différents musicologues

---

[1] Ginastera ne mentionne pas les dates précises, mais il signale certaines œuvres permettant de délimiter chacune des périodes. Le ballet *Panambí* (1935-1937) marque la date du début de la première période, bien que Ginastera ait composé quelques pièces auparavant (telles que *Impresiones de la puna*, 1934). Ces pièces écrites avant *Panambí* ont été retirées du catalogue par le compositeur. La liste chronologique des œuvres de Ginastera se trouve à la fin de ce travail, avant la bibliographie (pp. 245-246).

qui ont étudié son œuvre[2], mais on note qu'elle fait intervenir des traits différents de ceux invoqués pour la division en trois périodes : il s'agit non plus du caractère ou de l'esthétique de chaque période, mais du type de langage musical utilisé.

Le présent travail a pour but de caractériser le style d'Alberto Ginastera, et la question de la périodisation de son œuvre apparaît étroitement liée à cette caractérisation. Une périodisation est une *segmentation* introduite dans le continuum de l'activité créatrice d'un compositeur, en sélectionnant certains traits que l'on considère comme plus pertinents que d'autres, selon des critères déterminés mis à l'œuvre. Une périodisation est donc une *construction*. Nous allons résumer, dans la suite de cette introduction, les différentes périodisations soutenues par les principaux musicologues qui ont traité de l'œuvre de Ginastera. Puis, nous présenterons la périodisation que nous adopterons, pour mener notre travail de caractérisation stylistique.

Pola Suárez Urtubey présente la division de l'œuvre de Ginastera en trois périodes dans son livre *Alberto Ginastera en cinco movimientos* (1972). En 1999, Suárez Urtubey écrit l'article « Ginastera » dans le *Diccionario de la música española e hispanoamericana*, dans lequel elle reprend la division en trois périodes, mais signalant également que l'œuvre de Ginastera présente « trois styles et une même pensée essentielle » (Suárez Urtubey, 1999 : 630).

Le musicologue Gilbert Chase, qui a toujours suivi de très près le travail de Ginastera, écrit l'article « Ginastera » du *New Grove* en 1980, employant aussi la division en trois périodes, telle que formulée par le compositeur en 1967. Cependant, Chase souligne que, bien que le compositeur ait lui-même périodisé son œuvre, « ...he has repeatedly insisted on the continuity of his work... » (Chase, 1980 : 388).

---

[2] Comme le signale la musicologue Deborah Schwartz-Kates : « Tan provides some evidence to suggest that toward the end of his life Ginastera may have revised his own taxonomy to encompass only two style periods. Yet such testimony remains equivocal, since it never appears in any other source and is confused by Ginastera's subsequent suggestion regarding his continued evolution into a new stylistic phase based on a reconstitution of the pre-Columbian world » (Schwartz-Kates, 2002 : 279-280).

Pour sa part Malena Kuss, dans l'introduction au catalogue de l'œuvre de Ginastera publié en 1986, s'oppose à toute périodisation rigide, incluant celle effectuée par le compositeur lui-même en 1967, puisqu'elles iraient à l'encontre de l'impression de continuité qui se dégage de l'œuvre de Ginastera. Comme l'exprime Kuss : « Equally misleading are attempts to divide his output into clearly defined creative periods, as even Ginastera himself had once done. [...] It is more accurate to view the fifty-four opus-numbered works that represent his total œuvre (1937-1983) as an uninterrupted search for synthesis between the sounds that carry the stamp of his culture and the 20th-century techniques he learned to master with consummate virtuosity » (Kuss, 1986 : 8). Dans son article « Ginastera », publié dans *Die Musik in Geschichte und Gegenwart*, Kuss signale que l'œuvre de Ginastera peut être considérée comme un *work in progress* (Kuss, 2002 : 979).

Dans son ouvrage *Twentieth-Century Music*, Elliott Antokoletz (1992) se sert de la division en trois périodes afin de décrire de manière succincte le style de Ginastera, bien qu'il cite en note la position de Kuss contraire à cette périodisation. D'autre part, Antokoletz observe que, à partir de 1958, Ginastera développe un langage plus abstrait explorant les techniques sérielles, mais qu'après 1973, il retourne à des éléments du « nationalisme subjectif » (Antokoletz, 1992 : 526).

L'article « Alberto Ginastera's Late Instrumental Style » de Michelle Tabor (1994) examine la périodisation effectuée par Ginastera, et propose de subdiviser la troisième période en raison du retour d'éléments liés au nationalisme. Comme Tabor le signale, Ginastera définit sa période « néo-expressionniste » en 1967, alors même qu'il est en train de la traverser. La définition que Ginastera en donne, selon Tabor, est clairement pertinente pour les œuvres écrites jusqu'en 1973, mais elle l'est beaucoup moins pour les œuvres composées entre 1973 et 1983 (Tabor, 1994 : 4)[3].

---

[3] Tabor subdivise la période « néo-expressionniste » en trois tendances : une première tendance (1958-1973), caractérisée par le langage atonal et la quasi-totale absence d'éléments folkloriques, et une deuxième et une troisième tendances, situées toutes les deux entre 1973 et 1983, qui se distinguent par une utilisation du folklore plus directe, dans le cas de la troisième tendance qui rappelle le « nationalisme subjectif », ou bien plus allusive, dans le cas de la deuxième (Tabor, 1994).

Pour sa part, dans l'introduction de son ouvrage *Alberto Ginastera : Técnicas y estilo (1935-1950)*[4], Guillermo Scarabino (1996) confronte la division en trois périodes formulée par Ginastera et le refus de périodiser exprimé par Kuss. Finalement, il se prononce pour une division de l'oeuvre de Ginastera en deux périodes, le *Quatuor à cordes n° 2* (1958) étant, selon lui, un véritable point d'inflexion dans le style de Ginastera. En revanche, il soutient que les différences soulignées par Ginastera entre le « nationalisme objectif » et le « nationalisme subjectif », n'affectent pas pour autant la continuité d'un même langage néo-tonal qui recouvre ces deux périodes. La première période (1935-1954) regroupe donc les œuvres nationalistes néo-tonales, tandis que la seconde période est celle dite « néo-expressionniste » ou atonale (1958-1983). Scarabino rejoindrait ainsi la périodisation proposée par Ginastera en 1981. Pourtant, il ne fait aucune mention dans son livre de l'article de Tan, ce qui nous permet de croire qu'il n'était pas au courant de cette division datant de 1981.

Enfin, la musicologue Deborah Schwartz-Kates, dans l'article « Ginastera » de l'édition 2001 du *New Grove*, présente la division en trois périodes formulée par le compositeur en 1967[5]. Cependant, elle signale que la définition de la troisième période doit être révisée, afin de considérer le large corpus constitué des œuvres composées après 1967. L'examen de ces pièces révèle que le style de la troisième période, qui comprendrait plus de trente œuvres, est loin d'apparaître comme monolithique. Selon Schwartz-Kates : « Beginning with *Puneña n° 2* (1976), Ginastera applied complex post-serial techniques to recreate the spirit of the Americas as exemplified in its collective indigenous heritage. It is therefore reasonable to add a fourth period, 'final synthesis' (1976-1983) to account for this unique blending of tradition and innovation » (Schwartz-Kates, 2001 : 876).

[4] Le titre du livre de Scarabino semble contenir une erreur, car la période qu'il étudie est en fait délimitée par les années 1935 et 1954, et non 1935-1950. Deborah Schwartz-Kates entreprend de corriger cette erreur dans la bibliographie de son article « Ginastera » du *New Grove* (Schwartz-Kates, 2001 : 879).

[5] Précisons que la période du « nationalisme objectif » commence, pour Schwartz-Kates, en 1934, afin d'inclure la pièce *Impresiones de la puna* pour flûte et quatuor à cordes (1934), qui a été récemment réintégrée au répertoire (Schwartz-Kates, 2001 : 876).

Pour notre part, nous allons employer, dans notre caractérisation du style de Ginastera, une périodisation qui constitue, d'une certaine manière, la somme des différentes périodisations qui viennent d'être énoncées. Afin d'appliquer la segmentation la plus fine, nous allons adopter la division en trois périodes, à savoir, « nationalisme objectif » (1934-1947), « nationalisme subjectif » (1948-1957) et « néo-expressionnisme », en subdivisant cette dernière en une première phase (1958-1973) et une phase finale (1973-1983). À l'instar de Chase, Antokoletz, Tabor et Schwartz-Kates, nous retiendrons la distinction entre « nationalisme objectif » et « nationalisme subjectif », établie par Ginastera en 1967, bien que, apparemment, la périodisation proposée par Ginastera en 1981, ainsi que celle formulée par Scarabino la délaissent. Pour la période qui s'étend de 1958 à 1983, nous utiliserons la qualification de « néo-expressionniste », que Ginastera lui donne en 1967, ayant été reprise par la plupart des musicologues. Ainsi que le signalent Antokoletz, Tabor, Schwartz-Kates, et Ginastera lui-même dans l'entretien de 1981, cette période « néo-expressionniste » n'est pas monolithique. La date de 1973 marque un retour aux éléments folkloriques délimitant deux phases distinctes à l'intérieur de cette période[6]. La phase que nous appellerons phase finale (1973-1983) correspondrait, dans une certaine mesure, à la subdivision effectuée par Tabor, ainsi qu'à la création d'une quatrième période, appelée « synthèse finale », telle que proposée par Schwartz-Kates. Notre proposition permet donc de concilier les deux familles de critères repérés, ceux qui concernent caractère et esthétique, et ceux qui mettent l'accent sur le langage musical utilisé.

Dans le présent travail, nous nous proposons donc de définir les traits dominants et distinctifs de chacune des différentes périodes et phases traversées par le langage ginasterien, tout au long de l'évolution d'une œuvre qui apparaît comme particulièrement éclectique. Si les musicologues cités auparavant (Suárez Urtubey, Chase, Kuss, Tabor, Scarabino, Schwartz-Kates) ont entrepris la tâche de décrire ou d'analyser particulièrement certaines périodes, ou encore, un corpus

[6] La raison pour laquelle nous établissons, en accord avec Antokoletz et Tabor, la date de 1973 comme date de retour des éléments du folklore, tandis que Schwartz-Kates signale la date de 1976, sera expliquée au chapitre V.

déterminé, il n'existe toutefois jusqu'à présent aucun travail recouvrant l'ensemble de l'œuvre de Ginastera[7].

Selon Jean-Pierre Bartoli, « définir un style donné suppose l'observation analytique d'un ensemble d'indices permettant de cerner une personnalité ou un groupe de personnes qui agit » (Bartoli, 1989 : 11). Le style serait donc le produit d'un certain *modus operandi* de l'artiste créateur, lequel est guidé par une intention et une esthétique déterminées. L'observation analytique nous permet de repérer l'ensemble d'indices, les traits récurrents susceptibles de nous révéler ce *modus operandi* spécifique. Or, la démarche analytique qui prétend à une caractérisation stylistique est éminemment comparative. Car définir un trait comme caractéristique d'un compositeur, ou d'une période d'un compositeur, ou encore d'une œuvre, implique nécessairement de le distinguer au sein d'un ensemble d'éléments plus large. Le trait stylistique est, parmi les éléments constitutifs d'un langage donné, celui qui permet d'individualiser, de marquer la différence. Comme le signale Jean-Jacques Nattiez : « ...si je tente de caractériser le style de Debussy, je ne serai certain de la spécificité des traits retenus que si je m'assure que je ne les trouve pas aussi chez Ravel » (Nattiez, 1993 : 6). De même, les traits distinctifs d'une période d'un compositeur ne se définissent complètement que par leur différence par rapport aux traits dominants d'une autre période.

Comme le souligne encore Nattiez : « ...un style particulier se forme à partir des possibilités ouvertes par l'état du style au moment où un nouveau créateur entre en scène » (Nattiez, 1993 : 6). Pour une caractérisation du style de Ginastera, nous procéderons à la comparaison

---

[7] L'ouvrage de Pola Suárez Urtubey *Alberto Ginastera en cinco movimientos* demeure le seul ouvrage de synthèse de l'œuvre de Ginastera. Néanmoins, ce livre date de 1972, par conséquent, ne comprend pas les dix dernières années de composition de Ginastera. Par ailleurs, l'ouvrage de Suárez Urtubey présente plutôt le caractère d'une chronique. Pour sa part, Deborah Schwartz-Kates (1997, 2002) s'intéresse particulièrement au style « nationaliste » de Ginastera ainsi qu'à l'influence de la tradition *gauchesca* dans sa musique. De même, Gilbert Chase (1957a, 1957b) a notamment écrit sur les périodes « nationalistes ». Pour leur part, les opéras *Don Rodrigo* et *Bomarzo* ont fait l'objet de l'étude de Malena Kuss (1980b, 1984, 2005). Guillermo Scarabino (1996) traite du langage néo-tonal de Ginastera et de son aspect « nationaliste ». Enfin, Michelle Tabor (1994) s'intéresse aux compositions écrites entre 1963 et 1983.

du langage de Ginastera avec ce qui constitue, au moins partiellement, le langage de référence de la musique savante européenne de l'époque, représenté par les compositeurs emblématiques des premières décennies du XXe siècle, tels que notamment Stravinski, Bartók et Berg. De fait, Ginastera a souvent déclaré que ces trois compositeurs étaient ses principaux modèles, ayant marqué, dans une certaine mesure, l'« état du style » de l'époque où Ginastera s'affirme comme compositeur. D'autre part, Ginastera s'est formé dans la tradition du courant nationaliste argentin, qui tentait d'édifier un style musical national, basé sur les emprunts au folklore argentin. Ainsi, le folklore argentin constitue-t-il un autre langage de référence concernant la musique de Ginastera. Nous procéderons par conséquent, également, à la comparaison des éléments du langage de Ginastera avec des éléments du folklore argentin, afin de voir comment certains traits stylistiques peuvent découler du folklore.

Notre premier chapitre est consacré à l'examen de la période du « nationalisme objectif » (1934-1947). Afin de mieux comprendre cette période, nous situons Ginastera dans le contexte de la tendance nationaliste argentine et de l'exaltation de la tradition *criolla.* Pour pouvoir repérer les éléments provenant de la musique de tradition orale argentine, qui sont intégrés au langage de Ginastera, nous présentons également, dans ce chapitre, une caractérisation sommaire du folklore argentin. Puis, nous effectuons une analyse approfondie d'une œuvre représentative de cette période, les *Danzas Argentinas* pour piano (1937), pièce nettement liée à la tradition *criolla.* Nous avons choisi de placer au centre de notre caractérisation stylistique une sélection d'œuvres exemplaires qui sont étudiées en profondeur. La division en périodes établie par Ginastera suppose une certaine homogénéité du corpus constitué des œuvres écrites dans chaque période. Pour choisir une œuvre suffisamment représentative de chacun des corpus, notre premier critère a été de donner la préférence à celles qui sont devenues des pièces reconnues, intégrées au répertoire international, et qui, par conséquent, peuvent être considérées comme les plus abouties. De plus, ces pièces que nous jugeons emblématiques sont souvent évoquées en guise d'illustration de ses intentions esthétiques par Ginastera lui-même. Ainsi, notre deuxième chapitre, consacré à la période du « nationalisme subjectif » (1948-1957), présente l'analyse du premier mouvement (*Allegro marcato*) de la *Sonate pour piano n° 1* (1952), qui est probablement la pièce la plus connue et célébrée de Ginastera, comptant de multiples enregistrements. Ce deuxième chapitre s'attarde notamment à l'utilisation des formes « abstraites » de la musique instrumentale, comme la forme sonate, qui se détachent des références extramusicales folkloriques, propres à la période précédente. Ainsi, les périodes se distinguent souvent par des contrastes. De façon générale, les paramètres pris en considération dans nos analyses sont l'organisation des hauteurs, la structure formelle, le dessin mélodique et rythmique, l'harmonie, la texture et les intensités. Précisément en ce qui concerne l'organisation des hauteurs, le langage du « nationalisme subjectif » montre un aspect de plus en plus chromatique, préparant, dans une certaine mesure, à l'atonalité et au sérialisme, qui marquent la troisième période de Ginastera.

Les trois chapitres suivants (chapitre III, IV et V) portent donc sur la période du « néo-expressionnisme » (1958-1983), qui est évidemment la période la plus longue. Les chapitres III et IV sont consacrés à la première phase de cette période (1958-1973), tandis que le chapitre V s'attarde à sa phase finale (1973-1983). Le chapitre III traite de l'écriture sérielle de Ginastera, caractéristique de cette première phase « néo-expressionniste », et comprend deux volets. Le premier volet aborde la relation de Ginastera avec le dodécaphonisme, en analysant sa première composition dodécaphonique, le *Presto magico* du *Quatuor à cordes n° 2* (1958). Le second volet consiste en une analyse comparative des structures des principales séries utilisées dans les œuvres éminemment sérielles composées entre 1958 et 1965. Cette analyse nous permet de dégager une structure unique sous-jacente dans l'ensemble des séries, où la configuration intervallique 0-1-6-7 joue un rôle fondamental. Le chapitre IV revient sur le *Quatuor à cordes n° 2*, qui est considéré comme une œuvre clé dans l'évolution du langage ginasterien. Dans ce chapitre, nous comparons ce *Quatuor* avec le *Concerto per corde* (1965), qui en est un arrangement et un remaniement pour orchestre à cordes, impliquant l'inclusion de certains procédés aléatoires et l'utilisation plus intensive des micro-intervalles. La comparaison de ces deux versions nous permet d'aborder la nouvelle relation de Ginastera au folklore. Même si, dans cette phase de la période « néo-expressionniste », Ginastera dit s'être détaché de l'utilisation de matériaux folkloriques, il prétend que son style conserve toutefois des « résonances d'essence argentine ». Nous procédons également, dans ce chapitre, à la recherche de ces résonances folkloriques dans d'autres œuvres sérielles, comme la *Cantata para América Mágica* et le *Concerto pour piano n° 1*. Ce chapitre considère aussi brièvement l'opéra *Bomarzo* (1966-1967). Cet opéra, qui traite d'un personnage excentrique de l'Italie du XVIe siècle, sert à illustrer le nouvel intérêt de Ginastera pour des thématiques « universalistes » très diverses. D'autre part, cet opéra constitue un exemple de l'esthétique expressionniste de Ginastera, teintée d'un certain surréalisme, et traduisant une hyper-expressivité dramatique. Le chapitre V, pour sa part, se concentre sur la phase finale du « néo-expressionnisme » (1973-1983), caractérisée par le retour manifeste des références folkloriques, ainsi que de certains procédés propres au langage de la néo-tonalité. Nous y abordons notamment l'analyse du *Wayno Karnavalito*, second mouvement de la *Puneña n° 2* pour violoncelle seul (1976), pièce qui évoque l'univers précolombien, à l'instar de plusieurs pièces de cette phase finale.

Notre dernier chapitre (chapitre VI) est consacré à l'appréciation des pratiques intertextuelles chez Ginastera, particulièrement son recours courant aux citations au travers des trois périodes. Nous distinguons, dans ce chapitre, trois types spécifiques de pratique citationnelle : la citation folklorique, la citation de musiques savantes européennes (citation « érudite ») et l'autocitation. L'appréciation de ces procédés nous mène à associer la notion de *bricolage* à l'écriture de Ginastera. Par ailleurs, cet examen du travail citationnel de Ginastera nous permet de jeter un regard d'ensemble sur son oeuvre, au-delà de la division en différentes périodes, en vue de la conclusion de notre travail. Sur ce point spécifique, nous nous rapprochons donc de la position de Malena Kuss qui se refuse à périodiser l'œuvre de Ginastera.

Dans notre conclusion, nous essaierons, d'une part, de formuler une synthèse des traits dominants de chacune des périodes et des phases, et d'autre part, de déterminer des constantes stylistiques qui traversent les différentes périodes et qui permettent d'individualiser une « sonorité ginasterienne ». À partir de ces données, des variantes et des constantes stylistiques, nous reconsidérerons les critères et la légitimité des différentes périodisations, et même de la non périodisation dans le cas de Kuss, de l'œuvre de Ginastera, qui ont été résumées dans cette introduction et qui auront, d'une certaine manière, sous-tendu notre travail.

Nous voudrions préciser, par ailleurs, que des sujets tels que le « folklore » ou le « nationalisme » ne sont traités dans le présent travail que dans la perspective de la caractérisation du style musical de Ginastera. C'est dire que nous nous référons à la notion de « folklore argentin » au sens où elle était entendue, manifestement, par Ginastera[8], à savoir, les musiques de tradition *criolla* et indigène, persistant encore dans la campagne argentine au début du XXe siècle. Ces musiques se propagent par voie orale, et sont généralement de création anonyme. La notion de « nationalisme », quant à elle, sera considérée dans le contexte historique de l'époque, et pour tout ce qu'elle a pu avoir d'inspirant et de stimulant pour Ginastera.

Comme l'a exprimé Ginastera, « je crois que l'artiste doit être le représentant d'une société, le représentant d'un peuple, le représentant d'une culture déterminée, donc il faut qu'il communique avec son peuple et, si c'est possible, lorsqu'il traverse les frontières de son pays, il doit représenter son peuple face aux autres peuples » (cité *in* Schwartz-Kates, 1997 : 858)[9]. Cette ferveur nationaliste inspire notamment la première période de Ginastera, par laquelle commence notre analyse.

---

[8] Ginastera n'a pas fait un travail d'ethnomusicologue. Ses connaissances du folklore argentin, comme nous le verrons au chapitre I, semblent provenir en grande partie de sources de seconde main, notamment des ouvrages du musicologue argentin Carlos Vega.

[9] C'est notre traduction de l'original en espagnol cité par Schwartz-Kates. La plupart des textes originaux en espagnol, présentés tout au long du présent travail, ont été traduits par nous, à l'exception des préfaces de partitions et de livrets de disques, comportant déjà la traduction française.

Chapitre I : La période du « nationalisme objectif » et le « folklore imaginaire »

Pour mieux comprendre la première période de création d'Alberto Ginastera, le « nationalisme objectif » (1934-1947), il nous faudra d'abord la situer dans son contexte, en traçant un bref panorama de la musique savante argentine de cette époque, marquée par les tendances nationalistes. Ensuite, il nous faudra également retracer les caractéristiques principales du folklore argentin, afin de pouvoir subséquemment repérer l'utilisation des matériaux provenant du folklore dans la musique de Ginastera. De même, nous considérerons la notion de « folklore imaginaire » appliquée par Ginastera, ainsi que l'importance de la musique « à programme », durant cette première période, basée notamment sur la thématique « *gauchesca* ». Enfin, nous terminerons ce chapitre par une analyse des *Danzas Argentinas* pour piano (1937), une des premières compositions de Ginastera, qui nous permettra d'illustrer le langage du « nationalisme objectif ».

1. La musique nationaliste

Le nationalisme en musique consiste en l'utilisation de matériaux dont le caractère régional ou national est clairement reconnaissable. Cela implique l'utilisation non seulement d'éléments musicaux folkloriques, mais également d'éléments extramusicaux liés à la tradition, à la littérature, ou encore aux mythologies nationales. Le concept de « musique nationaliste » est en général employé pour décrire la musique des compositeurs de la fin du XIXe siècle et du début du XXe siècle, issus des pays périphériques par rapport aux centres de la musique savante occidentale représentés par l'Allemagne, l'Italie et la France. Ainsi, le courant de la musique nationaliste concerne-t-il des pays tels que la Russie (avec le « Groupe des Cinq »), la Finlande (Sibelius), la Tchécoslovaquie (Smetana, Dvořák, Janáček), l'Espagne (Albéniz, Granados, de Falla), ou la Hongrie (Bartók, Kodály). À peu près à la même époque, le courant nationaliste trouve également des représentants dans le continent américain : aux États-Unis (Ives, Gershwin, Copland), au Mexique (Revueltas, Chávez), au Brésil (Nazareth, Villa-Lobos), ou en Argentine.

En Argentine, le courant nationaliste coïncide avec le commencement d'une activité musicale véritablement professionnelle. Vers la fin du XIXe siècle, les compositeurs argentins abandonnent leur condition d'amateurs et de dilettantes, pour aspirer à une formation et à une valorisation professionnelles. Le milieu musical se déplace graduellement du « salon » aux institutions, dont le renommé Théâtre Colón de Buenos Aires, inauguré en 1908. Alberto Williams (1862-1952) est l'un des premiers compositeurs argentins à acquérir une formation académique. Il étudie au Conservatoire de Paris, dans la classe de César Franck, et de retour à Buenos Aires, il fonde le premier conservatoire. Avec Williams, commence un mouvement musical d'inspiration nationaliste qui essaie de recréer les airs et les danses folkloriques argentins, en utilisant des techniques de la musique savante européenne. Au début du XXe siècle, des musiciens comme Julián Aguirre, Carlos López Buchardo, ou encore Luis Gianneo, font partie de ce courant, tentant d'édifier un style musical national, basé d'une part sur les emprunts au folklore argentin, et d'autre part, sur le langage européen postromantique, ou bien, impressionniste, marqué par l'influence de Gabriel Fauré, de Claude Debussy, de Richard Strauss, ou de Giacomo Puccini.

Pendant les premières décennies du XXe siècle, le milieu musical argentin évolue en essayant d'assimiler les tendances les plus récentes de la musique européenne. Durant les années 1920, par exemple, l'Orchestre philharmonique de l'*Asociación del Profesorado Orquestal* de Buenos Aires donne en première audition à Buenos Aires des œuvres telles que la suite du ballet *El sombrero de tres picos* de Manuel de Falla, *La valse* de Ravel, *Le Roi David* de Honegger, le *Concerto pour orchestre* de Hindemith, la *Symphonie classique* de Prokofiev, ou la suite de l'*Opéra de quat' sous* de Kurt Weill (Acevedo, 1963 : 29). Ce sont donc les compositeurs argentins de la génération précédant celle de Ginastera (José María Castro, Juan José Castro, Juan Carlos Paz, etc.) qui font la rencontre de cette musique « moderne » dont ils chercheront à acquérir les nouveaux procédés compositionnels[1].

[1] Ces compositeurs mentionnés et d'autres qui se sont ajoutés ont constitué le « *Grupo Renovación* » (Groupe du renouvellement), créé en 1929, ayant pour objectif de diffuser leurs propres compositions, ainsi que de promouvoir l'actualisation de la culture musicale argentine.

Durant ses études au Conservatoire National de Musique de Buenos Aires (1936-1938), Ginastera apprend ces techniques « modernes », provenant du langage européen de la néo-tonalité, telles que pratiquées par Honegger (qui a eu singulièrement beaucoup d'influence sur les compositeurs argentins), de Falla, Milhaud, Bartók, ou Stravinski. Le langage de la néo-tonalité comprend l'utilisation des modes anciens européens, de gammes « exotiques », de modes créés, de la polytonalité, et de la *tonalité généralisée* (c'est-à-dire l'existence d'une note polaire comme centre tonal). Cette palette tonale élargie est, dans une certaine mesure, une conséquence de l'exploration des sources musicales « exotiques », effectuée dès la fin du XIXe siècle par des compositeurs comme Claude Debussy. En effet, les emprunts à différentes musiques « exotiques », qui ont d'une certaine manière « contaminé » le langage postromantique, ont affecté non seulement l'aspect tonal, mais également le rythme, le timbre, voire la structure formelle. Comme le soutient Claude Samuel : « Afin de s'évader des données de l'art traditionnel, des compositeurs vont rechercher le dépaysement dans l'utilisation des folklores nationaux. Des raisons autant politiques qu'esthétiques [...] ont justifié ce courant illustré par un Dvořák et un Grieg, puis par un Falla, un Bartók, un Villa-Lobos. Le réveil musical des nationalités, comme la curiosité en face des musiques dites 'exotiques', sont des phénomènes révélateurs d'une civilisation qui s'est longtemps développée en vase clos et qui s'échappe maintenant des limites singulièrement restreintes de la petite Europe d'un Bach et d'un Mozart... » (Samuel, 1962 : 15).

Encore au conservatoire, Ginastera est profondément marqué par la découverte du *Sacre du printemps* d'Igor Stravinski[2]. Il voit dans cette œuvre un traitement inusité du folklore, très différent de l'utilisation plutôt pittoresque du folklore à laquelle s'adonnaient la plupart des compositeurs nationalistes argentins. Ginastera veut se démarquer de ceux qui se servent du folklore de manière superficielle, se contentant de donner une certaine « couleur locale » à leur musique, afin d'obtenir des prix officiels ou l'exécution de leurs œuvres au sein des institutions. Aussi considère-t-il que l'utilisation du folklore doit surtout obéir aux

[2] *Le sacre du printemps* a été joué à Buenos Aires pour la première fois au Théâtre Colón, le 14 septembre 1928 (García Acevedo, 1963 : 25).

besoins intrinsèques de la création musicale et répondre à la personnalité de l'artiste (Ginastera, 1948 : 22). Il faudrait ici mentionner que l'accusation d'opportunisme était occasionnellement portée à l'encontre des artistes de tendance nationaliste, car toute expression artistique de caractéristiques nationalistes était très appréciée, pour des raisons idéologiques, par l'oligarchie et le pouvoir politique de cette époque.

Outre des contacts spontanés avec la musique folklorique qui persistait encore du vivant du compositeur, les biographes de Ginastera ne font aucune mention de recherches d'ordre ethnomusicologique qu'il aurait pu effectuer sur le terrain. Apparemment, une grande partie de ses connaissances techniques du folklore proviennent de sources de seconde main, notamment le travail du musicologue argentin Carlos Vega[3]. Ayant parcouru intensément l'Argentine et d'autres pays de l'Amérique du Sud (Pérou, Chili, Bolivie), Carlos Vega (1898-1966) récolte une quantité très importante de musiques traditionnelles, procédant ensuite à une classification rigoureuse. Il diffuse ses premiers articles à partir de 1926, publiant plus tard des ouvrages essentiels pour la musicologie argentine tels que *Panorama de la música popular argentina* (1944) ou *Las danzas populares argentinas* (1952)[4].

Le fait que Ginastera connaisse le travail de Vega nous suggère qu'il existe probablement une correspondance entre les traits folkloriques utilisés par Ginastera et la caractérisation du folklore réalisée par Carlos Vega. Pour rédiger le panorama sommaire du folklore argentin que nous proposons ci-dessous, nous nous sommes donc principalement basée sur

---

[3] La musicologue Deborah Schwartz-Kates, auteure de l'article « Ginastera » dans l'édition 2001 du *New Grove*, signale : « In answer to your question about whether or not Ginastera took trips to the countryside to observe Argentine folk music firsthand - I tend to doubt it. I have never heard of any references to such trips in the Ginastera sources I have examined. If you look at the '150 años...' article I suggested, you will find that Ginastera had a great deal more specific technical knowledge of Argentine folk music than his own public statements as a composer might suggest. He apparently derived his ideas, however, from secondary sources... It is clear that he derives much of his own knowledge of folklore from Vega's classificatory system » (communication personnelle).

[4] Bien que très respecté, le travail de Carlos Vega a suscité souvent des critiques en raison de ses conceptions teintées de préjugés de classe (Gomez García, 1985 : 24 ; Chase, 1967 : 39).

les ouvrages de Vega (1944, 1952, 1953, 1956, 1962, 1965), mais aussi de sa disciple Isabel Aretz (1952, 1980)[5].

2. Les caractéristiques du folklore musical argentin

Pour tracer un panorama du folklore argentin, il faut d'abord considérer que la culture argentine n'est pas homogène. Dans le nord-ouest du pays, en particulier dans la *puna*[6], la culture précolombienne persiste encore aujourd'hui ; en revanche, dans la ville de Buenos Aires, on peut constater la prédominance de la culture européenne, et ce depuis sa fondation en 1580. Ainsi, il est possible de diviser le territoire argentin en différentes régions, selon le type et le degré de métissage produit entre les cultures en présence (amérindienne, espagnole et africaine), et l'influence exercée par les centres de la culture européenne comme Paris, Londres ou la métropole Madrid, au long de la période coloniale. Cette division en régions prend en considération non seulement la situation dans l'espace géographique mais aussi dans le temps, chaque région ayant cristallisé ses caractéristiques distinctives à une époque historique différente. Nous allons donc décrire les principales traditions musicales qui caractérisent les régions les plus importantes. Voici une carte de l'Argentine afin de nous situer plus facilement :

[5] Pour les références des ouvrages de Vega et de Aretz consultés, cf. notre bibliographie.

[6] La *puna* est l'ensemble des plateaux élevés des Andes (*Altiplano*) situés entre 3000 et 5000 m d'altitude, s'étendant sur le Pérou, la Bolivie, le nord du Chili et l'extrême nord-ouest de l'Argentine.

2.1. La musique précolombienne

À l'extrême nord-ouest du pays, à la frontière avec la Bolivie et le Chili, la tradition musicale quechua a été assez bien conservée, surtout dans des communautés isolées, moins vulnérables au métissage. Les caractéristiques principales de cette musique sont l'utilisation de l'échelle pentatonique-anhémitonique et de rythmes binaires. Parmi les cinq modes pentatoniques qui résultent du renversement des sons de l'échelle, les mélodies de la région emploient plus particulièrement deux modes. Un de ces modes, que Carlos Vega appelle Mode A, est constitué de deux secondes majeures, d'une tierce mineure et d'une seconde majeure (*do-ré-mi-sol-la*). Le deuxième mode, appelé Mode B, est composé d'une tierce mineure, de deux secondes majeures et d'une tierce mineure (*la-do-ré-mi-sol*) (Vega, 1944 : 126). En outre, il est possible de trouver certains types de gammes pentatoniques avec l'inclusion d'un demi-ton.

Les formes musicales traditionnellement cultivées dans la région sont le *yaraví*, le *huaino* et le *carnavalito*.

Dans la région andine, la *baguala* et la *vidala* apparaissent comme une manifestation du métissage amérindien et espagnol, dont la composante indigène est dominante et archaïque[7]. La *baguala* est une monodie tritonique, c'est-à-dire composée de trois sons : un son tonique, sa tierce majeure et sa quinte juste (*do-mi-sol*) ; son rythme suit généralement la métrique des vers octosyllabiques de la poésie espagnole (*coplas*). Les mélodies des *bagualas* et des *vidalas* sont ornées par des inflexions de la voix (notamment des *portamenti*) appelées *kenko* en langue quechua.

2.2. La musique *criolla*[8]

La musique proprement *criolla,* c'est-à-dire née du métissage espagnol, indigène et africain, se développe durant l'époque coloniale, à partir de la conquête espagnole. La fondation de la première ville sur le territoire argentin, Santiago del Estero, remonte à 1553. L'indépendance argentine a été proclamée en 1816. Cette musique *criolla* est présente dans deux grandes régions.

La première région, concernant les provinces du nord-ouest et centrales (en particulier Salta, Tucumán et Santiago del Estero), possède la tradition la plus ancienne, car cette partie du pays appartenait dans la première époque coloniale au *Virreinato del Alto Perú*, où la colonisation avait été très intense depuis la conquête, en raison des grandes richesses minérales de l'*Altiplano*. Cette région continuait donc de dépendre politiquement et culturellement de la ville de Lima (Pérou), comme elle l'était déjà avant la conquête, sous la domination de l'empire Inca.

La deuxième région est celle du Río de la Plata et de la *pampa*, la plaine immense qui s'étend au sud et à l'ouest de la ville de Buenos Aires

---

[7] Par région andine, on entend les territoires qui se trouvent aux abords des Andes, notamment dans les provinces de Salta, Catamarca et La Rioja.

[8] Nous préférons conserver le mot espagnol, car le mot « créole » connote la culture coloniale française. *Criollo*, *criolla*, a le sens de « propre au pays », par opposition à ce qui subsiste de l'Espagne, et sans connotation particulière de race ou de couleur.

jusqu'à la Patagonie, sur une superficie presque aussi grande que celle de la France[9]. À la différence de la région sous la domination de la culture quechua, dans la région du Río de la Plata et de la *pampa*, la civilisation amérindienne était beaucoup moins développée. Cette partie du pays commence à définir ses caractéristiques propres vers 1800, en même temps que Buenos Aires, la ville principale de la Vice-royauté du Río de la Plata créée en 1776, devenait un centre politique et culturel aussi important que Lima. Ville portuaire débouchant sur l'Atlantique, Buenos Aires a aisément assimilé les musiques venues d'outremer, particulièrement les danses de salon.

2.2.1. Aspect mélodique

Les mélodies témoignent de la présence des modes anciens européens, comme le mode de *mi*, le mode de *ré* ou celui de *fa*, ce dernier conservé particulièrement au nord-ouest du pays, et l'emploi d'une gamme que Vega appelle « bimodale » (Vega, 1944 : 160). Cette échelle est le résultat d'une pratique très courante dans la musique *criolla*, celle qui consiste à chanter à deux voix en doublant la mélodie à une distance de tierce inférieure, comme une sorte de *gymel*. La gamme bimodale est constituée de la fusion du mode lydien avec le mode mineur mélodique situé à une distance de tierce mineure inférieure. Par exemple, le jumelage du mode de *fa* sur *fa* avec le mode de *ré* mineur mélodique. Une des particularités du mode de *fa*, comme composant de cette gamme bimodale, est la fluctuation de sa quarte entre le triton et la quarte juste, à la manière de la *musica ficta* européenne. Les mélodies de la période coloniale qui utilisent la gamme bimodale présentent une polarité du centre tonal qui oscille entre la tonique du mode de *fa* et la tonique du mode mélodique de *ré* mineur, au cours du même morceau. Suivant la pratique du *gymel*, c'est-à-dire le chant parallèle de deux voix à distance

[9] *Pampa* est un mot dérivé du quechua « *bamba* » désignant les plaines de l'*Altiplano*. Au début du XVIIIe siècle, les voyageurs et les scientifiques commencent à employer le mot « *pampas* » pour identifier la région de la grande plaine argentine. Par contre, les *criollos* ne l'utilisent guère. Pour eux, la *pampa* est simplement « *el campo* » (la campagne) (Fernández Latour, 1986 : 38 ; Cahuzac, 1992 : 93). Ainsi que l'exprime Jorge Luis Borges : « ...la région qu'en littérature on appelle la pampa » (Borges, 1978 : 101).

d'une tierce, les mélodies dans le mode de *mi* comportent une deuxième voix dans la tonalité de *Do* majeur.

De façon générale, les mélodies de racine indigène (quechua) sont nettement descendantes, tendance qui persiste dans une grande partie des mélodies *criollas*. Traditionnellement, la fin se caractérise par le mouvement de la voix supérieure qui descend du quatrième au troisième degré mélodique, tandis que la voix inférieure va du deuxième degré à la tonique.

Les lignes mélodiques sont essentiellement diatoniques. Le chromatisme se manifeste par l'utilisation très caractéristique de broderies chromatiques inférieures, comme par exemple la broderie inférieure de la quinte. Dans le mode mineur, les broderies chromatiques du deuxième et du quatrième degré de la gamme, sont très fréquentes. Voici un exemple d'utilisation de broderies dans une mélodie bimodale, dans laquelle on remarque la proximité, caractéristique, entre la note altérée et la même note sans altération (Aretz, 1952 : 144) :

Ex. 1

Certaines danses ou chansons se trouvent toujours en mode majeur, comme le *malambo*, la *cifra*, le *triunfo*, et la plupart des *gatos*. Le mode mineur pur, c'est-à-dire indépendant de la bimodalité, est moins fréquent. Toutefois, des chansons comme la *milonga*, l'*estilo* ou encore la *zamba* utilisent souvent le mode mineur « moderne » (c'est-à-dire l'un des deux modes composant le système tonal). En outre, les mélodies de la région nord-ouest présentent des tournures pentatoniques provenant de la tradition quechua.

2.2.2. Aspect rythmique

Pour introduire l'aspect rythmique, il faut souligner que les expressions musicales non mesurées se limitent à certaines *bagualas* et autres chansons anciennes comme les *tonos* ou certains *yaravís*, qui ont été graduellement influencées par le reste de la musique folklorique, structurée plus ou moins rigoureusement en patrons rythmiques binaires ou ternaires. Ce que la pratique de la musique folklorique a probablement conservé de cette ancienne « liberté » rythmique est l'habitude du *rubato* dans le phrasé des chansons comme le *triste*, l'*estilo*, ou encore la *milonga*.

Dans le cas des danses, il n'y a pas de fluctuations *a piacere* dans le phrasé, mais une même danse peut changer de tempo d'une région à une autre, modifiée par l'esprit local. L'une des danses qui présente cette variation de tempo est la *zamba*. Cette danse de couple peut être pleine de vivacité, ou par contre, modérée, voire lente, selon les endroits. Par ailleurs, la *zamba*, dont la chorégraphie est une pantomime de la séduction amoureuse laissant une place importante à l'improvisation, peut présenter un caractère qui varie de légèrement coquin à extrêmement galant et sentimental.

En ce qui concerne les structures rythmiques, la caractéristique principale de la musique *criolla* est la combinaison des pieds binaires et des pieds ternaires. Par pied binaire, il faut comprendre les différentes cellules rythmiques qui peuvent dériver de la subdivision d'une noire (deux croches, ou une croche et deux doubles-croches, etc.), tandis que le pied ternaire sous-entend les cellules provenant de la subdivision d'une noire pointée (trois croches, une noire et une croche, etc.). Les pieds ternaires sont la base de la musique de la région du nord-ouest ; par contre la région orientale, c'est-à-dire Buenos Aires et la *pampa*, montre une préférence pour les rythmes à pieds binaires. Mais on trouve fréquemment, notamment dans la musique du nord-ouest, la présence alternée, ou encore superposée, des pieds ternaires et binaires, engendrant une polyrythmie typique de la musique argentine.

Chaque phrase musicale est généralement accompagnée d'un vers. La manière de chanter dans la musique *criolla* (en particulier dans le cas des danses accompagnées de chant) est syllabique, c'est-à-dire une note pour chaque syllabe du texte. Voici l'exemple des formules rythmiques constituant des phrases-type :

Ex. 2

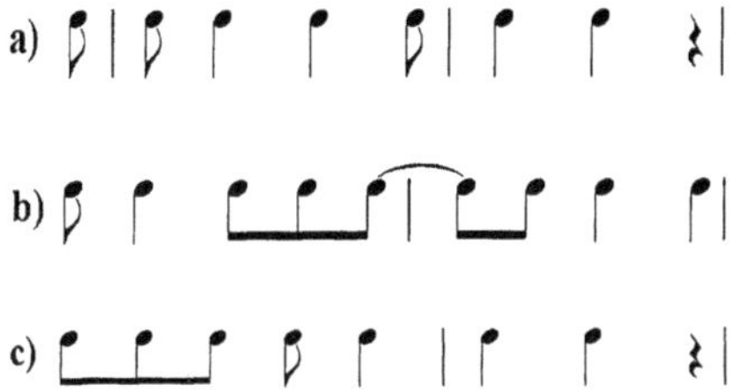

Les rythmes a) et b) caractérisent la ligne mélodique des danses animées comme le *gato*, le *triunfo,* la *chacarera.* Le rythme c) se retrouve dans des *zambas* et *cuecas*, et aussi dans certains *estilos* et *tonadas.* On peut y observer que la première mesure des exemples implique le 6/8, tandis que la deuxième mesure peut être perçue comme du 3/4.

D'esprit moqueur, la danse de couple appelée *gato*, illustre clairement le type de polyrythmie caractérisant la musique *criolla.* Cette danse commence typiquement par une anacrouse, et se base sur une poésie de *seguidilla* structurée par des vers alternés de sept et cinq syllabes. Ainsi, la métrique des vers du *gato* engendre des phrases musicales de proportions irrégulières, dont la ligne mélodique montre également des accentuations irrégulières. Tel que mentionné plus haut, au sujet des danses de la région du nord-ouest, la mélodie du *gato* utilise souvent des pieds binaires dans un contexte constitué majoritairement de pieds ternaires, ce qui permet généralement de transcrire les mélodies en mesure à 6/8. L'exemple 3 montre les deux premières phrases d'une mélodie traditionnelle de *gato*, transcrite par Isabel Aretz, en mesure à 6/8 (Aretz, 1952 : 197) :

Ex. 3

L'exemple 4 présente la même mélodie, mais en essayant de rendre compte de la diversité des accentuations, d'après les observations de Carlos Vega :

Ex. 4

Les deux vers chantés sont :
Bailando el gato estaba (vers de sept syllabes)
Lloré, lloraba (vers de cinq syllabes)

Le dernier mot (*lloraba*) s'accentue sur l'avant-dernière syllabe, ce qui devrait coïncider plutôt avec une finale de phrase musicale dite féminine.

Cependant, l'accompagnement traditionnel du *gato* se base sur une formule de deux pieds ternaires (noire-croche/croche-noire) qui se réitère tout au long de la danse, parfois avec des variations, mais gardant toujours la métrique de 6/8 afin d'assurer le rythme de référence pour les danseurs. Les accents de la mélodie et de l'accompagnement vont donc diverger par moments, en produisant le décalage qu'illustre l'exemple suivant :

Ex. 5

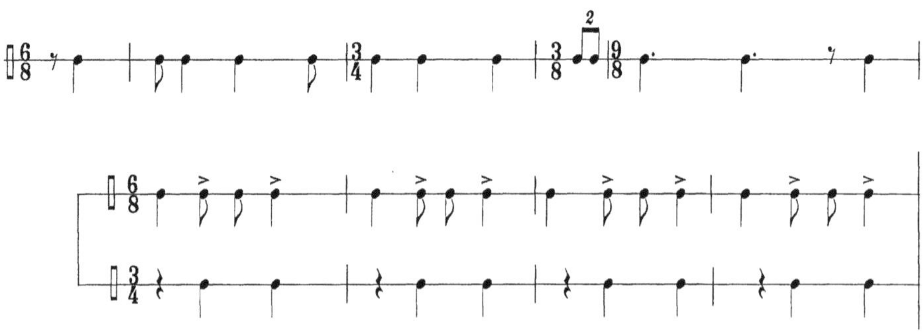

Par ailleurs, on observe dans cet exemple que la formule typique d'accompagnement du *gato*, à 6/8, implique en même temps une deuxième ligne d'accompagnement, celle-ci à 3/4. Elle est créée par les accents portés sur la troisième et cinquième croche de la formule, qui correspondraient respectivement à la deuxième et à la troisième noire d'une mesure simple à trois temps. Cette ligne peut devenir la ligne principale de l'accompagnement, imposant la subdivision binaire, surtout dans les phrases cadentielles.

Une autre danse qui présente l'alternance ou la superposition des pieds ternaires et binaires est le *malambo*, bien qu'en général elle soit une danse à 6/8, malgré son appartenance à la région de la *pampa*. Cette danse est presque toujours seulement instrumentale. L'originalité du *malambo* réside dans le fait qu'il s'agit d'une danse individuelle masculine, mais elle peut souvent se transformer en compétition entre deux ou plusieurs danseurs. Un peu à la manière de la tradition espagnole andalouse, le danseur tape sur le sol les rythmes avec ses pieds (*zapateo*), sur un accompagnement musical constitué de deux mesures qui se répètent comme un ostinato. Cet ostinato donne l'occasion à des nombreuses variations permettant au danseur de montrer la maîtrise de son art et son endurance physique.

Dans la région du Río de la Plata et de la *pampa*, comme cela a été déjà souligné, les formes musicales montrent une prédominance des pieds binaires, organisés soit en mesures à deux temps, soit en mesures à trois temps. Buenos Aires a assimilé, vers la fin du XVIIIe siècle, des danses de salon européennes, comme les contredanses et le menuet, dont la version *criolla* a reçu le nom de « *minué montonero* » ou « *minué federal* ». Plus tard, ce sera le tour de la valse, de la mazurka, de la polka et de la *habanera*[10]. Ces danses ont toutes connu la recréation *criolla*. Par exemple, la *habanera* est considérée comme l'une des sources du *tango*, celui-ci étant la danse, nettement binaire à 2/4, typique de Buenos Aires.

[10] La recréation *criolla* de la polka a donné dans la région de la Mésopotamie (les provinces du nord-est) une danse appelée *chamamé*. Cette région est fortement déterminée par la culture amérindienne *guarani*.

Dans la région de la *pampa*, on trouve des chansons à pieds binaires comme l'*estilo*, la *cifra*, ou bien la *milonga*. Elles sont les formes lyriques par excellence du folklore *surero* (provenant du mot espagnol *sur*, signifiant le sud)[11]. Dans la *milonga*, les mélodies façonnées par l'expression du texte présentent fréquemment des triolets qui se superposent à l'accompagnement binaire. Tant les airs de la *milonga* que ceux de la *cifra* et de l'*estilo*, fournissent la base à des joutes d'inventivité entre deux chanteurs. Dans des rencontres appelées *payadas,* un chanteur (*payador*) défie un chanteur rival à soutenir une discussion chantée, ce qui demande l'improvisation de vers sur un sujet spécifique.

2.2.3. Accompagnement et aspect harmonique

Le rôle de l'accompagnement dans la musique *criolla* est traditionnellement joué par la guitare espagnole que l'on appelle aussi guitare *criolla.* Cet instrument est profondément lié à la musique folklorique, tant dans l'accompagnement du chant que dans celui des danses. La manière d'exécution typique est le *rasguido* ou *rasgueado* qui se pratique en frôlant plusieurs cordes à la fois avec le bout des doigts de la main droite. Il existe une grande variété de *rasgueados* dans la musique *criolla.* Par exemple, en ce qui concerne l'accompagnement du *gato,* le guitariste emploie deux techniques de *rasgueado* pour différencier les deux lignes qui composent la formule d'accompagnement, détaillée plus haut (Ex. 5). Les accords qui correspondent aux noires pointées, c'est-à-dire à chaque unité de temps ou à chaque pulsation de la mesure à 6/8, sont joués avec un timbre presque percussif obtenu en étouffant les cordes dès le début de leur vibration (effet appelé « *chasquido* »). Cette sonorité alterne avec un autre type de *rasgueado* utilisé pour arpéger les accords de la deuxième ligne, en mesure à 3/4. D'ailleurs, il arrive que le guitariste se serve de son instrument comme d'un instrument à percussion, en tapant sur la caisse.

---

[11] Avant que les *criollos* puissent occuper la Patagonie, habitée par les indiens, la *pampa* représentait la frontière la plus au sud que les *criollos* étaient capables de défendre de l'attaque des indiens (le « *malón* »).

Mais la guitare a aussi un rôle mélodique, et dans ce cas, la technique d'exécution consiste à pincer les cordes comme dans la pratique classique (*punteado*). Elle peut jouer la mélodie d'une danse, accompagnée par d'autres guitares ou bien fournir le contrepoint de la ligne du chanteur. De plus, tant les danses que les chansons présentent des préludes et des interludes qui sont interprétés par une guitare soliste ou par un ensemble de guitares.

L'autre instrument traditionnel dans l'accompagnement de la musique *criolla* est le *bombo*. Il s'agit d'une sorte de tambour de sonorité grave que l'on frappe avec un ou deux maillets. Selon Isabel Aretz, l'utilisation du *bombo* serait l'héritage le plus direct de la culture musicale africaine (Aretz, 1952 : 199). Sa participation peut accompagner de simples formules rythmiques de base pour renforcer la guitare, comme des formules rythmiques d'une grande complexité, selon le degré de maîtrise du *bombisto* (celui qui joue du *bombo*).

De la même manière que la guitare, le *bombo* utilise aussi des timbres différents pour jouer les formules d'accompagnements. Ces timbres s'obtiennent en frappant la peau du *bombo* avec la partie feutrée du maillet ou bien en percutant le cadre avec le manche. Pour compléter l'accompagnement traditionnel du *gato* de l'Ex. 5, il faudrait y ajouter cette partie du *bombo* avec l'indication des modalités d'exécution (Aretz, 1952 : 54) :

Ex. 6

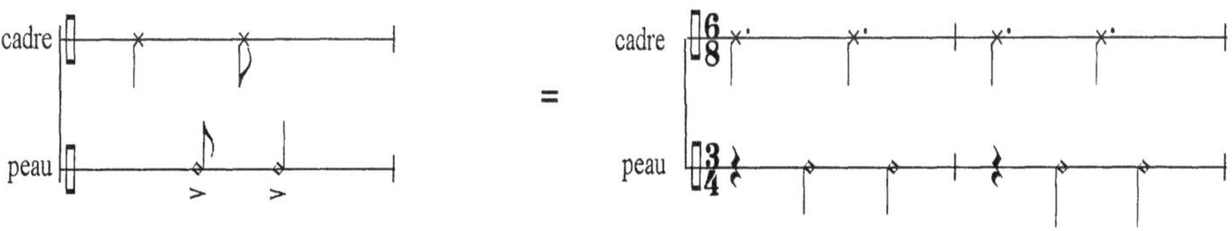

À l'audition, cette différentiation entre deux timbres met clairement en évidence la division en deux lignes, dont celle à contretemps (3/4) soulignée par la résonance de la peau du *bombo*. Voici deux formules de base pour accompagner la *zamba* (Aretz, 1952 : 54) :

Ex. 7

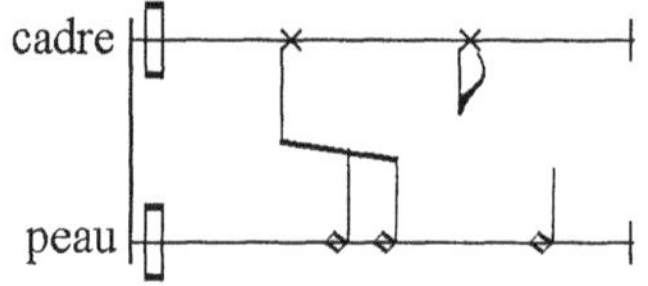

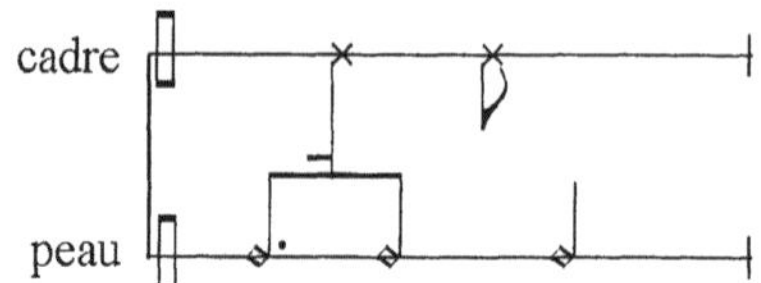

Quant aux harmonies d'accompagnement, elles sont simples, surtout pour les airs en mode majeur. Dans plusieurs danses comme le *gato* ou le *triunfo*, il y a principalement alternance de la tonique et de la dominante. Le *malambo*, comme on l'a déjà mentionné, est constitué d'un motif répété comme un ostinato de deux mesures dont la première mesure, dans le cas du *malambo* de la *pampa*, contient la dominante et la deuxième mesure, la tonique. Pour sa part, le *malambo* du nord-ouest ajoute l'harmonie de sous-dominante à celle de dominante dans la première mesure. Les harmonisations des mélodies bimodales contiennent les trois fonctions de base de la tonalité : la tonique, la dominante et la sous-dominante, du mode majeur et du mode mineur concernés. Cette harmonie bimodale est présente dans des *tristes,* des *zambas*, des *chacareras*. Dans le cas de mélodies en mode de *mi* qui, à l'instar de nombreux *gatos*, *cuecas* ou *tonadas*, possèdent un faux-bourdon en *Do* majeur, c'est la tonalité majeure qui détermine l'harmonisation. Voici comme exemple l'extrait d'un *gato* (Aretz, 1952 : 63)[12] :

[12] Nous avons transposé l'extrait en *Do* majeur, pour nous en servir plus tard, dans ce même chapitre (la transcription de Aretz est en *Fa* majeur). Il s'agit d'un *gato* instrumental, interprété à la harpe, un des autres instruments que l'on peut retrouver à la campagne, ainsi que le violon et l'accordéon.

Ex. 8

En outre, il est possible de trouver l'utilisation du troisième degré du mode parallèle mineur (ou du mode mixte) dans l'harmonisation des mélodies en mode majeur. Cet accord majeur sur le troisième degré abaissé intervient en général dans les phrases conclusives. Il est notamment présent dans les *triunfos* et dans les *cifras* dont l'harmonie de la phrase finale est fréquemment : I - III b - V - I, comme l'illustre cet exemple du *triunfo La vuelta de Obligado*[13] :

Ex. 9

2.2.4. Aspect formel

En ce qui concerne la structure formelle des danses *criollas*, la plupart sont monothématiques, et certaines, comme le *gato*, peuvent présenter un motif secondaire caractérisant le prélude et les interludes instrumentaux. L'exposition complète du thème coïncide avec la structure de la strophe de la poésie chantée. En général, le thème s'étale sur huit mesures, et il présente quatre phrases musicales et quatre vers. Il arrive cependant que, selon la danse, l'on doive fragmenter ou répéter certaines paires de vers pour compléter l'exposition. Par exemple, le *gato* réitère les deux paires de vers de sa première strophe.

[13] Cette transcription nous a été gracieusement fournie par Marcelo Coronel, musicien folkloriste argentin.

Les poésies sont traditionnellement constituées de quatre strophes, mais peuvent exceptionnellement en présenter jusqu'à huit. La même structure musicale sert généralement à chanter toutes les strophes, qui peuvent être séparées (ou non) par des interludes. À l'origine, les danses étaient entièrement reprises un nombre indéterminé de fois, suivant la disposition des danseurs. Au fil du temps, l'habitude consacrée par la tradition a été de ne les jouer que deux fois consécutives, dans ce que l'on appelle la « *primera* » et la « *segunda* ». Les versions uniquement instrumentales des danses gardent à peu près la même structure que les versions chantées[14].

2.2.5. Aspect historico-social

Cette musique *criolla* que nous avons essayé de caractériser, a fait partie de la vie de la campagne argentine à la fin de l'époque coloniale, puis a continué de s'épanouir, après l'indépendance, pendant tout le XIXe siècle. La plupart des danses mentionnées ont acquis leur caractère vers la fin du XVIIIe siècle. Par exemple, on peut retracer l'existence du *malambo* dès 1780, et sa pratique demeurait encore vivante dans la région de la *pampa*, au début du XXe siècle (Vega, 1953 : 32). Dans les salons des villes principales de province, on alternait les danses européennes comme le menuet et les contredanses avec *las danzas del país* (les danses du pays) comme le *gato* ou la *zamba*. Par contre, les salons de la ville de Buenos Aires n'ont jamais assimilé ces danses provenant de la campagne.

Le *gaucho,* habitant nomade et cavalier infatigable de la *pampa*, occupe une place centrale dans la musique folklorique argentine[15]. Pour lui, le fait de savoir empoigner la guitare, improviser une *milonga*, ou

[14] En ce qui concerne la chorégraphie, la chorégraphie de la première fois (la « *primera* ») est généralement réitérée à la seconde fois (la « *segunda* »). Les préludes, que l'on accompagne en tapant des mains, donnent l'occasion aux danseurs de se placer convenablement pour entreprendre la chorégraphie correspondante.

[15] Plusieurs auteurs ont entrepris de trouver une étymologie pour le mot *gaucho*, ne parvenant cependant à rien de concluant Ainsi José Agustin de Basualdo le fait procéder du mot araucan « *gachu* », signifiant « ami ». Un grand nombre d'auteurs rapprochent *gaucho* du quechua « *huachu* » ou « *guacho* », signifiant « orphelin », puis « fils naturel ». D'autres encore, le mettent en relation avec un autre mot quechua « *guaso* », signifiant « paysan » (Cymerman, 1992 : 47).

danser un *malambo*, faisait partie de sa vie au même titre que d'être capable de dompter un cheval, de se battre au couteau, ou de faire face aux attaques des indiens. Carlos Vega cite cette observation d'un voyageur français, H. Armaignac, qui après avoir parcouru la *pampa*, écrit en 1870, dans son livre *Voyages dans les Pampas de la République Argentine* : « Vers l'âge de quatorze ou quinze ans, le gaucho est déjà presque un homme ; il est sérieux, il sait jouer de la guitare et danser un *gato* ou un *triunfo*... » (cité *in* Vega, 1962 : 22). Le *gaucho* était généralement métis, parfois mulâtre. Car à la proportion largement majoritaire de la population campagnarde métisse, il faut ajouter la présence des noirs et des mulâtres, esclaves à l'époque coloniale, et travailleurs libres après l'indépendance. Comme on peut le remarquer, certaines danses et chansons possèdent des noms d'origine africaine : *zamba*, *malambo*, *milonga*, sont tous des mots provenant de langues africaines. Suite à divers facteurs historiques, la population d'origine africaine a graduellement disparu au cours du XIXe siècle. Vers 1930, il ne restait guère de population noire dans le territoire argentin. On conserve pourtant le souvenir de musiciens d'origine africaine comme le célèbre *payador* mulâtre Gabino Ezeiza[16].

Vers 1850, l'Argentine a mis en place une vigoureuse politique visant à attirer l'immigration européenne, ce qui allait radicalement changer la démographie et la culture hispanique du pays. Les régions les plus affectées par le phénomène de l'immigration ont été la ville de Buenos Aires et la grande région de la *pampa*. Les sources de l'immigration étaient principalement l'Italie et l'Espagne, mais aussi le reste de l'Europe (Pologne, Russie, Croatie, Portugal, Allemagne, France, etc.) et le Moyen Orient (Liban, Syrie, Turquie, etc.). Au début du XXe siècle, Buenos Aires était considéré comme un « carrefour de civilisations » car plus de la moitié de sa population était constituée par des immigrants récents provenant de différentes origines et possédant donc des cultures diverses[17].

---

[16] Signalons à titre d'anecdote que le lieu d'emplacement de l'aéroport international de Buenos Aires porte le nom de Gabino Ezeiza.

[17] La population argentine en 1869 était de 187.126 habitants. Comme conséquence de l'arrivée massive des immigrants européens, le nombre d'habitants s'est élevé à 1.575.814, selon un recensement de 1914, les étrangers constituant le 50,6 % de la population (Erausquin, 1990 : 403).

La musique *criolla* persistait, au début du XXe siècle, dans les régions les plus éloignées de l'influence cosmopolite toujours croissante de Buenos Aires. Par exemple, dans le nord-ouest qui a été l'une des régions les moins affectées par les courants d'immigrations, la population est restée assez homogène dans son ancien caractère métis, et par conséquent, davantage attachée à ses traditions. Dans la région de la *pampa*, depuis la disparition du *gaucho* et de son *modus vivendi*, les traditions *criollas* ont été maintenues de manière un peu artificielle. Nous reviendrons plus loin sur la disparition du *gaucho* et sur son élévation posthume au statut de symbole national. Cette caractérisation sommaire du folklore argentin que nous venons de présenter nous permettra maintenant d'aborder l'utilisation que Ginastera fait du folklore, stimulée par la notion de « folklore imaginaire ».

3. Le « folklore imaginaire »[18]

Dans son article en hommage à Béla Bartók, écrit pour la revue *Tempo*, Ginastera signale : « My living in South America was a logical reason for my testing the influence of that continent's folkloric music – but, even in the works of pure creation, the simplicity of its harmonization, the elementary innocence of its elaboration, the lack of strong structural development, were not suited to the future I dreamed of as a composer. The *Allegro barbaro* [pièce pour piano de Bartók, de 1918] filled in all the gaps I felt in my conception of forging a national music. [...] When I composed my *Argentine Dances* for piano in 1937, Bartók's influence was present. My '*folklore imaginaire*' begins there, with its polytonal harmonization, its strong, marked rhythms – the Bartókian 'feverish excitement' – all within a total pianism where the spirit of a national music is recreated » (Ginastera, 1981 : 4).

Le jeune compositeur Ginastera, déjà marqué par *Le sacre du printemps*, fait alors la découverte de la musique de Bartók et de l'idée

[18] L'expression « folklore imaginaire » a été forgée par Serge Moreux, auteur d'importants ouvrages sur Béla Bartók, tels que *Béla Bartók. Sa vie – ses œuvres – son langage*, publié à Paris en 1949. Dans cet ouvrage, Moreux caractérise la deuxième période de Bartók (1905-1923) comme une évolution « du folklore authentique au folklore imaginaire » (Moreux, 1949 : 30).

du « folklore imaginaire »[19]. Comme on peut le remarquer dans ce passage cité, Ginastera, à l'instar de la plupart des compositeurs nationalistes argentins qui l'ont précédé, juge les matériaux folkloriques simples et naïfs, nécessitant un processus de recréation. Toutefois, il ne veut pas se contenter de réaliser de simples arrangements d'airs folkloriques, à la manière d'autres compositeurs nationalistes, qui infligeaient aux mélodies *criollas* des harmonisations post-romantiques, afin de les rendre plus intéressantes. En effet, Ginastera découvre chez Bartók une nouvelle conception du traitement du folklore, préservée des incongruités stylistiques que pourrait engendrer l'amalgame d'éléments folkloriques avec des structures provenant du langage savant européen. Son « folklore imaginaire » montre qu'il est bien possible de traiter le folklore, tout en respectant, ou mieux encore, tout en interrogeant la nature même des matériaux folkloriques. Il s'agit tout d'abord de tirer des matériaux folkloriques les principes constructifs, par rapport à l'organisation des hauteurs, sur l'aspect rythmique, ou encore sur la texture. Cela implique en fait de comprendre comment « fonctionne » une musique folklorique déterminée. Puis, il s'agit d'appliquer des procédés compositionnels susceptibles de développer et d'élaborer ces matériaux de base. Ces procédés peuvent être non seulement des techniques de composition issues de la tradition savante occidentale, mais aussi des systématisations des techniques propres à la création d'une musique folklorique donnée, même si ces techniques pourraient être considérées comme élémentaires à la base. D'où l'apport innovateur du « folklore imaginaire », enrichissant le langage savant, d'une part, avec de nouveaux matériaux, et d'autre part, avec de nouveaux procédés.

Dans l'esprit du « folklore imaginaire », le compositeur s'approprie, d'une certaine manière, des matériaux de la musique folklorique. Ainsi, n'a-t-il pas besoin de citer littéralement une mélodie traditionnelle, pouvant lui-même recréer une mélodie folklorique, à partir des éléments constructifs qu'il manie. Certes, une œuvre composée selon la notion du « folklore imaginaire » peut ne pas ressembler clairement à la musique folklorique réelle, telle qu'on la retrouve dans son milieu

[19] L'influence de Stravinski sur Ginastera est très perceptible dans ses deux ballets *Panambí* (1935-1937) et *Estancia* (1941) qui possèderaient, tous les deux, « the now-classical-Indian-Latin-*Rite-of-Spring* mixture », selon la formule d'Eric Salzman (Salzman, 1988 : 87).

originaire. Mais, elle peut certainement évoquer, comme disait Manuel de Falla, « la vérité sans l'authenticité » (cité *in* García Morillo, 1984 : 252).

Dans le passage cité auparavant, Ginastera mentionne que « son folklore imaginaire » commence avec les *Danzas Argentinas*, qui est la deuxième œuvre figurant à son catalogue. Comme Ginastera le signale, il utilise, dans cette pièce, des procédés empruntés au langage de la néo-tonalité, tel que la polytonalité que Bartók avait utilisée pour la première fois dans ses *Bagatelles* pour piano (1908) et qui est aussi caractéristique du « groupe des Six ». Comme nous le verrons plus loin quand nous présenterons l'analyse des *Danzas Argentinas*, ce procédé sert ici à combiner des modes typiques du folklore argentin. En ce qui concerne les rythmes marqués et énergiques que Ginastera admire chez Bartók, Ginastera les retrouve, pour son compte, dans les rythmes des danses *criollas*, particulièrement dans le *malambo* et dans le *gato*, dont il intensifie les accents, les hémioles et la polyrythmie.

4. La musique « à programme »

Outre des matériaux musicaux folkloriques, le nationalisme musical se sert également, comme cela a déjà été signalé au début de ce chapitre, d'éléments extramusicaux provenant des traditions, de la littérature, ou encore des mythologies nationales. Une grande partie des œuvres que Ginastera compose durant la période du « nationalisme objectif » renvoie à des données extramusicales liées notamment à l'univers « *gauchesco* », rentrant ainsi dans la catégorie de la musique appelée « à programme ».

L'expression « musique 'à programme' » désigne toute musique d'essence narrative, évocatrice, descriptive ou illustrative, donc qui réfère à des données extramusicales ; cela par opposition à la « musique 'pure' » qui ne ferait appel qu'à une perception abstraite, sans référence à aucun élément extramusical. Selon cette définition élargie, la musique « à programme » engloberait la musique de ballet et de scène, le poème symphonique, l'ouverture de concert et toutes les musiques formant « tableau » pour l'auditeur de par leurs titres évocateurs, comme la *Symphonie pastorale* de Beethoven ou les *Tableaux d'une exposition* de

Moussorgski. Les genres « à texte » comme le lied, la chanson, l'opéra, la cantate, etc. seraient également compris par cette définition (*Dictionnaire de la musique Larousse*, 1999 : 682)[20].

En parcourant les œuvres écrites par Ginastera entre 1935 et 1947, on retrouve les deux ballets (*Panambí*, *Estancia*), une ouverture de concert (*Ouverture pour le 'Faust' Criollo*), un poème symphonique (*Ollantay*), quatre cycles de chansons dont trois pour voix et piano (*Deux chansons*, *Cinq chansons populaires argentines*, *Les heures d'une estancia*) et le restant pour soprano, flûte, violon, harpe et deux *cajas* (caisses) indigènes (*Chants du Tucumán*). De même, on trouve des œuvres portant des titres faisant image, comme la *Pampeana n° 1* pour violon et piano (faisant allusion à la *pampa*), ou les trois pièces composant les *Danses argentines* pour piano, dont les titres sont *Danse du vieux vacher*, *Danse de la charmante jeune fille* et *Danse du gaucho malin*. D'autre part, on retrouve deux compositions basées sur des textes religieux : le *Psaume 150* pour chœur mixte, chœur d'enfants et orchestre, et les *Lamentations du prophète Jérémie* pour chœur mixte a cappella[21].

Dans l'entretien accordé à sa biographe Pola Suárez Urtubey en 1967, dans lequel Ginastera formule la division de son œuvre en trois périodes, le compositeur fait ce commentaire à propos de la première période : « Durant la première étape, que j'ai dénommée *objective*, j'ai ressenti le besoin de m'exprimer en termes d'homme argentin et, plus particulièrement, d'homme de la *pampa*. La contemplation de la campagne argentine ainsi que le plaisir intellectuel que m'ont procuré certains tableaux de Figari ou les romans de Güiraldes, m'ont poussé encore plus dans ce sens. Et ce n'est pas par hasard si j'ai alors écrit des œuvres telles que *Estancia*, l'*Ouverture pour le 'Faust' Criollo* ou les

---

[20] Il s'agit certainement ici d'une définition élargie de « musique 'à programme' ». Dans le sens plus restreint, la notion de « musique 'à programme' », telle que conçue par Liszt, implique une œuvre purement instrumentale, qui s'inspire d'une manière explicite d'une lecture, d'un mythe, d'une légende, etc. (*Dictionnaire de la musique Larousse*, 1999 : 682).

[21] La première composition de musique « à programme » de Ginastera remonte en effet à 1934, *Impresiones de la puna* pour flûte et quatuor à cordes. Cette pièce, ayant été retirée du catalogue par l'auteur, a été récemment réintégrée au répertoire.

Danses argentines pour piano, car ces pièces étaient l'expression de mes sentiments et de mes besoins de ces années-là » (cité *in* Suárez Urtubey, 1967 : 72).

Ginastera souligne, dans ce passage, l'influence qu'a exercée sur lui l'œuvre de deux artistes très représentatifs du courant nationaliste, le peintre uruguayen Pedro Figari (1861-1938) et l'écrivain argentin Ricardo Güiraldes (1886-1927). La peinture de Figari traite notamment de sujets empruntés à la vie des Noirs et des *gauchos* du Río de la Plata, la région du Río de la Plata étant partagée entre l'Argentine et l'Uruguay. Pour sa part, c'est dans le roman *Don Segundo Sombra* (1926) de Ricardo Güiraldes que la figure du *gaucho* atteint sa plus haute valeur légendaire : le *gaucho*, dont l'existence réelle va se perdre dans l'horizon infini de la *pampa*, se métamorphose grâce à la littérature en mythe national[22].

Il faudrait considérer brièvement les deux facteurs qui ont occasionné la disparition du *gaucho*, et avec lui, de ses traditions. Tout d'abord, le « fil de fer barbelé », introduit dans la *pampa* vers 1850, vient délimiter les « *estancias* » (grandes extensions de terre de propriété privée), empêchant la vie nomade et libre du *gaucho* qui devra dès lors, pour pouvoir subsister, soit accepter les conditions de travailleur salarié à demeure (*peón*), soit vivre dans la marginalité[23]. Puis, l'arrivée massive des immigrants, apportant leur main d'œuvre fraîche et ayant aussi accès à de petites propriétés de terres destinées à l'agriculture, transforme graduellement la vieille « *pampa gaucha* » en la moderne « *pampa*

---

[22] Il faudrait signaler que, plus important que *Don Segundo Sombra*, l'œuvre fondatrice de la littérature argentine est le *Martín Fierro* de José Hernandez (première partie, 1872 ; deuxième partie, 1879). Le poème *Martín Fierro* raconte, en langue « *gauchesca* » (c'est-à-dire l'espagnol parlé par les habitants de la *pampa* du XIXe siècle), l'épopée d'un *gaucho* souffrant des abus de l'autorité. Mais à la différence du *gaucho* magnifié de Güiraldes, le *gaucho Martín Fierro* est une caractérisation réaliste, montrant aussi les aspects sombres du personnage, comme le côté un peu brutal, dû au ressentiment.

[23] Comme le soutient Claude Cymerman : « Dans cette évolution du statut de *gaucho* vers celui de *peón*, il y a indiscutablement une déchéance qui s'inscrit dans le mot même de *peón* (du latin *pedo, – onis*, dérivé de *pes*, *pedis*, « pied »). Quoi de plus humiliant, en effet, pour le cavalier de la pampa, que cette « descente », physique et morale, de son cheval… » (Cymerman, 1992 : 42).

gringa » (« *gringa* » signifiant « étrangère »), où le *gaucho* deviendra obsolète[24].

C'est en effet à ce bouleversement provoqué par l'invasion des immigrants que répond l'exaltation symbolique de la figure du *gaucho* et du passé *criollo*. Les propriétaires des *estancias*, qui s'étaient employés à éliminer le *gaucho* tenu pour un sous-homme « vagabond et désœuvré », regardent maintenant avec nostalgie ce personnage romantique disparu et remplacé par des immigrants avides, prêts à remettre en question les prérogatives de l'oligarchie argentine. De plus, la forte concentration d'immigrants à Buenos Aires entraîne une croissance et un progrès extraordinaire de la ville cosmopolite et effervescente, ainsi que l'apparition d'une classe ouvrière réclamant vivement la démocratisation politique et l'équité sociale[25].

En bon représentant de l'oligarchie argentine, Güiraldes, écrivain raffiné et aussi parfait connaisseur du langage *gauchesco* et des traditions *criollas*, évoque dans *Don Segundo Sombra*, un passé idéal où la souche *criolla* n'était pas contaminée par un apport étranger. Le héros du roman est un *gaucho* magnifié et anachronique, incarnation de la *pampa* profonde, que l'écrivain érige en modèle des vertus et de la tradition

---

[24] Un troisième facteur qui contribue à l'obsolescence du *gaucho* est la victoire finale sur les indiens. Vers la fin du XIXe siècle, les *criollos* contrôlent déjà tout le territoire de la Patagonie (grâce à la campagne militaire connue comme « La conquête du désert »), le *gaucho* n'étant donc plus nécessaire pour défendre la frontière des attaques des indiens, et la *pampa* étant devenue une région paisible pour cultiver la terre.

[25] En effet, la classe dominante argentine avait fortement encouragé la venue des immigrants européens, apportant la civilisation et le progrès. Pourtant, elle a bientôt compris que les travailleurs immigrants, étant beaucoup plus exigeants que les travailleurs *criollos*, pouvaient générer de graves problèmes. Comme le signale Carl Solberg dans son ouvrage *Immigration and Nationalism* : « Long accustomed to servile laborers, the Argentine ruling classes after 1890 suddenly had to confront militant urban workers determined to improve their economic position. Most skilled workers entered socialist-oriented unions, but the anarchists, who controlled much of Buenos Aires' unskilled laboring class, quickly became the most powerful element in the Argentine labor movement » (cité *in* Barili, 1999 : 91).

argentines, et qu'il oppose implicitement à la réalité urbaine, cosmopolite et corruptrice de cette époque marquée par l'apogée de l'immigration[26].

L'apologie du *gaucho*, de la vie à la campagne, et de l'attachement au sol qui caractérise la tendance nationaliste argentine obéit donc, au moins en grande partie, à des préjugés de classe. La vieille classe dominante *criolla* se veut dépositaire de l'héritage culturel légué par le *gaucho*, transformé en symbole national, ce qui légitimerait ses droits à gouverner le pays, face aux immigrants[27]. Cette tendance à légitimer l'idéologie nationaliste à travers l'art, autour de l'univers « *gauchesco* », se manifeste surtout dans le premier tiers du XXe siècle. Quand Ginastera amorce sa vie artistique, vers 1934, le courant culturel nationaliste, ainsi formulé, commence à perdre de sa force, s'épuisant progressivement. Néanmoins, le ballet *Estancia*, les *Danzas Argentinas*, ou bien les chansons de *Las horas de una estancia*, apparaissent encore imprégnés de cette esthétique basée sur l'idéalisation et l'exaltation de la vie à la campagne, du paysage et de ses personnages et traditions. Toutefois, ces œuvres font certainement allusion à la vie dans les *estancias* telle que Ginastera a pu connaître à son époque, c'est-à-dire la vie dans la *pampa* fractionnée en grandes propriétés, où le *gaucho* d'autrefois est devenu péon à côté du péon fils d'immigrant, et où les traditions *criollas* sont conservées avec une certaine affectation.

Pour sa part, chacune des trois danses constituant les *Danzas Argentinas*, œuvre que nous avons choisie pour illustrer le langage du « nationalisme objectif », porte un titre évoquant un personnage stéréotype de la campagne argentine. Le titre de la première danse, *Danza del viejo boyero* (*Danse du vieux vacher*), réfère au vieux péon

---

[26] L'identification du *gaucho* avec des valeurs positives comme la noblesse, le courage, le stoïcisme, est restée dans l'imaginaire argentin. Encore de nos jours on se sert de l'expression « *hacer una gauchada* » pour signifier « poser un geste d'altruisme ».

[27] La classe dominante, souvent appelée l'« aristocratie de la terre », est évidemment constituée des grandes propriétaires d'*estancias*. Bien qu'habitant généralement à Buenos Aires, ils passent de longs séjours dans leurs *estancias*, ce qui leur donne l'occasion de vivre en contact avec les paysans, partageant leurs coutumes et leur langage. D'où le sentiment d'attachement au sol et aux traditions *criollas* de cette classe sociale, exprimé par les artistes nationalistes qui, pour la plupart, sont issus de la haute bourgeoisie. D'ailleurs, ces séjours dans les *estancias* alternent avec des séjours en Europe, particulièrement à Paris (comme dans le cas de Güiraldes, qui est mort à Paris).

d'*estancia* qui conduit les troupeaux. La traduction courante du titre de la deuxième danse, *Danza de la moza donosa*, est *Danse de la charmante jeune fille*, ou bien, *Danse de la jolie jeune fille*. Nous tenons, pour notre part, à traduire ce titre par *Danse de la jolie paysanne*, car le mot « *moza* » n'est généralement employé qu'à la campagne, appartenant au niveau de la langue espagnole « *gauchesca* », l'expression « jeune fille » ne connotant pas le contexte rural. Quant au titre de la troisième danse, *Danza del gaucho matrero*, il est en général traduit par *Danse du gaucho malin*, ou bien, *Danse du gaucho rusé*. La traduction du mot « *matrero* » par « malin » est correcte. Toutefois, l'expression « *gaucho matrero* » sert spécifiquement à désigner, dans la région de la *pampa*, le *gaucho* au tempérament violent et farouche, qui est généralement un hors-la-loi. Le *gaucho matrero* est un personnage typique de la dernière époque du *gaucho*, quand il a été marginalisé, obligé à voler du bétail pour survivre, et repoussé des terres des *estancieros* ; c'est-à-dire chassé de la *pampa* dont il avait fait son domaine naturel durant plus de cent ans. Ginastera évoque donc, dans cette troisième pièce, ce personnage historique plutôt infortuné. Car comme le signale Claude Cymerman : « Souffrant en vie, dans sa réalité quotidienne, le *gaucho* aura pris une revanche *post-mortem* dans la fiction littéraire et dans le discours de l'idéologie nationaliste » (Cymerman, 1992 : 46). Et, pourrait-on ajouter, dans la musique nationaliste de Ginastera[28]. Nous aborderons maintenant l'analyse musicale des *Danzas Argentinas* pour piano.

---

[28] Précisons que, outre la musique « à programme » inspirée de la thématique « *gauchesca* », Ginastera compose dans cette première période deux œuvres basées sur des sources amérindiennes, le ballet *Panambí* (1935-1937), basé sur une légende guarani, et le poème symphonique *Ollantay* (1947), inspiré d'une légende quechua racontant l'histoire tragique du guerrier Ollantay. Toujours à la recherche d'un passé non contaminé sur lequel pouvoir fonder la nationalité, le courant nationaliste tourne aussi son regard vers le passé précolombien, dans un certain esprit indigéniste. Mais comme l'Argentine n'est pas dotée d'un héritage précolombien très important, les auteurs vont surtout emprunter à la tradition quechua, plus spécifique de la Bolivie et du Pérou que de l'Argentine. Le penseur dominant du nationalisme culturel est l'écrivain et historien Ricardo Rojas (1882-1957), qui prône la « restauration nationaliste », c'est-à-dire la revalorisation des origines amérindiennes et de la culture hispanique de l'Argentine, contre le cosmopolitisme. Il a aussi écrit, pour sa part, une pièce de théâtre intitulée *Ollantay* (1939). D'un autre côté, comme cela a été mentionné auparavant, Ginastera qui était catholique pratiquant compose aussi, durant cette période, de la musique « à texte » basée sur des textes religieux : le *Psaume 150* (1938) et les *Lamentations du prophète Jérémie* (1946).

5. Analyse des *Danzas Argentinas* pour piano (1937)

5.1. *Danza del viejo boyero*

La *Danza del viejo boyero*, qui porte l'indication de mouvement *Animato e allegro*[29], présente la superposition de deux ensembles de sons entièrement contrastants : la main droite utilise les touches blanches du piano tandis que la main gauche emploie les touches noires, à l'instar du prélude *Feux d'artifices* (1910-1913) de Claude Debussy ou de *Pétrouchka* (1911) d'Igor Stravinski. L'ensemble constitué des touches blanches témoigne de la bimodalité : mode de *mi* (ou mode phrygien) et mode de *do* (ou tonalité de *Do* majeur). Comme cela a été mentionné auparavant, ce type de bimodalité caractérise certaines danses *criollas* dont notamment le *gato*. Pour sa part, l'ensemble constitué de touches noires apparaît organisé selon deux modes pentatoniques différents : le mode pentatonique-anhémitonique sur *mi bémol* qui correspond au mode pentatonique que Carlos Vega appelle Mode B (*la-do-ré-mi-sol*), et le mode pentatonique-anhémitonique sur *sol bémol*, correspondant au Mode A (*do-ré-mi-sol-la*). Le pentatonisme, et plus particulièrement la prédominance de ces deux modes, caractérisent la musique de tradition quechua. Cette pièce peut être divisée en trois parties, étant essentiellement constituées d'un même matériau : partie A (mes. 1-40), partie A' (41-61) et Coda (mes. 62-81).

5.1.1. Première partie

La partie A comprend cinq sections : une première section possédant les caractéristiques d'une introduction ou prélude, trois sections que nous désignerons comme [A], [A1] et [A2], et une section conclusive ; toutes ces sections étant liées par des chaînons (sauf [A2] et la section conclusive qui sont juxtaposées). Le prélude consiste en deux phrases similaires de quatre mesures, basées sur un motif de deux mesures qui se réitère trois fois[30]. Ce motif contient, à la main droite,

---

[29] Toutes les indications de tempo, de phrasé et d'expression apparaissent en italien pour les trois *Danzas*. Il existerait cependant une erreur dans cette indication, qui serait plutôt *Animato ed allegro*.

[30] Par l'utilisation du mot « prélude » au lieu d'« introduction », nous voulons souligner la fonction de cette section. Le terme prélude désigne « ...le moment où l'interprète

trois accords constitués d'une tierce plus une seconde à la base (comme des accords avec la septième en troisième renversement, et sans la quinte), ces accords étant la tonique du mode de *mi*, brodée par le deuxième degré (phrygien). La main gauche présente un motif employant quatre sons du mode pentatonique sur *mi bémol*. Cependant, la bimodalité suscitée par la coprésence du mode de *mi* et du mode pentatonique sur *mi bémol* n'est pas tout à fait simultanée, car les accords (de la durée d'une croche) qui suivent la pulsation de la mesure à 6/8, coïncident avec les silences de croche de la ligne de la main gauche, cette dernière étant toujours à contretemps. Cela implique, au niveau rythmique, l'intégration des deux parties dans une seule ligne en continuité de croches, bien que la sonorité contrastante des deux ensembles de sons assure la distinction des deux lignes. Cette texture semble imiter la texture des préludes des danses *criollas* joués à la guitare. D'une part, le piano est utilisé dans un registre limité à un peu plus d'une octave, qui est celui du registre central de la guitare. D'autre part, les accords à la main droite pourraient consister en *rasgueados* ou encore en *chasquidos*, tandis que la ligne de la main gauche serait en *punteado* (cordes pincées). Par ailleurs, le fait que cette section ne présente que la réitération d'un motif de deux mesures, avec alternance de deux fonctions harmoniques (I et II phrygien), rappelle également la danse appelée *malambo*.

À la mesure 11, commence l'exposition du thème [A] qui s'étale sur huit mesures, présentant quatre phrases de deux mesures, selon un dessin [a-a'-a-b]. La mélodie, à la main droite, est entièrement doublée à distance d'une tierce et d'une quarte inférieure, procédé de faux-bourdon qui reproduit la structure de l'accord de tierce plus seconde déjà utilisée dans le prélude. Quasi omniprésente tout au long de la pièce, cette structure dérive, vraisemblablement, de la pratique du *gymel criollo*, c'est-à-dire de l'habitude de renforcer une mélodie par une deuxième voix à distance de tierce inférieure, ce à quoi s'ajoute, dans *Le viejo boyero*, une troisième voix à distance de quarte inférieure. Le thème est en mode de *mi*, et comme dans le cas des danses *criollas*, le faux-

---

prend contact avec l'instrument, le prend en main, pour l'accorder, l'essayer, le faire résonner, se le mettre en doigts... » (*Dictionnaire de la musique Larousse*, 1999 : 678). Ce prélude sert à établir la bimodalité des touches noires et des touches blanches, ainsi que la tonique du mode de *mi*, qui sera la tonique finale de la pièce.

bourdon à la tierce inférieure détermine son harmonisation en *Do* majeur. Dans la section [A], le thème utilise les quatre sons contenus dans le cadre de la quarte juste descendante *mi-si*, se terminant par un *si*, renforcé par la structure de tierce plus seconde, c'est-à-dire *si-sol-fa*, la dominante de *Do* majeur en troisième renversement. La section [A1] (mes. 19-26) consiste en la transposition du thème à la quarte juste supérieure, ce qui entraîne la fin de la mélodie sur la tonique du mode de *mi*, renforcée par le *do* et le *si*, formant l'accord de tonique de *Do* majeur en troisième renversement. À la mesure 27, dans ce qui constitue sa troisième exposition [A2], le thème apparaît cette fois-ci transposé à l'octave supérieure, se terminant encore une fois sur la dominante de *Do* majeur (mes. 34).

En ce qui concerne l'accompagnement du thème à la main gauche, dans la section [A], il est basé sur un ostinato dont le modèle consiste en une mesure dans le mode pentatonique-anhémitonique sur *mi bémol.* Toutefois, cet ostinato n'emploie que quatre sons, le son manquant (le *ré bémol*) apparaissant seulement à la mesure 18, dans une tournure qui sert de chaînon entre [A] et [A1]. Dans la section [A1], le même dessin de l'ostinato est transposé dans le mode pentatonique-anhémitonique sur *sol bémol.* La gamme complète de ce mode se retrouve à la mesure 26. Pour la section [A2], l'ostinato reprend le dessin de [A] dans le mode pentatonique sur *mi bémol*, mais transposé à l'octave supérieure. Les deux modes pentatoniques employés entretiennent une relation de tierce (*mi bémol-sol bémol*), tout comme le mode de *mi* avec la tonalité de *Do* majeur. Par ailleurs, en raison de son dessin mélodique, l'ostinato suggère l'harmonie de tonique de *mi bémol* mineur pour les sections [A] et [A2], et de tonique de *Sol bémol* majeur pour la section [A1].

La structure formelle de la section [A] est semblable à celle des thèmes des danses *criollas*, consistant en quatre phrases de deux mesures, chaque phrase pouvant accompagner un vers puisque les phrases-type du folklore comportent deux mesures. Comme la strophe chantée dans la musique *criolla* est traditionnellement composée de quatre vers, elle est accompagnée de quatre phrases musicales, correspondant dans le cas du *Viejo boyero* aux phrases [a-a'-a-b]. Si dans la musique *criolla*, en général monothématique, on réitère la même structure musicale pour chanter les différentes strophes, dans *El viejo boyero*, la section [A] apparaît réitérée deux fois, dans ses transpositions [A1] et [A2].

La section conclusive (mes. 35-40) commence par la réitération de la phrase [b] (finissant sur la dominante) mais avec une importante variation de texture. La main droite élimine la seconde de la structure fixe de l'accord, gardant simplement les tierces. La main gauche abandonne l'ostinato, conservant pourtant le pentatonisme (sur *sol bémol*), et adopte le même dessin que la main droite. La deuxième phrase de la section conclusive (mes. 37) est la reprise, avec des variations, de la phrase [b] de la section [A1] (celle qui se termine par la tonique mélodique du mode de *mi* harmonisée par la tonique de *Do* majeur). Dans le but de produire une cadence conclusive en *Do* majeur, les deux mains partagent pour la première fois le même ensemble de sons. Les accords acquièrent ici la position en fondamental avec septième, et avec la tierce de l'accord à la voix supérieure. Il s'agit donc aussi d'accords qui suivent une structure fixe et parallèle. Ainsi, la ligne mélodique en mode de *mi*, énoncée à la voix supérieure, est doublée à distance de tierce inférieure par la ligne de basse des accords, celle-ci dans la tonalité de *Do* majeur, comme dans la pratique courante du chant *criollo*. Pour illustrer la provenance folklorique de la phrase [b], l'exemple suivant reprend l'extrait du *gato* tiré de l'Ex. 8, afin de comparer ses deux dernières mesures avec la phrase [b] de la section [A1] (mes. 25-26), ainsi qu'avec la deuxième phrase de la section conclusive (mes. 37-40) :

Ex. 10
Gato

Phrase
mes. 25-26

Phrase
mes. 37-40

Comme on peut le remarquer, il existe une grande similarité entre la tournure conclusive du *gato* et la phrase [b] de la section [A1], tant sur le plan mélodique que rythmique. En ce qui concerne l'accompagnement, on peut constater que le *gato* de l'exemple adopte des pieds binaires à l'avant-dernière mesure, créant la polyrythmie caractéristique des danses *criollas*. Pour sa part, la phrase [b] de la section [A1] est accompagnée de l'ostinato pentatonique, qui témoigne d'une certaine ambiguïté d'accentuation. Le modèle de l'ostinato, consistant en une mesure, peut être interprété soit comme composé de deux pieds ternaires en raison de la mesure à 6/8, soit comme constitué de trois pieds binaires en raison du dessin mélodique. En effet, ce dessin semble se diviser en deux lignes (cf. Ex. 10, phrase mes. 25-26), l'une composée du *sol bémol* et des *ré bémol*, dont le rythme est croche-noire-noire-croche, et l'autre composée des sons *sol bémol-si bémol-la bémol* en rythme de noires. Cet ostinato montre donc la coexistence des deux mètres (6/8 et 3/4) qui caractérise l'accompagnement de certaines danses *criollas* (cf. l'Ex. 5)[31]. En ce qui concerne la deuxième phrase de la section conclusive, où la mélodie apparaît entièrement harmonisée en *Do* majeur, elle présente des variations d'ordre rythmique, notamment l'augmentation des deux derniers sons, contribuant à renforcer ostensiblement la cadence par laquelle s'achève cette première partie.

5.1.2. Deuxième partie

La partie A' comprend deux sections liées par un conduit : la première section étant la reprise textuelle du prélude, et la deuxième consistant en une nouvelle réitération de la section [A] que nous désignerons comme [A3]. Cette nouvelle apparition du thème est en effet une transposition de [A1] à deux octaves supérieures, présentant ses quatre phrases [a-a'-a-b] élaborées tant sur la plan mélodique que rythmique. Le procédé de variation accentue la prolifération de croches, déjà esquissée en [A2]. D'autre part, la main gauche remplace l'ostinato par une ligne isorythmique de la main droite, tout en conservant le mode pentatonique sur *sol bémol*. On retrouve des hémioles aux mesures 54, 56, et plus nettement à la mesure 58 contenant trois noires. Comme cela a déjà été souligné, la présence de pieds binaires dans un contexte de pieds ternaires est caractéristique de la musique *criolla*. Pour sa part, la phrase [b] apparaît modifiée en raison de l'application non uniforme du procédé d'augmentation, qui sert à étaler la cadence à la manière d'un « *ritardando* écrit »[32].

---

[31] Il faudrait signaler aussi que tout au long des sections [A], [A1] et [A2], on observe un décalage d'une croche dans l'accentuation entre la main droite et la main gauche, la main droite étant toujours à contretemps. Ce décalage est rattrapé à la phrase [b] où l'accentuation devient claire et uniforme pour les deux mains, au premier temps de la mesure. L'accentuation sans ambiguïté de la phrase [b] contribue à sa fonction cadentielle.

[32] Cette partie se termine donc sur deux toniques en relation de triton : *do* et *sol bémol*.

5.1.3. Coda

Le retour du prélude à la mesure 62, repris encore une fois littéralement mais dans une nuance *pianissimo*, marque la troisième partie de la pièce : la coda. Après les huit mesures du prélude, on retrouve une extension consistant en la réitération d'un motif de cinq croches composé du *levare* et du premier accord du prélude, transposé chaque fois une octave plus haut. À la mesure 77, le même dessin rythmique de cinq croches, mais en *poco ritardando* et gardant soutenu chacun des sons, crée par addition un accord de six sons dans le registre grave (mes. 78). Cet accord reprend les trois sons de l'accord du motif précédent (*mi-sol-ré*) en ajoutant le *si* et le *la* (et la duplication du *mi*). C'est-à-dire qu'il contient les cinq sons du mode pentatonique-anhémitonique sur *mi* (*mi-sol-la-si-ré*). Les sons du mode pentatonique sur *mi* coïncident avec les sons de l'accordage de la guitare espagnole : *mi*2 - *la*2 - *ré*3 - *sol*3 - *si*3 - *mi*4. Justement, c'est dans cet ordre et dans ce registre, comme si l'on pinçait les cordes à vide de la guitare du grave vers l'aigu, que ces six hauteurs apparaissent à la mesure 77, pour constituer l'accord à la mesure 78. Voici l'exemple des cinq dernières mesures du *Viejo boyero* (mes. 77-81) :

Ex. 11

Cet accord évoque manifestement la sonorité de l'instrument emblématique du *gaucho* et de la musique *criolla*. Pour cette raison, il a été justement appelé « accord de la guitare » (Scarabino, 1996 : 74), consistant en une sonorité que Ginastera utilisera assidûment dans ses œuvres futures. Dans *El viejo boyero*, son apparition semble servir à concilier les deux ensembles de sons contrastés tout au long de la pièce, car il contient, d'une part, les hauteurs des touches blanches et, d'autre part, la structure pentatonique des touches noires[33]. La cadence finale (mes. 79-81) reprend le motif rythmique de cinq croches, avec une double broderie du *si* (la quinte) et la résolution sur la tonique du mode phrygien.

5.2. *Danza de la moza donosa*

Cette pièce présente, à la place de l'indication du mouvement, la mention *Dolcemente espressivo*, faisant référence plutôt au caractère. À l'indication métronomique de noire pointée = 60, qui correspondrait à un *Andante*, s'ajoute la remarque *tempo rubato*. Par ailleurs, l'entrée de la ligne mélodique porte l'indication *cantando*. Toutes ces précisions visent à ce que le rythme de la pièce soit flexible et sans rigueur. Comme la première, cette pièce est aussi à 6/8. Du point de vue tonal, les deux *Danzas* sont liées d'une manière tout à fait classique : la tonique finale du *Viejo boyero* (*mi*) est le cinquième degré de la tonalité de *La moza donosa* (*la* mineur). Cette pièce peut être divisée en trois parties : A (mes. 1-24), B (mes. 25-60), et A' (de la mesure 59, commençant en chevauchement avec la fin de B, à la mesure 81).

5.2.1. Première partie

La moza donosa commence par une introduction de trois mesures, à la main gauche, présentant le motif d'accompagnement qui sera constant durant toute la pièce. Ce motif rappelle la formule rythmique d'accompagnement typique de la danse *criolla* appelée *zamba*, non seulement en raison de la similarité rythmique mais également en raison de la disposition des hauteurs. Comme cela a déjà été mentionné, la formule de base d'accompagnement de la *zamba* au *bombo* présente une

---

[33] Le musicologue Gilbert Chase signale à propos de cet accord : « From his earliest works to the most recent, this chord appears as a sort of 'signature'. For example, in the *Danza del Viejo boyero*, [...] this chord appears suddenly, near the end of the piece, coming as somewhat of a surprise after the continuous left-hand figuration in D-flat » (Chase, 1957a : 449). Selon notre analyse, cet accord est étroitement relié aux matériaux de la pièce, donc son apparition ne nous paraît pas tout à fait surprenante. Par ailleurs, contrairement à ce que Chase dit, la tonalité de *Ré bémol* majeur ne se trouve à aucun moment de la pièce. L'armure de clé de la main gauche est en effet celle de *Ré bémol* majeur mais seulement afin d'indiquer les touches noires du piano.

différenciation de timbres qui s'obtient d'une part, en frappant la peau du *bombo* avec la partie feutrée du maillet, et d'autre part, en percutant le cadre du bombo avec le manche du maillet. Dans le cas de l'accompagnement de *La moza donosa*, on remarque que les notes extrêmes du motif (le *la* et le *si*) correspondraient aux sons qui s'obtiennent en percutant le cadre du *bombo*, tandis que le *mi* central correspond aux sons obtenus en frappant la peau. Pour constater cette similarité, voici l'exemple qui reproduit l'une des formules de base d'accompagnement de la *zamba* tirée de l'Ex. 7, ainsi que la première mesure de *La moza donosa* :

Ex. 12

La partie A comprend deux sections. La première section [A] (de huit mesures) comporte deux phrases similaires [a-a'] de quatre mesures, divisées en deux motifs contrastants de deux mesures. La deuxième section [B] (de douze mesures) consiste en trois phrases de quatre mesures [b-b^1-b^2] dont la deuxième et la troisième sont des transpositions descendantes de la première. En ce qui concerne le matériau, toutes les phrases réitèrent le patron rythmique de la phrase [a] (mes. 4-7), avec de légères variations à la fin des phrases[34]. Au niveau mélodique, on remarque que la ligne possède la facture d'une chanson, c'est-à-dire d'une mélodie destinée à la voix, faite majoritairement de degrés

[34] Signalons que la dernière mesure des phrases [a] et [a'] (mes. 7 et 11) peut s'interpréter comme constituée de deux pieds binaires, produisant une hémiole et la superposition de deux mètres différents, main droite à 3/4 et main gauche à 6/8, comme souvent dans la musique *criolla*.

conjoints, avec un ambitus d'un intervalle de neuvième, et sur un rythme simple et répété qui suggère la contrainte à une métrique poétique. On peut observer également l'importance de la broderie chromatique inférieure, particulièrement dans la phrase [b] et ses deux transpositions, et la proximité entre la note altérée et la même note sans altération. Comme cela a déjà été mentionné, ce type de broderie caractérise les mélodies *criollas*. L'exemple suivant reproduit l'extrait d'une mélodie *criolla* tiré de l'Ex. 1 :

Ex. 13

ainsi que les mes. 21-23 de *La moza donosa*, où l'on remarque la broderie *la dièse* du deuxième degré :

La mélodie de *La moza donosa*, en raison de sa facture, de son profil descendant et de son phrasé flexible, ressemble à des chansons *criollas*, comme l'*estilo* ou la *milonga*, typiques de la région de la *pampa*. Comme la manière de chanter dans la musique *criolla* est syllabique, les deux motifs de la phrase [a] de *La moza donosa* pourraient accompagner respectivement un vers octosyllabique (mes. 4-5) et un vers pentasyllabique (mes. 6-7), deux formes de vers typiques du folklore argentin. L'accompagnement harmonique de cette partie A est simple, basé sur la tonique et la dominante de *la* mineur, avec une courte modulation à *Do* majeur à la phrase [b]. Les phrases [b] et [b^1] comportent l'ajout d'une ligne chromatique à la voix de l'alto qui suggère un contre-chant fourni par un deuxième chanteur, ou bien un contrepoint réalisé par le chanteur soliste s'accompagnant lui-même à la guitare.

5.2.2. Deuxième partie

La partie B est composée de deux sections. Tant la première section [C] que la deuxième [D] consistent en deux phrases, chacune composée de huit mesures et divisée en deux membres similaires de quatre mesures, à l'exception de la dernière phrase de [D] qui présente en outre une extension de quatre mesures. Les phrases de [C] sont [c-d] et celles de [D] sont [e-e']. Le motif rythmique constant de l'accompagnement adopte, pour toute cette partie centrale, un dessin mélodique ascendant, présentant toujours les harmonies à l'état fondamental, mais enrichies par des notes ajoutées, comme la septième, la neuvième et la sixte. Par rapport à la partie de la main droite, elle abandonne graduellement le caractère vocal pour acquérir une texture nettement instrumentale, surtout dans la section [D], où la ligne est renforcée par des accords de quatre sons de structure fixe et parallèle, occupant un registre large. Tout le matériau mélodique consiste en la prolifération et en l'élaboration de la broderie chromatique inférieure. Ainsi, la phrase [e] (mes. 41-48) n'est-elle pratiquement faite que de broderies chromatiques inférieures. Au niveau du rythme, on retrouve des hémioles aux mesures 37, 48, 50 et 58, soit à la main droite, soit à la main gauche, engendrant la polyrythmie typique *criolla*. À la mesure 54, tant la mélodie que l'accompagnement présentent des pieds binaires, la mesure devenant à 3/4. Tout de suite après le climax de la pièce, qui se trouve aux mesures 49-52, les huit dernières mesures de cette partie B reviennent à la texture simple de la première partie de la pièce. La mention *a tempo*, à la mesure 59, souligne le chevauchement existant entre la tonique finale de la partie B et la reprise des trois mesures d'introduction, à la main gauche, menant au retour de la partie A.

5.2.3. Troisième partie

La partie A' est la reprise de la première partie, dans un caractère encore plus intime (en *pianissimo*). On retrouve les phrases [a-a'], dont la mélodie apparaît entièrement doublée à la tierce inférieure, à la manière du *gymel criollo*. De la section [B], on ne retrouve que la phrase conclusive [b^2], qui est utilisée deux fois. Dans cette phrase, la ligne commence par être également doublée à la tierce, pour ensuite être renforcée par une ligne chromatique en blanches pointées à une distance de sixte inférieure. La pièce s'achève par une *codetta* de deux mesures, consistant en un geste ascendant, fait de la quinte *la-mi*, dont le registre est transposé jusqu'à atteindre la tonique finale dans l'aigu. Cet accord final, basé sur la résonance de la quinte *la-mi*, présente la sixte majeure et la sixte mineure ajoutées, ainsi que la tierce de Picardie.

5.3. *Danza del gaucho matrero*

Cette dernière pièce porte l'indication *Furiosamente ritmico e energico* et l'indication métronomique de noire pointée = 152, qui correspondrait à un *Allegro vivace*. Au sujet de la relation entre les différentes tonalités des trois pièces, on remarque que *El gaucho matrero* est en *Do* majeur, tonalité relative de celle de *La moza donosa* et l'une des tonalités constituant la polytonalité du *Viejo boyero*. La pièce peut se diviser en deux parties : A (mes. 1-155) et A' (156-232).

5.3.1. Première partie

La première partie commence par une section [A] (mes. 1-16) comprenant deux phrases similaires de huit mesures, [a] et [a']. Ces phrases présentent la réitération d'un motif de six croches, dont le dessin est nettement chromatique. Il est basé sur une cellule de deux croches, laquelle, à travers des transpositions à la seconde mineure inférieure, crée une ligne chromatique descendante. Ou autrement dit, il s'agit d'une ligne chromatique descendante, doublée par une autre ligne chromatique à distance de tierce inférieure, la particularité de ce faux-bourdon à distance de tierce inférieure consistant en ce qu'il n'est pas simultané à la voix supérieure, mais décalé d'une croche. Le motif de l'accompagnement, à la main gauche, consiste également en six croches, et il est aussi basé sur une cellule de deux croches, ce qui renforce l'ambiguïté entre 6/8 et 3/4 déjà engendrée par le motif de la main droite. Chaque cellule contient une quinte juste ascendante. Les six hauteurs du motif considérées ensemble forment une structure d'accord de *do* chromatisée, avec la double tierce (*mi bémol-mi bécarre*) et la septième mineure et majeure en même temps. Ce motif, répété deux fois, est suivi de la gamme descendante du mode locrien sur *do* (mes. 3-4). À la mesure 17, commence une transition composée de trois phrases basées sur différents modèles d'ostinato. Pour la première phrase, on retrouve à la main gauche un ostinato basé sur une cellule de deux croches (mes. 17-20). À la deuxième phrase (mes. 21-24), un nouveau modèle d'ostinato est constitué de huit croches avec un dessin mélodique par quintes. Enfin, la troisième phrase (mes. 25-32) présente un ostinato basé sur un modèle de quatre croches. Comme on peut le remarquer, ces modèles d'ostinato engendrent une ambiguïté dans l'accentuation de la mesure à 6/8. Pour sa part, la main droite présente, à la première phrase, un motif qui anticipe le rythme du thème de la section [B], et aux deuxième et troisième phrases, des accords toujours à contretemps.

De la mesure 33 à la mesure 57, on retrouve la répétition de la section [A] et de la première phrase de la transition, cette dernière légèrement variée et rallongée. Plus précisément, cette phrase de transition comporte une extension de quatre mesures consistant en une sorte d'*accelerando* rythmique, commençant par deux noires pointées, suivies de trois noires (dans une hémiole), et finissant par six croches. Ce procédé, qui est souligné par un *crescendo*, aboutit sur la première cadence de la pièce, établissant la tonalité de *Do* majeur, et marquant le début de la section [B] (mes. 58). La section [B] s'étend jusqu'à la mesure 70, et contient quatre phrases : [b-b-c-c'].

Dans cette nouvelle section, tant la ligne mélodique que l'harmonie sont essentiellement diatoniques. D'ailleurs, on peut remarquer que cette section ressemble fortement à un thème de *gato*. La phrase [b] – et sa répétition – utilisent le mode de *mi* (contenant la broderie chromatique inférieure *fa dièse*), et sont harmonisées en *Do* majeur. Toutefois, la mélodie ne se présente pas doublée par une deuxième voix en *Do* majeur comme dans les *gatos*, mais entièrement renforcée par des triades majeures parallèles. Les phrases [c] et [c'] modulent à *Sol* majeur, la cadence finale de la section se produit donc sur *si* (tonique du mode de *mi* sur *si*) harmonisé par tonique de *Sol* majeur. Pour souligner la similitude entre cette section et une mélodie de *gato*, l'exemple suivant montre la phrase [b] (mes. 59-61) du *Gaucho* ainsi que l'extrait d'une mélodie traditionnelle de *gato* tiré de l'Ex. 4 :

Ex. 14

Le premier membre de la phrase [b] du *Gaucho* correspond à la première phrase du *gato*, accompagnée d'un vers de sept syllabes, tandis que le second membre de la phrase [b] correspond à la deuxième phrase du *gato*, celle qui accompagne le vers de cinq syllabes. Comme cela a été mentionné, une des caractéristiques du *gato* est l'irrégularité des phrases, en raison de la métrique irrégulière des vers. On remarque que la section [B] du *Gaucho matrero* présente des changements de mesure entre 6/8 et 9/8, montrant cette irrégularité. En outre, dans un thème de *gato*, on trouve la répétition des deux paires de vers qui composent la première strophe. Si l'on considère que la phrase [b] accompagne la première paire de vers d'une strophe de *seguidilla* de *gato*, et la phrase [c] accompagne la dernière paire de vers, la répétition des phrases [b] et [c] reproduit la forme du *gato*. Quant à l'accompagnement de cette section, effectué à la main gauche, il consiste toujours en pieds ternaires, engendrant ainsi des divergences avec la main droite lorsque celle-ci contient de pieds binaires, ce qui est typique de la musique *criolla*. L'harmonie d'accompagnement consiste en tonique, dominante, et quelques sous-dominantes, toujours à l'état fondamental. Ces harmonies contiennent généralement la neuvième majeure, produisant de structures par quintes justes, comme à la mesure 65 où l'on retrouve la sous-dominante et la dominante de *Sol* majeur, sans la tierce et avec la neuvième majeure. Les sons de ces deux harmonies pris ensemble composent d'ailleurs le Mode A pentatonique sur *do*.

Une nouvelle transition, de 32 mesures, par conséquent plus développée que la transition antérieure, commence à la mesure 71[35]. Cette transition contient un langage chromatisé, présentant, tout d'abord, un contraste entre touches blanches et touches noires avec, à la main droite, des structures par quartes sur les touches blanches, et à la main gauche, des arpèges par quintes en mode pentatonique sur les touches noires (mes. 71-79). On retrouve aussi à la main gauche une gamme descendante par tons (mes. 75). Une séquence par tierces ascendantes, fondée sur un modèle de trois mesures (80-82), commence à la mesure 80, où la main droite utilise la gamme par tons, tandis que la main gauche présente un dessin par quartes. À la mesure 86, le modèle apparaît fragmenté, réduit à une seule mesure, et la main gauche change de dessin. Aux mesures 87 et 89, on trouve l'intercalation de la mesure 17 (première mesure de la première transition), reprise une octave plus haut. À partir de la mesure 90, le modèle fragmenté, constitué d'une mesure, est trois fois transposé par tierces ascendantes, jusqu'à atteindre l'accord augmenté de *mi bémol* à la main droite et l'accord augmenté de *do* à la main gauche (mes. 93). Les mesures 94-98 présentent la superposition de ces deux harmonies en relation de demi-ton, sur une pédale de *fa dièse*. Les quatre dernières mesures de la transition consistent en la superposition des accords de *mi bémol* et de *mi*, alternant la structure majeure et la structure augmentée[36]. Les mesures 94-98 présentent encore une fois l'ambiguïté entre 6/8 et 3/4, alors que les mesures 99-102 constituent clairement des hémioles. La transition finit sur l'accord augmenté de *mi bémol* (enharmonique de l'accord augmenté de *sol*), superposé à l'accord augmenté de *do*. Ces deux harmonies de *sol* et de *do* augmentées préparent clairement à la section [C], qui commence à la mesure 103 en affirmant, par une forte cadence, la tonalité de *Do* majeur.

---

[35] Malgré sa longueur, nous considérons cette section comme une transition, car elle conduit clairement vers la section [C], à travers notamment ces nombreuses séquences ascendantes. D'autre part, cette transition, à l'instar de la première, contient un langage chromatisé qui lui confère un caractère instable par rapport aux sections [B] et [C], tout à fait stables sur le plan tonal.

[36] Il est intéressant de comparer les hauteurs composantes des quatre accords ici superposés, avec l'harmonie du motif initial de la pièce (mes. 1). On retrouve, dans les accords de la transition, les sons : *do-mi bémol-mi bécarre-sol-sol dièse-si bémol-si bécarre*. Pour sa part, comme cela a déjà été dit, l'harmonie de la mesure 1 est la tonique de *Do* avec la double tierce et la septième majeure et mineure. C'est-à-dire que le *sol dièse* constitue la seule différence entre ces deux ensembles de sons.

La section [C] s'étend jusqu'à la mesure 155. Il s'agit d'une section tout à fait diatonique, entièrement basée sur les cinq accords de la cadence initiale (mes. 103-105) : I - V - I - V - I (avec une pédale de tonique à la basse et à la voix supérieure). Le fait que cette section consiste en la répétition d'un patron de quatre mesures (qui est parfois fragmenté, réduit à deux mesures), ne contenant que tonique et dominante, en rythme constant de croches, et avec un caractère « *violento* » (indication sur la partition), rappelle assurément la danse *criolla* masculine appelée *malambo*. Accompagnant le *zapateo* du danseur, le *malambo* présente la répétition obstinée d'un patron de deux mesures, alternant tonique et dominante, et selon une mesure à 6/8. Tout comme dans le *malambo*, la ligne mélodique de cette section du *Gaucho* est déterminée par l'harmonie, n'utilisant que les sons qui constituent les accords de tonique et de dominante[37]. Sur le plan rythmique, cette section présente l'alternance et la superposition de pieds ternaires et binaires. On retrouve à la main droite des mesures contenant trois noires (par exemple, la mesure 107). La main gauche adopte parfois un dessin basé sur un pied binaire de deux croches (par exemple, à la mesure 116). Le rythme énergique semble en général prévaloir sur la mélodie, car la ligne mélodique plutôt statique rend le rythme presque percussif, comme le *zapateo* du *malambo*. Toute la section apparaît restreinte à deux octaves de registre, dans le registre grave du piano, et ne présente aucune variation d'intensité (toujours en *fortissimo*), ce qui renforce le statisme causé par les nombreuses répétitions.

5.3.2. Deuxième partie

À la mesure 156, avec la reprise de [A] commence une réexposition abrégée, qui découpe la pièce en deux grandes parties. Les mesures 156-181 sont en effet la reprise quasiment exacte des mesures 33-56 (les mesures 1-32 étant supprimées). De la mesure 182 à la mesure 194, on retrouve la reprise de la section [B], qui présente certaines variations. Du point de vue de la texture, la mélodie apparaît, de façon générale, renforcée à une distance d'octave inférieure, les sons accentués

[37] De la mesure 121 à la mesure 133, on retrouve une transposition à *La bémol* majeur, durant laquelle la mélodie, très simple, apparaît à la voix supérieure, à la place de la pédale.

sont cependant renforcés par des accords majeurs. Comme cela a été signalé, les phrases [c-c'] de la section [B], dans la première partie de la pièce, présentent une modulation à *Sol* majeur. Dans la reprise de la section [B], ces deux phrases sont remplacées par une nouvelle phrase répétée qui reste en *Do* majeur (phrases [e] et [e'], mes. 189-194). Cette phrase et sa réitération contiennent, à l'accompagnement, une tournure pentatonique sur les touches noires (mesure 190 et mesure 193), qui peut s'assimiler à l'utilisation du troisième degré abaissé dans la progression cadentielle de certains *triunfos* et *cifras* (cf. l'Ex. 9). En effet, le *mi bémol* et le *si bémol* de la main gauche avec le *sol* de la main droite, forment l'accord de III b. Pourtant, selon le critère qui consiste à considérer les harmonies de cette section comme étant toujours à l'état fondamental, l'harmonie du début de ces mesures serait plutôt un sixième degré abaissé (*la bémol-do-mi bémol*), qui pourrait être considéré comme une substitution du III b de la cadence traditionnelle.

La reprise de la deuxième transition commence à la mesure 195. Comme les autres sections (à l'exception de [B]), celle-ci apparaît condensée, ne comportant que 17 mesures. Elle est entièrement composée de la superposition des structures par quartes (en touches blanches) et du pentatonisme des touches noires. Cette transition conduit à la reprise de la section [C] (mes. 211), section nettement conclusive, qui affirme fermement la tonalité de *Do* majeur. Une codetta commence à la mesure 224, avec la fragmentation du patron de quatre mesures caractéristique de la section [C], qui se réduit ici à une seule mesure, trois fois répétée. La cadence finale peut se diviser en deux moments. Dans le premier moment (mes. 228-230), la main gauche présente la progression cadentielle : V/V (*fa dièse*) - V (*sol*) - I (*do*), en contrastant les registres extrêmes du clavier. Pour sa part, la main droite remplie les écarts entre ces trois hauteurs par des *glissandi*. Le second moment de la cadence consiste en l'arpège descendant de tonique avec septième majeure, au registre grave. Chaque son de l'arpège est soutenu créant par addition l'accord final en *ffff*, avec le *do* le plus grave du clavier, renforcé par la quinte, comme le son final de la pièce.

5.4. Synthèse

Danzas Argentinas consiste en une suite de trois pièces, en mesure à 6/8, à l'instar de la plupart des danses *criollas*, et selon l'ordre des mouvements *allegro-andante-allegro*. La *Danza de la moza donosa*, dont la mélodie évoque une chanson *criolla*, se trouve clairement en *la* mineur, présentant une harmonisation simple. En revanche, la première et la troisième pièce contiennent un langage tonal plus complexe, utilisant la polytonalité, le total chromatique, le contraste des touches blanches et touches noires, différentes gammes pentatoniques, modes anciens tels que le phrygien et le locrien, gamme par tons, harmonies en relation de demi-ton ou de triton, etc. Tous ces éléments caractérisent le langage de la néo-tonalité. Au sujet de la structure formelle, on remarque dans les trois pièces une prédominance marquée des proportions régulières (unités de deux, quatre ou huit mesures), et la grande importance de la répétition, tant au niveau du motif que des sections et des parties. Quant à l'aspect rythmique, on retrouve des hémioles, des polyrythmies et des divergences des accentuations entre les parties de la main droite et de la main gauche. Ces éléments rythmiques ainsi que la structuration formelle mentionnée auparavant renvoient à la musique *criolla*.

En effet, *Danzas Argentinas* contient des éléments du folklore argentin issus fondamentalement de la musique de tradition *criolla*, les modes pentatoniques apparaissant comme le seul élément repéré caractéristique de la musique précolombienne. Or ces éléments folkloriques repérés présentent différents degrés d'identité avec les matériaux originaux du folklore : certains ont subi un processus d'élaboration important, tandis que d'autres sont presque directement cités. Aucune des trois pièces ne constitue donc la recréation fidèle d'un type de danse ou de chanson spécifique. Il s'agit plutôt de créations « hybrides » consistant en l'élaboration de matériaux empruntés à différentes sources folkloriques, bien que certains fragments ponctuels puissent toutefois être considérés comme des allusions transparentes à une danse en particulier. C'est la raison pour laquelle les titres des trois pièces ne font pas référence à une source musicale déterminée, comme c'est le cas dans d'autres compositions de Ginastera appartenant également à la période du « nationalisme objectif »[38]. Il est cependant possible de proposer un lien entre le titre de chacune des pièces et le caractère de la danse folklorique que nous avons établie comme la source, ou l'une des sources principales, des matériaux utilisés respectivement dans chaque pièce. Ainsi, le « *viejo boyero* » (le vieux vacher) pourrait rappeler l'esprit moqueur du *gato*, tandis que la « *moza donosa* » (la jolie paysanne) inspire clairement le sentiment amoureux de la *zamba* ; pour sa part, le « *gaucho matrero* » (le gaucho malin) suggère l'énergie et la force du *malambo*, et également la vivacité du *gato*.

Par l'utilisation de matériaux folkloriques clairement repérables, par leur élaboration à travers les procédés de la néo-tonalité et par le caractère évocateur des titres associés à l'univers « *gauchesco* », *Danzas Argentinas* constitue une œuvre représentative de la période du « nationalisme objectif ». Dans le prochain chapitre, nous aborderons l'évolution de Ginastera vers un « nationalisme subjectif », inspirée des nouvelles perspectives auxquelles s'ouvre la culture argentine de cette époque.

---

[38] Dans d'autres compositions de cette période nationaliste, Ginastera précise, à travers le titre de l'œuvre, laquelle des danses ou des chansons folkloriques en particulier lui a servi d'inspiration. Par exemple, le *Malambo* pour piano (1940), ou la *Danza final*, qui porte le sous-titre de *Malambo*, tirée du ballet *Estancia* (1941), ou encore les *Cinco canciones populares argentinas* pour voix et piano (1943) dont les titres sont : *Chacarera*, *Triste*, *Zamba*, *Arrorró* et *Gato*.

Chapitre II : Le « nationalisme subjectif », l'aspiration à l'universel

Ce chapitre se propose d'examiner la deuxième période créatrice de Ginastera, qu'il dénomme « nationalisme subjectif », et qui comprend un nombre assez restreint de compositions. Durant cette période (1948-1957), Ginastera écrit le *Quatuor à cordes n° 1* (1948), la *Pampeana n° 2* pour violoncelle et piano (1950), la *Sonate pour piano n° 1* (1952), les *Variaciones concertantes* pour orchestre de chambre (1953) et la *Pampeana n° 3* pour orchestre (1954). En outre, il commence en 1956 la composition du *Concerto pour harpe et orchestre*, qu'il finira neuf ans plus tard. Afin de mieux comprendre le langage du « nationalisme subjectif », nous considérerons d'abord brièvement le panorama de la culture argentine de cette époque, où l'exaltation des traditions *criollas* (le *criollismo*) a cédé la place à une nouvelle perspective du sentiment nationaliste. Puis, nous examinerons l'utilisation des formes distinctives de la musique « pure » (particulièrement la forme sonate), qui caractérise cette période de Ginastera. Pour cela, nous analyserons le premier mouvement de la *Sonate pour piano n° 1.*

1. La tendance à l'universel

Depuis les années 1920, le courant nationaliste qui louait le passé *criollo* de l'Argentine, réagissant ainsi au cosmopolitisme amené par l'immigration, commence à susciter des oppositions chez un certain nombre d'intellectuels et d'artistes. Par exemple, l'écrivain Leopoldo Marechal publie en 1926 (année de la parution du roman *Don Segundo Sombra*, dont il a été question au chapitre précédent) son article « El gaucho y la nueva literatura rioplatense », où, tout en appréciant la noblesse du *gaucho* dépeint par Güiraldes, il demande à la littérature argentine de s'enraciner davantage dans le présent et d'oublier un passé pauvre et vainement mythifié (Orecchia Havas, 1988 : 277). Pour sa part, l'écrivain Jorge Luis Borges (1899-1986) soutient que l'artiste argentin ne doit pas se borner à traiter des thèmes purement nationaux et stéréotypés, comme le *gaucho*, la *pampa* ou les *estancias*, afin de satisfaire la quête d'exotisme des lecteurs étrangers. Se limitant aux traditions nationales rudimentaires, au lieu d'aspirer aux grands sujets universels, l'artiste donne, selon Borges, dans une fâcheuse espèce de provincialisme. Comme il l'exprime : « ...nous ne devons pas être timorés ; nous devons penser que notre patrimoine est l'univers ; nous essayer sur tous les thèmes. Nous ne pouvons pas nous en tenir à l'argentin pour être argentins, car, de deux choses l'une, ou bien être argentin est une fatalité et dans ce cas nous le serons quoi que nous fassions, ou bien être argentin est une simple affectation, un masque » (cité *in* Berveiller, 1973 : 448)[1].

Selon cette nouvelle perspective, le sentiment de l'argentinité est de nature intime, ainsi qu'involontaire et indéfinissable. Il dépend en outre de la subjectivité de l'artiste, et non des éléments externes voire anecdotiques, comme la « couleur locale » ou les stéréotypes *criollos*. Ainsi, pour des auteurs tels que Borges, le sentiment de l'argentinité peut bien s'exprimer par des formes plus abstraites.

À partir des années 1930, les artistes argentins vont donc se libérer progressivement de la « pression » de la tendance nationaliste, qui se proposait d'édifier un art national fondé sur les archétypes du passé *criollo*, tels que le *gaucho* et la *pampa*. Le fait que des immigrants plus ou moins récents, comme par exemple l'écrivain Roberto Arlt, s'intègrent graduellement au champ intellectuel ambiant, apportant leur vision multiple de la réalité, contribue à ce que l'expression de l'argentinité se déplace de la thématique *criolla* vers la subjectivité de l'artiste, ce dernier étant ancré dans le présent. Et le présent ne garde pas beaucoup de traces intactes du passé *criollo*, surtout pas dans le moderne Buenos Aires que Valery Larbaud décrit, en 1925, comme « cette capitale plus cosmopolite qu'aucune de nos capitales européennes » (cité *in* Berveiller, 1973 : 449)[2]. Auparavant jugé comme un danger par le

---

[1] Borges est en effet le premier écrivain latino-américain à acquérir un prestige international qui ne doit rien au goût pour le pittoresque et à la « couleur locale ». Bien au contraire, Borges montre dans son œuvre une vaste érudition littéraire, qui lui permet de traiter de sujets aussi divers que la poésie scandinave ancienne, la philosophie de Leibniz ou la littérature arabe. Possédant un esprit « universaliste » ou « cosmopolite », Borges s'est plusieurs fois employé à ridiculiser le nationalisme littéraire. Néanmoins, il a également traité de sujets spécifiquement nationaux, cela notamment dans sa phase qui a été définie comme « *criollismo urbano* » (*criollismo* urbain).

[2] Il est intéressant de signaler que Ginastera est un citoyen assez typique du Buenos Aires de cette époque, car il est un argentin de la deuxième génération, avec des grands-parents venus d'Europe. Il s'identifie au courant nationaliste, bien qu'il ne possède pas

courant du nationalisme culturel, le cosmopolitisme commence alors à être perçu comme une qualité essentielle du caractère argentin, ouvert sur les diverses cultures du monde. Néanmoins, la tension entre les tenants du « nationalisme culturel » et les prétendants au « cosmopolitisme[3] » perdure encore durant quelques décennies, se traduisant par des accusations mutuelles d'imposture, concernant la représentation du caractère national.

Vraisemblablement, la nouvelle perspective du nationalisme semble avoir influencé Ginastera, qui se détache progressivement de l'évocation directe des matériaux du folklore *criollo*, ainsi que de l'utilisation de « programmes » liés à la tradition *criolla*, ou encore précolombienne. En effet, de 1948 à 1957, Ginastera compose presque exclusivement de la musique « pure », à l'exception des deux *Pampeanas*, dont le titre faisant image renvoie à une donnée extramusicale, la *pampa*. À la fin de la période du « nationalisme objectif », comme cela a été mentionné au chapitre précédent, Ginastera compose une première *Pampeana* pour violon et piano (1947). Cette *Pampeana* est considérée par Ginastera comme l'aboutissement de sa

---

une longue tradition familiale argentine et encore beaucoup moins *criolla*. Comme Ginastera l'exprime : « The composer should not in any way isolate himself from the world that is his. I feel very Argentine even though I say I am a man of the Mediterranean, born in Buenos Aires (because my paternal grandparents were from Catalonia and my maternal grandparents, from Lombardy in the north of Italy). However, I am now a second-generation Argentine who profoundly feels a bond with his nation. I do not show this outwardly, but feel it personally deep inside » (cité *in* Schwartz-Kates, 1997: 858).

[3] Le mot « cosmopolitisme » a bien fini par désigner la tendance opposée au nationalisme culturel. Selon Michel Berveiller : « Il implique [chez l'artiste] le sentiment d'appartenir, à des degrés et sur des plans divers, à plusieurs patries ainsi que la volonté de multiplier constamment ses adhésions intellectuelles ; mais il ne lui impose pas de trouver beau ou d'accueillir indifféremment tout ce qui vient de loin, comme fait le simple amateur d'exotisme » (Berveiller, 1973 : 18). Pour sa part, Raphaël Lellouche signale : « ...être cosmopolite, c'est être membre d'une cité (*polis*) qui a la dimension de l'univers (*cosmos*), c'est-à-dire ne trouver d'identité dans nulle particularité culturelle, ethnique ou nationale, mais bien dans l'universalité humaine. Pour atteindre à cette universalité, il faut, sinon embrasser de fait, du moins tenter d'embrasser intentionnellement la totalité de la culture. L'universalisme, c'est le refus de limiter la culture à un particularisme quelconque. Pour être cosmopolite, il faut donc d'abord être universaliste » (Lellouche, 1989 : 359).

période du « nationalisme objectif » et, en même temps, comme une sorte de « page initiale » pour sa deuxième période (Suárez Urtubey, 1972 : 42)[4].

Bien que Ginastera reste d'une certaine manière attaché, dans ses *Pampeanas*, à un élément externe et de « couleur locale » (en l'occurrence la *pampa*), il dit s'être inspiré de son expérience intime de l'immense plaine argentine. Cela serait en rapport avec la nouvelle perspective du nationalisme, considéré comme une expérience subjective. Ainsi que l'exprime Ginastera, à propos de la *Pampeana n° 3* pour orchestre : « Whenever I have crossed the pampa or have lived in it for a time, my spirit felt itself inundated by changing impressions, now joyful, now melancholy, some full of euphoria and others replete with a profound tranquility, produced by its limitless immensity and by the transformation that the countryside undergoes in the course of the day. [...] From my first contact with the pampa, there awakened in me the desire to write a work that would reflect these states of my spirit. Already in some moments of my ballet *Estancia* the landscape appears as the veritable protagonist, imposing its influence, upon the feelings of the characters. Nevertheless, my wish was to write a purely symphonic work [la *Pampeana n° 3*], ruled by the laws of strict musical construction, but whose essence would partake of my subjective feeling » (cité *in* Chase, 1957 : 445). C'est-à-dire que, malgré son titre évocateur, la *Pampeana n° 3* ferait partie, pour Ginastera, de la musique « pure » à laquelle il se consacre intégralement durant cette période.

2. La musique « pure » et le folklore

Dans l'entretien avec Pola Suárez Urtubey, dans lequel Ginastera a établi la division de son œuvre en trois périodes, le compositeur décrit ainsi sa deuxième période : « La deuxième étape, ou période *subjective*,

---

[4] C'est la raison pour laquelle Schwartz-Kates fait commencer la période du « nationalisme subjectif » en 1947, avec cette *Pampeana n° 1*. Pourtant, Ginastera écrit encore en 1947 deux œuvres qui correspondent au style du « nationalisme objectif » (*Ollantay* et le *Rondó sobre temas infantiles argentinos*). Nous croyons donc, en accord avec Suárez Urtubey, Chase, Antokoletz et Tabor, que, bien que cette *Pampeana* puisse préfigurer la période du « nationalisme subjectif », cette période commence véritablement en 1948, avec le *Quatuor à cordes n° 1*.

atteint son aboutissement dans la *Pampeana n° 3* pour orchestre. Dans cette pièce, ainsi que dans le *Premier quatuor à cordes*, les deux premières *Pampeanas*, ou encore les *Variaciones concertantes*, on retrouve les caractéristiques d'un style qui a acquis plus d'ampleur ou une perspective plus universelle, bien qu'il ne délaisse pas la tradition argentine. Alors, je n'étais plus comme avant lié aux thèmes ou aux rythmes authentiquement *criollos*. Cependant, le caractère argentin est recréé par une ambiance peuplée de symboles. La *Sonate pour piano* ou les *Variaciones concertantes*, par exemple, ne contiennent aucune mélodie populaire, et pourtant ces deux œuvres possèdent un langage reconnaissable comme typiquement argentin » (cité *in* Suárez Urtubey, 1967 : 72).

Comme on peut le remarquer, l'intention de Ginastera, pour cette période-ci, est que sa musique atteigne une dimension plus universelle, c'est-à-dire qu'elle soit moins dépendante des éléments, tant musicaux qu'extramusicaux, manifestement traditionnels de l'Argentine. Cela suppose, d'une part, l'adoption de formes « abstraites » comme la forme thème et variation ou la forme sonate, et d'autre part, un plus haut degré d'élaboration des matériaux folkloriques. On ne retrouve guère, dans les compositions de cette période, de fragments proches de la citation directe du folklore, comme ceux qui ont été signalés dans les *Danzas Argentinas* au chapitre précédent, et qui consistent en des allusions transparentes à des danses *criollas* spécifiques, telles que le *gato*, le *malambo* ou la *zamba*. En revanche, on peut déceler, dans les œuvres de cette période « subjective », des éléments folkloriques qui semblent incorporés au langage en tant qu'éléments constructifs, sur le plan de l'organisation des hauteurs et sur le plan rythmique, comme cela sera illustré plus loin par l'analyse de l'*Allegro* de la *Sonate pour piano n° 1*.

Dans le passage cité plus haut, Ginastera mentionne que le caractère argentin est recréé à travers « une ambiance peuplée de symboles ». Le principal élément paraissant nettement investi d'un pouvoir symbolique est l'« accord de la guitare », qui a d'ailleurs été appelé « accord symbolique » par le musicologue Gilbert Chase (Chase, 1957a : 451). Il faut remarquer que cet accord n'est pas en soi un matériau folklorique, mais une sonorité née de l'accordage le plus courant de la guitare espagnole ou *criolla*, dont le *gaucho* avait fait son instrument de prédilection. En réalité, l'accordage de la guitare à la campagne durant le XIXe siècle n'a pas été toujours celui de l'accord de Ginastera. Carlos Vega parle d'un système d'accordage complexe qui incluait jusqu'à trente-deux accordages différents (Vega, 1952 : 279). Toutefois, l'accord utilisé assidûment par Ginastera est associé typiquement à la guitare et aussi, par un procédé de métonymie, au *gaucho* et à la *pampa*, emblèmes de l'argentinité d'après la pensée du nationalisme culturel. D'où le pouvoir allégorique de cet « accord de la guitare », que Ginastera emploie dans toutes ses compositions de la période « subjective ».

Pour illustrer l'utilisation de l'« accord de la guitare », le premier exemple montre les mesures 1-4 du troisième mouvement (*Calmo e poetico*) du *Quatuor à cordes n° 1* :

Ex. 1

Cet accord apparaît également, par exemple, dans les deux mesures finales (mes. 16-17) du *Tema per Violoncello ed Arpa*, des *Variaciones concertantes* pour orchestre de chambre.

Pour sa part, on voit dans l'exemple suivant ce que Gilbert Chase décrit comme « a polytonal chord derived from a alteration of the 'natural' chord of the guitar » (Chase, 1957 : 448) :

Ex. 2

Cet accord est utilisé dans la section centrale *Intermezzo quasi Trio* du deuxième mouvement (*Impetuosamente*) de la *Pampeana n° 3* pour orchestre. L'exemple suivant montre les mesures 200-202 de ce mouvement (l'indication de mesure est : 3/4 = 6/8) :

Ex. 3

Comme on peut le remarquer, certains intervalles ont été modifiés par rapport à l'« accord de la guitare » original, et l'accord contient par ailleurs un son de plus. Tout d'abord, la quarte juste inférieure se transforme en triton (*mi-si bémol*). Puis la tierce majeure centrale (*sol-si*) est également remplacée par un triton (*sol-do dièse*). Enfin, il y a une note ajoutée, le *la* à la voix supérieure, qui doublerait le *la* de la voix grave de l'accord originel, ici remplacée par un *si bémol*. L'« accord de la guitare » ainsi modifié pourrait perdre de son pouvoir évocateur, la sonorité de l'accordage de la guitare devenant difficilement repérable, alors que son rôle constructif est consolidé, fournissant la structure de base, intervallique et harmonique, pour cette section *Intermezzo quasi Trio* du deuxième mouvement de la *Pampeana n° 3*.

En ce qui concerne les grandes formes « abstraites » engendrées par la musique « pure » instrumentale, comme la forme thème et variations ou la forme sonate, nous allons maintenant examiner l'utilisation que Ginastera en fait, à travers l'analyse du premier mouvement, allegro de sonate, de la *Sonate pour piano n° 1*.

3. Analyse de l'*Allegro marcato* de la *Sonate pour piano n° 1* (1952)

3.1. Exposition

L'exposition de cette forme sonate s'étend de la mesure 1 à la mesure 67, présentant le plan tonal suivant : *la* mineur (tonalité du thème principal) - *si* mineur (tonalité du thème subordonné). Le thème principal (mes. 1-22) comprend deux phrases similaires [a-a'], chacune constituée de huit mesures, avec une extension de trois mesures. La phrase [a] contient deux membres de phrase, relativement contrastants, de quatre mesures. Le premier membre se divise en deux sous-membres très similaires, consistant chacun en deux mesures, présentant notamment des intervalles de tierce. En effet, tout le matériau de ces premières mesures (mes. 1-4) provient de la superposition de deux (ou de quatre) accords : l'accord de *do* majeur qui devient *do* mineur (à la main droite) et l'accord de *la* mineur qui se transforme en *la* majeur (à la main gauche). À la première mesure, on ne retrouve que la tierce *do-mi* doublée, cette tierce étant commune aux deux accords (*do* majeur - *la* mineur). À la deuxième mesure, la main droite présente la tierce supérieure de l'accord de *do* mineur, tandis que la main gauche présente la tierce inférieure de l'accord de *la* majeur. Or ces accords de *do* et de *la*, avec la double tierce majeure-mineure résultent d'un procédé de faux-bourdon mélodique à distance de tierce, caractéristique de la musique *criolla.* La ligne mélodique, qui se caractérise par la note répétée et par l'intervalle de tierce mineure ascendante, est renforcée, à la main droite, par une deuxième ligne à distance de tierce majeure. En même temps, elle est aussi renforcée par une ligne à la main gauche, à l'octave inférieure et par mouvement contraire. Ce contre-chant à la main gauche comporte également un faux-bourdon à la tierce majeure inférieure. Le premier sous-membre se termine par une imitation, à la main gauche et dans le registre grave, de la cellule de tierce mineure ascendante, faisant partie de l'harmonie de *do* mineur.

Sur le plan rythmique, la syncope apparaît comme l'élément le plus caractéristique dans ce premier membre de phrase. Le second sous-membre de phrase comporte une variation d'ordre rythmique par rapport au premier sous-membre. Cette variation consiste en l'ajout de la valeur d'une noire dans chacune des deux mesures. La mesure 3 (reprise de la mesure 1) contient un accord de plus au centre de la mesure. La mesure 4 (reprise de la mesure 2) contient une seconde entrée en imitation de la cellule de tierce ascendante dans le registre grave.

Le second membre de phrase (mes. 5-8) se divise en deux sous-membres contrastants. La césure entre les deux sous-membres se produit à la mesure 7, qui est une mesure à 8/8, divisible en 2/8 + 3/8 + 3/8. Le premier sous-membre comprend donc les mesures 5-6 plus la fraction à 2/8 de la mesure 7, et le second sous-membre commence avec les deux fractions à 3/8 de la mesure 7 et se termine à la mesure suivante, qui est une mesure à 6/8. Ainsi, ce second sous-membre introduit des rythmes de pieds ternaires dans un contexte de pieds binaires, rappelant l'alternance de pieds ternaires et binaires qui caractérise la musique *criolla.* La ligne mélodique de ce second membre de phrase, quant à elle, se caractérise par l'intervalle de seconde majeure, et continue de comporter, à la main droite, une deuxième ligne de renforcement, qui oscille entre une distance de tierce et une distance de quarte juste inférieure. Pour sa part, la main gauche continue également de fournir le contre-chant par mouvement contraire, avec son faux-bourdon à distance de tierce majeure inférieure. On retrouve aussi, dans le registre grave, l'entrée d'une voix qui imite la voix supérieure à la distance d'une noire, cela durant le premier sous-membre. Pour le second sous-membre, cette ligne dans le registre grave installe la quinte *ré-la*, soutenant l'harmonie de sous-dominante et produisant une cadence plagale sur la tonique de *la* mineur, à la mesure 8.

Si l'on regarde l'ensemble des sons contenus dans la mesure 8, on observe qu'ils correspondent au mode pentatonique-anhémitonique sur *la*, que le musicologue Carlos Vega appelle Mode B, l'un des modes les plus fréquents dans la musique de tradition quechua. Et en effet, considérant la ligne mélodique complète de la phrase [a] (de la mesure 1 à la mesure 8), on constate qu'elle emploie les cinq sons du Mode B sur *la*, c'est-à-dire *la-do-ré-mi-sol*, et qu'elle présente un profil nettement descendant, à l'instar des mélodies de tradition quechua (Aretz, 1952 : 35). Après la cadence plagale des mesures 7-8, on retrouve une extension (mes. 9-11) consistant en la réitération variée du dernier sous-membre, transposé dans le registre grave et sur une pédale de tonique. La fonction de cette extension est d'affirmer la tonalité de *la* mineur, finissant par une cadence VII - I.

La deuxième phrase du thème principal, [a'] (mes. 12-22), consiste en une élaboration de la première phrase. La première mesure (mes. 12) est une diminution, ou plutôt une réduction du premier sous-membre de la phrase [a] (mes. 1-2). La note répétée étant éliminée, on retrouve directement, à la voix supérieure, l'intervalle de tierce mineure ascendante (*mi-sol*), mais cette fois-ci apparaissant rempli. Cette ligne comporte aussi son faux-bourdon à distance de tierce, ainsi que le contre-chant par mouvement contraire, à la main gauche, renforcé par tierces. À cela s'ajoute l'entrée en imitation, dans le registre grave, de la cellule de tierce mineure ascendante. La mesure suivante (mes. 13) est une répétition de la mesure 12, encore plus concise, dans laquelle l'imitation au registre grave est supprimée. Chacune de ces deux mesures constitue un sous-membre de phrase. Le troisième sous-membre (mes. 14-15) est une reprise variée des mesures 3-4. La mesure 16 constitue le quatrième et le dernier sous-membre de ce premier membre de phrase, et consiste en une réitération abrégée et variée des mesures 14-15. Le fait que ce premier membre (mes. 12-16) contienne des unités d'une mesure, plus condensées, par rapport aux unités de deux mesures de la phrase [a], crée un effet d'intensification dans la continuité du thème principal.

À la mesure 14, on trouve l'indication de mesure 3/4 = 6/8, ce qui signifie que les mesures suivantes doivent être interprétées, selon le cas, comme étant à 3/4 ou à 6/8, c'est-à-dire comme étant constituées soit de pieds binaires, soit de pieds ternaires. Cela renvoie encore une fois à la coexistence de pieds binaires et ternaires qui est typique de la musique *criolla*. D'ailleurs, le motif rythmique de la mesure 14 est un rythme très fréquent dans la musique *criolla*, que nous avons déjà observé dans des exemples du chapitre précédent (chapitre I, exemples 3 ; 8 ; 9).

Ce premier membre de phrase est centré sur l'harmonie de *do* chromatisée, avec la double tierce majeure-mineure, et également la quinte juste et la quinte diminuée. En revanche, le second membre de phrase (mes. 17-19) reprend la tonique de *la* mineur, en présentant la reprise, allongée d'une mesure, du dernier sous-membre de la phrase [a] (mes. 7-8), qui finit par une cadence plagale sur une pédale de tonique. De la mesure 20 à la mesure 22, on retrouve la reprise légèrement variée de l'extension des mesures 9-11. La mesure 20 présente des pieds binaires à la main droite et des pieds ternaires à la main gauche, produisant une polyrythmie typique de la musique *criolla*. À la mesure 21, on retrouve un rythme de pied ternaire en continuité de croches, résultant de l'alternance des lignes des deux mains, qui sont complémentaires. Cette complémentarité des deux lignes, réparties sur les deux mains, rappelle la manière dont on distribue les rythmes d'accompagnement de la musique *criolla* au *bombo*, créant deux lignes complémentaires, chacune avec un timbre différent (l'une utilisant le timbre du cadre du *bombo* et l'autre celui de la peau).

La ligne mélodique de cette phrase [a'] est essentiellement celle de la phrase [a]. Pourtant, le mode pentatonique-anhémitonique sur *la* apparaît ici coloré par deux notes étrangères, le *mi bémol* et le *fa dièse*, cette dernière suggérant une tournure en mode de *la* dorien (ou mode de *ré* sur *la*). En effet, la phrase [a'] montre une intensification du chromatisme. Des douze sons du total chromatique, le *sol dièse* est le seul son manquant, c'est-à-dire justement la note sensible de *la* mineur.

Son absence accentue certainement la couleur modale de ce premier thème.

La transition commence à la mesure 23 et s'étend jusqu'à la mesure 51. Il s'agit d'une transition dépendante, car sa première section est liée au thème principal. Cette première section (mes. 23-29) consiste en une transposition de la phrase [a'], omettant l'extension. La transposition du premier membre de phrase présente des variations ; en revanche, le second membre de phrase apparaît presque textuellement transposé à la seconde majeure supérieure, c'est-à-dire dans la tonalité de *si* mineur. La mesure 29 contient les cinq sons du Mode B pentatonique-anhémitonique sur *si*. Ainsi, cette première section établit déjà la tonalité du thème subordonné, qui n'est pas exactement une tonalité voisine de *la* mineur (dans le cercle de quintes, la tonalité de *si* mineur étant séparée par deux quintes de celle de *la* mineur), bien qu'elle soit la tonalité du deuxième degré du mode mixte. La deuxième section de la transition (mes. 30-36) est intégralement basée sur la note *si* en octaves arpégées, parcourant tout le registre du piano, accompagnées de l'accord de *si* diminué avec la septième mineure. La troisième section (mes. 37-51) consiste en la progression harmonique suivante : tonique de *si* mineur (trois mesures), dominante du deuxième degré napolitain de *si* mineur (trois mesures), deuxième degré napolitain (quatre mesures), dominante de *si* mineur alternant avec le deuxième degré napolitain (trois mesures). De la mesure 37 à la mesure 42, on retrouve une polyrythmie, créée entre la main droite et la main gauche, du type des polyrythmies *criollas*, car la main droite contient de rythmes de pieds ternaires (noire-croche) tandis que la main gauche présente de pieds binaires. La ligne de la main droite apparaît ici, d'ailleurs, renforcée par de tierces inférieures, selon la pratique de la musique *criolla*. Les deux mesures finales de la transition (mes. 50-51) présentent uniquement la note *fa dièse* (dominante de *si*) ornée par un trille. La transition finit donc sur la dominante de la tonalité secondaire, préparant l'entrée du thème subordonné ou deuxième thème.

Le thème subordonné s'étend de la mesure 52 à la mesure 66. Il porte l'indication de caractère « *dolce e pastorale* », le mot « pastoral » évoquant l'esprit paisible de la campagne[5]. Le caractère de ce thème contraste donc avec celui très énergique du thème principal. Le thème est constitué de deux phrases selon un dessin [a-b]. La phrase [a], consistant en huit mesures (mes. 52-59), est divisée en deux membres de phrase, très similaires, de quatre mesures. Chacun des membres est à la fois divisé en deux sous-membres presque identiques de deux mesures. Ces quatre sous-membres de deux mesures présentent donc la même ligne mélodique. Or, cette ligne mélodique est directement issue des trois dernières mesures de la phrase [a'] du thème principal, lorsque cette phrase apparaît transposée dans la transition, ces trois mesures étant transposées en *si* mineur. La mélodie de cette première phrase du thème subordonné est donc construite avec la ligne mélodique des mesures 27 et 29 de la transition (la mesure 28 étant omise), textuellement reprises.

D'autre part, la structure de cette première phrase du thème subordonné, étant basée sur une unité de deux mesures (le sous-membre) qui se réitère trois fois, rappelle la structure des mélodies *criollas*. Comme cela a été signalé au chapitre précédent, la phrase-type des mélodies *criollas* est constituée de deux mesures, servant à accompagner un vers. En général, la strophe à chanter dans la musique *criolla* est composée de quatre vers, donc accompagnée de quatre phrases musicales, lesquelles peuvent être similaires.

L'accompagnement de cette phrase [a] présente une pédale de tonique pour le premier membre de phrase, et une pédale de cinquième degré pour le second membre, qui finit par une cadence conclusive. Toutefois, cette cadence est en mode éolien car le cinquième degré ne contient pas la sensible (le *la* est toujours naturel). Au premier membre de phrase, la ligne de la main gauche utilise un dessin des quartes justes,

---

[5] Rappelons que l'idéalisation de la vie pure et naturelle de la campagne, opposée à la ville cosmopolite, fait partie de la pensée du nationalisme culturel. Comme Chase le signale : « The term 'pastoral' constantly recurs in the compositions of Ginastera, either in the title, at the head of a movement, or as a direction for the interpreter. He is thus a true musical representative of a nation that has been described as 'a pastoral republic' » (Chase, 1957a : 457). La notion d'une « république agraire » est associée aux idéaux de la vieille classe dominante argentine, propriétaire de la terre. L'emploi que Ginastera fait du terme « pastoral » est aussi considéré par Schwartz-Kates (Schwartz-Kates, 2002 : 272).

qui dérive certainement des mesures 47-49 de la transition. Au second membre de phrase, les quartes justes servent comme ornement, en forme de brefs arpèges.

La phrase [b] du thème subordonné (mes. 60-66) a une fonction conclusive, réaffirmant la tonalité de *si* mineur. Elle consiste essentiellement en la gamme de *si* éolien (ou mode de *la* sur *si*) descendante, parcourant trois octaves, suivant un modèle constitué de deux mesures, qui est deux fois transposé. Ce modèle privilégie l'intervalle de quinte juste. La phrase est presque entièrement en mesure à 5/8 (sauf la mesure à 6/8 interpolée, mes. 64), mesure déjà utilisée dans la phrase précédente et qui associe le pied binaire et le pied ternaire. La cadence finale pour cette phrase, qui est la cadence finale de l'exposition, est une cadence conclusive modale (VII - I).

3.2. Développement

Le développement commence à la mesure 67 et s'achève sur le premier temps de la mesure 138. Il peut être divisé en cinq sections. La première section (mes. 67-80) présente la transposition, en *fa dièse* mineur, du premier membre de la phrase [a] du thème subordonné. Cela produit un effet de « rime » avec la transition de l'exposition, qui commence également par une transposition mais du thème principal. Les mesures 67-69 sont donc la transposition textuelle en *fa dièse* mineur des mesures 52-54, la tonalité de *fa dièse* mineur étant la tonalité du cinquième degré par rapport à *si* mineur, et celle du sixième degré du mode mixte par rapport à la tonalité principale (*la* mineur). À la mesure 70, la transposition bifurque sur une élaboration du dessin par quartes utilisé à la mesure 68 (à la main gauche). L'ensemble des sons contenus dans cette mesure 70 correspond au mode de *fa dièse* phrygien (ou mode de *mi* sur *fa dièse*). La mesure 71 est la transposition à l'octave inférieure de la mesure 70. Les mesures 72-73 consistent en une montée, d'une étendue de deux octaves, basée sur une élaboration de la cellule de deux tierces mineures accolées, présentée à la mesure 4 (thème principal), à la main gauche au registre grave. Autrement dit, cette montée est constituée d'une cellule de tierce mineure plus seconde mineure (*fa dièse-la-si bémol*), qui est deux fois transposée (sur *si bémol* et sur *ré*) pour compléter l'octave, à la manière des modes de transposition limitée de

Messiaen. La main droite amorce cette montée, suivie en imitation par la main gauche, à la distance d'une noire. Ce geste ascendant, allant de tonique de *fa dièse* mineur à tonique de *fa dièse* mineur, conduit à la récurrence du premier membre de la phrase [a] du thème subordonné, en *fa dièse* mineur. Les mesures 77-78 consistent en la transposition des mesures 70-71 à la seconde mineure supérieure, c'est-à-dire que ces mesures sont en mode de *sol* phrygien (ou mode de *mi* sur *sol*). La mesure suivante (mes. 79) est la transposition, également à la seconde mineure supérieure, de la mesure 72, ce qui conduit à une résolution sur *sol* au premier temps de la mesure 80, marquant la fin de cette première section[6].

La deuxième section du développement s'étend de la mesure 80 à la mesure 100. Cette section, axée sur la note *sol*, reprend les octaves arpégées de la deuxième section de la transition (mes. 30-36). On observe également l'élaboration de la cellule de seconde majeure descendante, en noire-croche (mes. 84), provenant de la mesure 10 du thème principal. On retrouve d'abord (mes. 80-92) les sons correspondant à la structure du mode pentatonique-anhémitonique de *la bémol* sur *sol* (*sol-la-do-ré-fa*), et puis du mode éolien sur *sol*, avec l'ajout du *si bémol*, à partir de la mesure 93. À cette même mesure 93, la cellule de seconde majeure descendante se transforme en tierce mineure descendante (*si bémol-sol*). Aux mesures 98-99, on retrouve cette même tierce mineure, mais cette fois-ci ascendante (*sol-si bémol*), renforcée par octaves et étalée sur les deux mesures. Cela évoque certainement le motif initial du thème principal, c'est-à-dire la tierce mineure *mi-sol* (mes. 1-2), bien que transposé à la tierce mineure supérieure. Le *si bémol* répété de la mesure 100 sert de lien pour passer à la troisième section du développement qui commence à la mesure 101.

---

[6] Dans son article « The solo piano music of Alberto Ginastera. Part II », publié dans la revue *American Music Teacher*, Mary Ann Hanley présente une brève analyse de ce mouvement. Elle signale : « The development section, beginning in measure 79, uses motives from both themes » (Hanley, 1975 : 7). Nous ne sommes pas d'accord avec le découpage de Hanley, puisque pour nous, l'exposition se termine par la cadence conclusive en *si* mineur de la mesure 66. Cela se voit vérifié par la réexposition. À la mesure 80 (et non 79), commence la deuxième section du développement.

Cette nouvelle section (mes. 101-109) débute avec la superposition de deux harmonies à distance de tierce mineure : *mi bémol* majeur (à la main droite) et *do* majeur (à la main gauche)[7]. Tout au long de cette section, la partie de la main droite présente, à partir de l'accord de *mi bémol* majeur en premier renversement de la mesure 101, une progression ascendante utilisant tous des accords majeurs dont les fondamentales se trouvent à distance de tierce mineure. La progression emploie donc les accords majeurs de *mi bémol*, *sol bémol*, *la* et *do*, divisant l'octave de manière symétrique. Pour sa part, la main gauche alterne des passages chromatiques ascendants avec des arpèges de l'accord de *do* majeur et de l'accord de *sol bémol* majeur, c'est-à-dire deux accords en relation de triton, créant aussi une division symétrique de l'octave (de *do* à *do*). Car, tant la progression de la main droite que celle de la main gauche établissent, à travers leurs évolutions chromatiques, la tonalité de *Do* majeur. À la dernière mesure de cette section, on retrouve un accord constitué par quintes ayant le *sol* comme note fondamentale, soit le cinquième degré de *Do* majeur.

Cet accord sert à introduire la quatrième section du développement (mes. 110-121), consistant en la transposition du thème subordonné (phrase [a]) dans la tonalité de *Do* majeur. Bien qu'étant placée au milieu du développement, d'une certaine manière cette présentation de la phrase [a] du thème subordonné dans la tonalité relative majeure de la tonalité principale (*la* mineur), fait allusion aux conventions de la forme sonate classique. La transposition presque textuelle de la phrase [a] en *Do* majeur, qui se termine par une cadence authentique, est suivie de la phrase [b], abrégée et variée. En effet, cette récurrence de la phrase [b] (mes. 118-121) est particulièrement basée sur la mesure 64 de la phrase [b] originale, transposée à distance de tierce mineure inférieure (pour la partie de la main droite) et à distance de triton (pour la partie de la main gauche). La tierce *fa bémol-la bémol* du dernier accord de cette section (mes. 121, à la main droite), devenant par enharmonie *mi-sol dièse*, trouve sa résolution à la mesure suivante sur l'accord de tonique de *la* mineur sans la tierce et avec une quarte juste

[7] D'ailleurs, la tierce *sol-si bémol* qui précède le début de cette section contient les dominantes respectives de ces deux harmonies superposées, soit le *si bémol* cinquième degré de *Mi bémol* majeur, soit le *sol* cinquième degré de *Do* majeur.

ajoutée. Pour sa part, la quinte juste *sol bémol-ré bémol* du dernier accord de la mesure 121 (à la main gauche) devient une sorte d'appoggiature chromatique inférieure de l'accord de septième degré de *la* mineur, que l'on retrouve au premier temps de la mesure 122. À partir de cette mesure 122 commence la cinquième section, qui est aussi la dernière section du développement.

Cette dernière section (mes. 122-138), qui a une fonction de retransition vers la réexposition, débute donc rétablissant la tonalité principale ; et elle est axée sur le son *mi*, cinquième degré de *la* mineur. Son matériau, de la mesure 122 à la mesure 131, provient de la deuxième section du développement (mes. 80-100). À la mesure 132, commence un grand geste, sillonnant entièrement le registre du piano dans le sens ascendant et ensuite descendant, encadré par la note *mi* la plus grave du registre et par la note *mi* la plus aiguë. La montée utilise des accords d'octave à distance de tierce mineure, divisant l'octave *mi-mi* de manière symétrique (avec une note de passage, le *mi bémol*, entre le *ré bémol* et le *mi bécarre*). Pour descendre, la main gauche emploie les sons du Mode B pentatonique-anhémitonique sur *mi*, renforcés par des accords d'octave plus la quinte juste, tandis que la main droite présente une pédale de la note *mi* en arpèges d'octaves. Le développement finit par une cadence conclusive sur la tonique de *la* mineur, au premier temps de la mesure 138. Cet accord de tonique, dont on retrouve seulement la fondamentale octaviée, emploie les registres extrêmes du piano et représente le climax du mouvement.

3.3. Réexposition

La réexposition du thème principal (mes. 138-159) est presque textuelle. Par rapport à l'exposition, on remarque uniquement que les accords apparaissent plus renforcés ou plus complets, ce qui, uni à l'intensité *fortissimo*, confère à cette réexposition du thème principal un caractère encore plus affirmatif. Par exemple, à la mesure 139, les accords superposés de *do* mineur et de *la* majeur sont tous les deux complètement constitués.

La transition s'étend de la mesure 160 à la mesure 183. À la première phrase, on observe de modifications à partir de la mesure 163, pour éviter la modulation à *si* mineur. À la place du second membre de la phrase [a'] du thème principal transposé en *si* mineur, on retrouve sa transposition en *do* mineur (mes. 164-166). On trouve la deuxième et la troisième phrase de la transition également transposées en *do* mineur, mais cela, dans le cas de la troisième phrase, seulement jusqu'à la mesure 179. Car l'harmonie de la mesure 179 approche, par mouvement chromatique, l'harmonie de la mesure 180, consistant en la dominante de *la* mineur avec la septième, la neuvième et la quarte juste ajoutée (ou bien l'onzième), mais sans la tierce. Les deux dernières mesures de la transition sont la reprise abrégée et transposée en *la* mineur des cinq dernières mesures de la transition originale.

Ainsi, le thème subordonné est-il réexposé en *la* mineur, c'est-à-dire dans la tonalité principale, selon la pratique traditionnelle de la forme sonate (mes. 184-198). Ce qui apparaît fondamentalement modifié est le caractère du thème, qui maintenant porte l'indication « *gaio* » et la nuance *fortissimo*. Une autre variation, reliée à ce changement de caractère, concerne la texture qui est plus dense.

Le mouvement s'achève par une coda (mes. 199-204) qui reprend le grand geste ascendant de la fin du développement (mes. 132-134), c'est-à-dire la montée utilisant des accords d'octave à distance de tierce mineure, divisant l'octave de manière symétrique. Il s'agit ici de l'octave *la-la*. La note de passage remplissant la tierce *fa dièse-la* est le *sol dièse*, le septième degré de la gamme mélodique du mode mineur, qui est utilisé ici pour la première fois pour sensibiliser la tonique. Les deux mesures ultimes consistent en un court geste descendant, dans le registre grave, divisant encore une fois l'octave *la-la* de manière symétrique, cette fois-ci en deux tritons (*la-mi bémol-la*), dont le premier apparaît rempli. Il s'ajoute encore un accord final de tonique, dans le registre aigu, présentant la structure d'accord sans tierce et avec la quarte juste à la place de la tierce, structure déjà utilisée auparavant (par exemple à la mesure 131). Ce dernier accord contient aussi la neuvième majeure ajoutée, permettant à l'accord de la main droite de reproduire la structure de l'accord de la main gauche.

3.4. Synthèse

On remarque que ce mouvement correspond à une forme sonate traditionnelle. L'exposition présente deux thèmes (le thème principal et le thème subordonné), aux caractères opposés, bien que le second thème soit entièrement dérivé du premier. La tonalité du thème subordonné n'est pas celle du ton relatif majeur, comme ce serait le cas dans une sonate tout à fait classique, mais il ne s'agit pas non plus d'une tonalité très éloignée, étant la tonalité du deuxième degré du mode mixte (*si* mineur). En revanche, c'est le premier membre de phrase du thème principal qui apparaît axé sur le ton relatif (*Do* majeur), ou encore, sur sa tonalité parallèle (*do* mineur). D'ailleurs, on retrouvera plus loin ces deux tonalités : *Do* majeur durant le développement, et *do* mineur à la transition de la réexposition. Le développement est basé sur les deux thèmes et, également, sur des éléments de la transition. Il commence en *fa dièse* mineur, présentant le thème subordonné, et termine par une retransition, sur la dominante de *la* mineur, atteignant une forte cadence conclusive sur la tonique, ce qui annonce le début de la réexposition. La réexposition est une réexposition traditionnelle, qui reprend toutes les sections de l'exposition, afin de résoudre le conflit tonal. Ainsi, on y retrouve le thème subordonné exposé dans la tonalité principale, selon la pratique classique.

Le langage de cette forme sonate possède toutes les caractéristiques de la néo-tonalité. On retrouve l'utilisation des modes anciens, tels que le mode éolien, ainsi que du mode pentatonique-anhémitonique. La tonalité ambiante est toujours clairement établie, malgré l'emploi constant du chromatisme, de la superposition de deux harmonies différentes, ou des progressions harmoniques divisant l'octave de manière symétrique. Même si parfois les accords ne contiennent pas de tierce, la note fondamentale apparaît toujours bien affirmée, ce qui permet de dégager clairement les différentes fonctions harmoniques, particulièrement au moment des cadences. Certaines structures d'accord sont assez récurrentes comme la structure par quintes ou la structure de l'accord final, de deux quartes justes superposées. On retrouve, d'autre part, des accords avec la double tierce majeure-mineure. L'intervalle de tierce, et notamment l'intervalle de tierce mineure, se révèle d'ailleurs comme un élément d'importance structurelle, à partir du motif initial du thème principal. L'importance de cet intervalle est certainement liée à la présence de matériaux folkloriques. En effet, la tierce mineure ascendante du motif initial du thème principal est liée à l'utilisation du Mode B pentatonique-anhémitonique sur *la*, mode caractéristique de la musique de tradition quechua. La structure de tierces superposées du premier membre de phrase, quant à elle, résulte du procédé de faux-bourdon à distance de tierce inférieure, typique de la musique *criolla*. Le thème subordonné constitue la section la plus évocatrice du folklore argentin, en raison de sa structure formelle, de sa ligne mélodique avec des tournures pentatoniques, et de son rythme basé sur des pieds (ternaires et binaires) très fréquents dans la musique *criolla*. L'indication de caractère « pastoral » fonctionne également comme une référence, de nature plutôt poétique, à l'univers de la campagne de tradition *criolla*. Toutefois, ce thème subordonné ne consiste pas ponctuellement en la citation, ni encore en la recréation d'une danse ou d'une chanson folklorique spécifique. Finalement, on remarque, tout au long du mouvement, l'alternance ou encore la superposition de rythmes de pieds binaires et de pieds ternaires, créant des polyrythmies qui semblent inspirées des polyrythmies typiques de la musique *criolla*.

4. L'évolution

Cet *Allegro* de la *Sonate pour piano n° 1*, de 1952, nous a ainsi servi à illustrer le langage du « nationalisme subjectif ». Selon la périodisation faite par Ginastera, la dernière œuvre de cette période est la *Pampeana n° 3*, composée en 1954, alors que la première œuvre de la période suivante est le *Quatuor à cordes n° 2*, écrit en 1958. Entre 1954 et 1958, Ginastera n'achève aucune nouvelle œuvre. Ces quatre ans constituent le laps de « silence » le plus long dans sa vie créatrice. Pourtant, ce silence ne saurait nous indiquer une rupture profonde entre les deux périodes. Car la période suivante, que dans sa périodisation datant de 1967 Ginastera appelle « néo-expressionnisme », consiste d'une certaine manière en l'intensification de trois aspects distinctifs de cette période du « nationalisme subjectif ».

Tout d'abord, le premier aspect concerne la primauté de la subjectivité. Tandis que, dans la période du « nationalisme subjectif », la subjectivité apparaît liée à l'expression de l'argentinité, dans le « néo-expressionnisme », elle déborde cette perspective nationaliste. En effet, l'esthétique expressionniste suppose une vision du monde fondamentalement subjective, par laquelle s'exprime la psychologie profonde de l'artiste. Le rêve, l'hallucination, l'angoisse, l'extase composent ainsi quelques-uns des thèmes récurrents de l'expressionnisme, tous ces éléments apparaissant dans les compositions de Ginastera de la période « néo-expressionniste ».

Ensuite, le deuxième aspect concerne l'aspiration à l'universel. Comme cela a été souligné dans ce chapitre, pendant la période « nationaliste subjective », Ginastera se détache des « programmes » liés aux sources folkloriques, et se consacre entièrement à la musique « pure », afin de donner à sa musique une dimension plus universelle. Or, durant ce que nous appelons la première phase de la période « néo-expressionniste » (1958-1973), Ginastera revient à la musique « à programme », mais cette fois-ci pour « s'essayer sur tous les thèmes » (pour reprendre la formule de Borges citée auparavant), et non pour s'en tenir, comme à la période du « nationalisme objectif », à ce qui est spécifiquement argentin. Ainsi, dans des œuvres de cette première phase, il traite des sujets très divers et « universalistes », tels que la vie excentrique d'un noble italien de la Renaissance (dans son opéra *Bomarzo*) ou les lettres d'amour de Franz Kafka à Milena (dans sa cantate *Milena*). Ces « programmes » disparates sont toutefois reliés à une même esthétique néo-expressionniste. Nous aurons l'occasion de revenir sur ce sujet dans le chapitre IV.

Enfin, le troisième aspect concerne le langage musical. Comme ce chapitre a tenté de l'illustrer, le langage de la période « nationaliste subjective » consiste en un langage néo-tonal, très chromatisé, où les matériaux du folklore sont davantage utilisés comme éléments constructifs. Ginastera s'éloigne ainsi de la citation directe et de l'allusion transparente, et son travail de recréation des matériaux folkloriques devient de plus en plus élaboré. Au début de la période suivante, dite « néo-expressionniste », Ginastera se plonge dans l'exploration de l'atonalité et de l'organisation chromatique du langage, particulièrement le dodécaphonisme. Le prochain chapitre abordera donc l'écriture sérielle de Ginastera.

Chapitre III : La première phase « néo-expressionniste » et les techniques sérielles

Le présent chapitre se propose d'examiner l'écriture sérielle de Ginastera, qui marque la première phase de la période « néo-expressionniste » (1958-1973)[1]. Ginastera utilise les techniques sérielles de manière intensive particulièrement au début de cette phase, dans les œuvres écrites entre 1958 et 1965. À partir de 1967, avec l'opéra *Bomarzo*, son écriture sérielle devient moins rigoureuse, laissant notamment plus de place à des procédés aléatoires. Vraisemblablement, la première occurrence de l'emploi d'une série de douze sons dans la musique de Ginastera se trouve dans le deuxième mouvement (*Presto misterioso*) de la *Sonate pour piano n° 1* (1952), appartenant à la période précédente, celle du « nationalisme subjectif ». Ce mouvement est une sorte de rondeau sonate (A-B-A-C-A-B-A), dans lequel la section A présente un thème bâti selon les principes de la série dodécaphonique, alors que les sections restantes possèdent des caractéristiques néo-tonales. Dans ce cas, la série n'est utilisée que de manière thématique, sans impliquer le traitement propre à la méthode dodécaphonique. Ginastera utilise effectivement pour la première fois les techniques de la musique de douze sons en 1958, pour composer quasi intégralement selon ce système le troisième mouvement (*Presto magico*) du *Quatuor à cordes n° 2*, œuvre qui inaugure sa période « néo-expressionniste ». Nous examinerons, dans ce chapitre, la manière selon laquelle Ginastera assimile et utilise les techniques sérielles. Cela s'effectuera notamment à travers l'analyse de cette première œuvre dodécaphonique, le *Presto magico* du *Quatuor à cordes n° 2*. Puis, nous procéderons à une analyse comparative de différentes séries utilisées durant cette première phase, ce qui nous permettra d'en dégager une structure unique sous-jacente.

1. Le rapport de Ginastera avec le dodécaphonisme

Pour mieux comprendre comment Ginastera a approché les techniques sérielles à un moment où il était déjà devenu un compositeur

---

[1] Rappelons que, pour les raisons qui ont été précisées dans l'introduction du présent travail, nous avons subdivisé la période « néo-expressionniste » (1958-1983) en deux phases.

expérimenté, ayant forgé un certain style personnel nettement lié au nationalisme, nous allons commencer par relever les différentes opinions qu'il a soutenues concernant cette méthode de composition. En 1946, Ginastera écrit l'article « Eight from the Argentine » pour la revue *Modern Music*, dans lequel il trace un panorama de la musique savante argentine, en analysant brièvement l'œuvre de ceux qu'il considère comme les huit compositeurs les plus importants de l'Argentine. Dans le paragraphe consacré au compositeur Juan Carlos Paz (1897-1972), qui a été le premier musicien latino-américain à utiliser la méthode dodécaphonique (en 1934), Ginastera signale : « This last technique [le dodécaphonisme] creates a real problem for Argentinians, since our people have such a slight bond with Central Europe, where the system was born and where it is justified by historical logic. Central and South Americans, with their primarily Latin culture, can assimilate this technique, but it is with difficulty that they adopt its esthetic implications which are in such contradictions to their own traditions » (Ginastera, 1946 : 270). Par ailleurs, il ajoute que Paz n'a réussi à appliquer cette méthode que dans ses aspects les plus rudimentaires.

Il faudrait ouvrir ici une parenthèse pour mentionner que Paz et Ginastera se sont trouvés au centre d'une controverse qui a longuement occupé le monde musical à Buenos Aires. Juan Carlos Paz était perçu comme « l'extrême gauche » de la musique argentine, à l'époque, en raison de sa position radicale d'avant-gardiste. En 1944, il avait fondé l'*Agrupación Nueva Música* (Groupe de la Nouvelle musique) qui a assuré, tout au long de son existence, la création à Buenos Aires d'œuvres des compositeurs de l'École de Vienne ainsi que de Varèse, Cage, Pousseur, Nono, etc. Parmi les participants à cette institution consacrée à la musique nouvelle se sont trouvés plusieurs disciples de Paz, dont Mauricio Kagel. Par ailleurs, à travers ses écrits, Juan Carlos Paz attaquait durement le courant musical nationaliste, car toute musique qui reposait sur une référence au folklore constituait pour lui un signe d'esthétique réactionnaire et opportuniste. En 1955, dans son ouvrage *Introducción a la música de nuestro tiempo*, Paz inclut le nom de Ginastera parmi les compositeurs qui ont, en principe, adopté une telle attitude conformiste et réactionnaire (Paz, 1955 : 380). Ginastera ferait partie, selon lui, des compositeurs de « notre cher et éloigné village » pour qui Ravel, Stravinski ou Falla représentent les limites concevables de l'évolution musicale (Scarabino, 1987 : 28). Pour sa part, Ginastera déplorait le fait que Paz n'ait imité chacune des nouvelles techniques en vogue en Europe que d'une manière purement intellectuelle, sans jamais parvenir à produire une œuvre de valeur qui manifeste une expression authentiquement personnelle (Ginastera, 1948 : 25)[2].

Cette hostilité réciproque n'a pas diminué au moment où Ginastera a commencé à utiliser le sérialisme et à explorer des thématiques éloignées du nationalisme, durant sa période « néo-expressionniste ». Au contraire, elle s'est peut être aggravée, car en 1962 Ginastera est nommé directeur du *Centro Latinoamericano de Altos Estudios Musicales del Instituto Torcuato Di Tella* (à Buenos Aires), une importante institution d'enseignement consacrée au développement de la musique d'avant-garde et expérimentale. Pour une partie du monde culturel argentin, de par sa vocation prouvée d'« outsider » et son incontestable qualité d'intellectuel, Paz constituait le *vrai* avant-gardiste qui aurait dû diriger le *Centro de Estudios Musicales del Di Tella*. Mais Ginastera était sans doute le compositeur argentin le plus reconnu au niveau international, notamment aux États-Unis où il apparaît sur la liste des dix compositeurs contemporains les plus fréquemment joués durant la saison 1956-1957 (les neuf autres étant Stravinski, Hindemith, Kabalevski, Chostakovitch, Villa-Lobos, Walton, Kodaly, Orff et Britten) (Suárez Urtubey, 1972 : 17)[3].

---

[2] Cette polémique entre Juan Carlos Paz et Ginastera renvoie à l'opposition nationalisme/cosmopolitisme traitée au chapitre précédent (chapitre II). Paz prône le dodécaphonisme comme un langage international ou universaliste, par opposition au courant nationaliste représenté par Ginastera.

[3] C'est justement sa célébrité aux États-Unis qui a valu à Ginastera sa désignation comme directeur du Centre. Souhaitant promouvoir la création musicale en Amérique latine, la Fondation Rockefeller avait accordé à Ginastera une importante subvention, pour mettre en place un Centre d'études musicales. C'est grâce à cette subvention considérable que le *Centro Latinoamericano de Altos Estudios Musicales* a pu être créé, et Ginastera en est devenu le directeur. Le Centre s'est associé à l'*Instituto Di Tella*, institution emblématique de l'art expérimental en Argentine. La subvention de la Fondation Rockefeller a rendu financièrement possible, entre autres choses, d'inviter Copland, Messiaen, Xenakis, Nono, Maderna, Dallapiccola à donner des cours au sein du *Centro Di Tella* (King, 1985).

Pour revenir aux propos cités plus haut, concernant la méthode dodécaphonique et relevés dans un article daté de 1946, il semblerait, selon Ginastera, avoir existé une certaine incompatibilité entre la culture argentine, principalement latine, et la méthode dodécaphonique, qui découle de la tradition germanique. Il reprend cette idée dans un article publié en 1967, dans un numéro de la revue *Tempo* en hommage à Stravinski pour son 85e anniversaire. Dans cet article, Ginastera se pose la question : « Why, then, did the progressive composers in our country for so many years look only towards Stravinsky, and remain impervious at that time to other influences, such as that of the school of Schoenberg in Vienna... ? » (Ginastera, 1967 : 27). Ginastera trouve en partie la réponse dans le fait que le monde musical latino-américain était beaucoup plus proche de la culture française que de l'influence germanique. Après le grand succès rencontré par les Ballets Russes de Diaghilev à Paris, Stravinski régnait sans rival en France et partout où l'on sentait l'influence française, tandis que Schoenberg et ses disciples restaient confinés dans leur cercle restreint à Vienne. Mais la raison la plus importante de cette suprématie de Stravinski sur Schoenberg est, toujours selon Ginastera, que les Latins sont traditionnellement enclins vers une forme d'art plus vital, et la musique de Stravinski était en parfait accord avec les idées et les sentiments des compositeurs latino-américains. À la fin de son article, Ginastera signale que le changement surprenant de direction que Stravinski effectua après la Deuxième Guerre a été imité par des centaines de compositeurs, incluant ceux de l'Amérique latine (Ginastera, 1967 : 29)[4].

La même année 1967, dans l'entretien avec Suárez Urtubey dans lequel le compositeur formule la périodisation de sa production, Ginastera explique : « Ainsi, lentement au fil du temps, le problème

[4] Stravinski commence sa « conversion » graduelle au sérialisme et à la dodécaphonie au début des années 1950. La peur d'être écarté par la nouvelle avant-garde musicale peut avoir été l'une des raisons principales qui l'ont incité à ce changement. Cette conversion ne modifie pas le jugement négatif d'Adorno sur le compositeur russe et son art. Adorno écrit : « ...il a traité la technique sérielle comme un simple moyen stylistique, au même titre que les autres idiomes existants dont il s'était servi depuis le début de la phase néo-classique. [...] Le principe de l'*entwickelnde Variation*, qui avait conduit à la technique de douze sons et qui en même temps la légitimait, est aussi étranger aux partitions sérielles de Stravinsky qu'à ses œuvres antérieures » (cité *in* Vinay, 1996 : 208).

dodécaphonique s'est-il posé et s'est-il résolu dans mon esprit, non pas en raison d'influences extérieures, à savoir, de procédés en vogue en Europe, mais à cause de forts besoins spirituels » (cité *in* Suárez Urtubey, 1967 : 71). Selon le compositeur, il ne faut pas voir son emploi du dodécaphonisme comme un phénomène objectif d'assimilation technique, mais comme une manifestation subjective d'un besoin intérieur. Et Ginastera précise : « C'est la seule manière selon laquelle je conçois la transformation des principes techniques : comme un besoin impérieux et spirituel d'impulsion créatrice » (cité *in* Suárez Urtubey, 1967 : 71). Finalement, dans l'entretien accordé à Tan en 1981, Ginastera soutient : « The great influences for me were Stravinsky, Bartók, and also de Falla. And several years later, it was Berg. Because of the three Viennese classicists, Berg's sensitivity was the closest to mine » (cité *in* Tan, 1984 : 7).

Ce qui se dégage de ces commentaires de Ginastera est la prééminence qu'il accorde à l'expression par rapport aux moyens techniques. Il semble concevoir la musique comme une voie d'expression, soit de son identité nationale ou de son sentiment subjectif de l'argentinité (comme dans sa première et deuxième période), soit de sentiments ou d'émotions plus intimes ou plus universels (comme dans sa troisième période). En fait, sa conception intrinsèquement expressive de la musique ne coïnciderait pas tout à fait avec celle de son « maître » Stravinski, qui n'avait pas hésité à affirmer : « Je considère la musique, par son essence, comme impuissante à *exprimer* quoi que ce soit : un sentiment, une attitude, un état psychologique, un phénomène de la nature, etc. L'expression n'a jamais été la propriété immanente de la musique » (cité *in* Samuel, 1962 : 43). Et Stravinski a encore dit : « Le phénomène de la musique nous est donné à seule fin d'instituer un ordre dans les choses [...]. Pour être réalisé, il exige donc nécessairement et uniquement une construction. La construction faite, l'ordre atteint, tout est dit. Il serait vain d'y chercher ou d'en attendre autre chose » (cité *in* Samuel, 1962 : 43). Ginastera a toujours tenu à la construction rigoureuse et clairement saisissable de sa musique ; il a certainement partagé l'aspect formaliste et constructiviste stravinskien d'« instituer l'ordre » dans le chaos des sons[5]. Mais d'autre part, on s'explique facilement son affinité avec Béla Bartók et Alban Berg, de par leur intense force expressive (particulièrement dans le cas de Berg), véhiculée également à travers des techniques compositionnelles complexes. La qualification de « néo-expressionnisme » que Ginastera donne à sa troisième période s'inspire vraisemblablement du mouvement expressionniste, qui s'est développé surtout en Allemagne entre 1900 et 1930, et dont Berg et dans une certaine mesure Bartók ont été des représentants. Selon la définition de Douglas Jarman : « Expressionism [is] an artistic movement in which reality or aspects of reality were deliberately distorted in order to express the artist's emotional response to a subject... » (Jarman, 1989 : 3). L'artiste cherche à arracher à son « moi » les formes anguleuses de visions intérieures, visions qui possèdent généralement un caractère angoissant, exacerbé et morbide, révélateur d'une crise d'identité et d'un cri d'impuissance. De cette esthétique, Ginastera retient surtout l'intensité expressive et les topiques récurrents (le rêve, le délire, l'extase), qui apparaissent teintés, chez Ginastera, d'un certain surréalisme ou d'un caractère fantastique.

En 1957, le musicologue Gilbert Chase, qui suivait de très près l'évolution de l'œuvre de Ginastera, annonce, dans un article pour la revue *Musical Quarterly*, que la musique de Ginastera allait changer de direction, notamment à partir de la pièce sur laquelle le compositeur travaillait à ce moment-là : le *Quatuor à cordes n° 2*. Chase note que Ginastera semble très attiré par les vastes possibilités de l'écriture dodécaphonique. Mais il ajoute : « Whatever may be the future direction of his creative evolution, I believe that Alberto Ginastera will continue to assimilate contemporary international techniques without sacrificing the rooted strength and the telluric intuition of a composer who has so deeply identified himself with the national traditions and the emotional symbols

[5] Ginastera s'est souvent prononcé contre l'improvisation, le *happening*, ou la création spontanée et éphémère. Par ailleurs, dans un article pour la revue *Musical America*, publié en 1962, Ginastera écrit : « I cannot understand some composers who write music as an entertainment, or as a joke. There are, today, two kinds of composers : the clowns who write music without any sense *pour épater le bourgeois* and try to vindicate their unsubstantial convictions by writing absurd literal explanations ; or those who explore new possibilities of music without forgetting the heritage of the great geniuses of the past » (Ginastera, 1962 : 10).

of his native land » (Chase, 1957a : 457). Pour sa part, dans un article écrit à l'occasion de la création à New York du troisième opéra de Ginastera (*Beatrix Cenci*, composé en 1971), publié dans la revue *Tempo* en 1973, le critique musical Irving Lowens affirme que Ginastera n'a jamais été un compositeur sériel doctrinaire. Comme Lowens l'exprime : « Although he does use tone-rows as one method of organization, he does not hesitate to use others if they suit his purpose better, be they neoclassicism or neoprimitivism, microtonality or modality, polytonality or atonality » (Lowens, 1973 : 52). Ginastera peut être défini, d'après Lowens, comme un compositeur éclectique et pragmatique. Cependant, durant les années déjà mentionnées (1958-1965), à partir précisément du *Quatuor à cordes n° 2*, Ginastera compose de manière éminemment sérielle, tout en restant attaché, dans une certaine mesure, aux formes « classiques ».

2. Le début de l'écriture sérielle : le *Quatuor à cordes n° 2*

2.1. La réception et les liens avec la tradition

Le *Quatuor à cordes n° 2* a été une commande de la Fondation Elizabeth Sprague Coolidge de la Bibliothèque du Congrès de Washington. La création mondiale, assurée par le Juilliard String Quartet, a eu lieu au Coolidge Auditorium à Washington, le 19 avril 1958, durant le *Premier festival interaméricain de musique*. Plus tard, cette œuvre a été choisie par l'ISMC (*International Society for Contemporary Music*) pour son Festival tenu à Rome en juin 1959. La création à Buenos Aires a eu lieu en août 1960.

La réception du *Quatuor* a été unanimement favorable de la part de la critique. Les commentaires apparus dans plusieurs journaux et revues musicales états-uniens, à l'occasion de sa création (la plupart étant recueillis par Suárez Urtubey)[6], soulignent que l'œuvre constitue une synthèse originale des nouvelles tendances de la musique contemporaine, au profit d'une expression fortement personnelle. Par exemple, dans sa

[6] L'ouvrage *Alberto Ginastera* de Pola Suárez Urtubey, publié à Buenos Aires en 1967, comporte un catalogue analytique de l'œuvre de Ginastera (chapitre XVI), incluant les principales critiques que ces œuvres ont recueillies lors de leur création. Les commentaires à propos du *Quatuor à cordes n° 2* occupent les pages 127 à 130.

critique publiée au *New York Times*, Howard Taubman remarque la construction rigoureuse de la pièce, dans laquelle Ginastera emploie très naturellement la polytonalité et la technique sérielle. Pour sa part, Paul Hume décrit le langage du *Quatuor* (dans sa critique publiée au *Washington Post*) comme « décidément dissonant mais pas du tout arbitraire » (cité *in* Suárez Urtubey, 1967 : 128). Les deux mouvements lents sont perçus comme étant intensément expressifs, tandis qu'on apprécie la turbulence contrôlée des mouvements rapides. La terminologie employée par Ginastera pour caractériser chacun des cinq mouvements (des termes tels que *presto magico*, *libero e rapsodico*, ou *furioso*) attire également l'attention des critiques. Pour sa part, dans sa chronique pour le *Musical Quarterly*, Irving Lowens soutient : « Although I could find nothing in the String Quartet No. 2 to lead me to believe that Ginastera was mining indigenous Argentinian ore, it is quite possible that close study of the score will disclose clear signs that he has by no means abandoned the national tradition with witch he has always happily associated himself… » (Lowens, 1958 : 379). Lowens signale, en outre, que le troisième mouvement (*Presto magico*) a des résonances de la *Suite lyrique* d'Alban Berg (Lowens, 1958 : 379). De façon générale, ce troisième mouvement, premier exemple d'écriture dodécaphonique chez Ginastera, est considéré par les critiques (Lowens, Chase, Goldberg) comme le plus réussi et le plus original parmi les cinq mouvements du *Quatuor* (Suárez Urtubey, 1967 : 127-130).

Ces commentaires nous ont permis de recréer, dans une certaine mesure, l'horizon d'attente que la musique de Ginastera suscitait à l'époque. Les critiques s'attendaient probablement à une musique nettement nationaliste dans laquelle la « couleur locale » serait facilement perceptible. Comme Lowens le soupçonne, et comme cela fera l'objet de notre analyse au chapitre IV, Ginastera n'a pas abandonné complètement les éléments de source folklorique dans son *Quatuor*, surtout pas dans cette première version de 1958 (Ginastera effectue une révision du *Quatuor* en 1968). Mais le langage de ce *Quatuor* n'est certainement plus celui du « nationalisme » qui avait jusqu'alors caractérisé Ginastera, ce qui a pu surprendre. C'est probablement pour cette raison que les critiques évoqués auparavant (Taubman, Lowens, Hume, Chase, etc.) ont, un peu à la légère, qualifié le *Quatuor* de synthèse des nouvelles tendances de la musique contemporaine et ont fait des remarques à propos de sa grande originalité, notamment au sujet du troisième mouvement. En réalité, si l'on place le *Quatuor n° 2* de Ginastera dans son contexte historique, on peut difficilement le considérer comme une synthèse des nouvelles tendances. Ce quatuor apparaîtrait plutôt comme une synthèse des tendances déjà bien consolidées durant la première moitié du XXe siècle, en l'occurrence la musique néo-tonale et la musique dodécaphonique. Et en ce qui concerne l'originalité du *Quatuor*, il faudrait aussi apporter quelques nuances[7]. Si l'on entend le terme « originalité » dans la perspective de la notion de rupture affectionnée par l'avant-garde moderniste, on ne pourrait certainement pas l'appliquer à cette œuvre de Ginastera. Car ce quatuor manifeste clairement sa filiation avec des œuvres antérieures déjà « classiques », telles que la *Suite lyrique* (1925-1926) d'Alban Berg, comme le remarque d'ailleurs Lowens. Par exemple, les indications que Ginastera utilise pour désigner les différents mouvements du *Quatuor* (comme *Presto magico* ou *Adagio angoscioso*, qui ont attiré l'attention des critiques) rappellent celles de la *Suite lyrique* de Berg, caractéristiques de l'esthétique expressionniste (*Allegro misterioso*, *Trio estatico, Presto delirando*, *Tenebroso*)[8]. Le troisième mouvement du *Quatuor* de Ginastera (*Presto magico*), qui est un *scherzo* avec deux *trios*, est en effet celui qui se relie le plus étroitement à la *Suite lyrique*, plus précisément à son troisième mouvement (*Allegro misterioso*), également un *scherzo*. La texture, les différents effets utilisés aux cordes, l'allure générale du mouvement frappent par leur ressemblance[9].

---

[7] Comme Gérard Genette le soutient : « Les 'jugements de valeur artistiques' fondés, fût-ce partiellement, sur le critère d'originalité ou d'innovation dépendent incontestablement d'informations historiques que l'on peut posséder ou ne pas posséder, que certains peuvent posséder et d'autres non, qui font ou non partie de la 'culture générale' ou *common knowledge* exigible (?) de tout récepteur, etc. [...] Rien, dans la pure contemplation d'une œuvre réduite à cet objet, ne me dit si elle est originale ou banale, et encore moins si elle fut en son temps novatrice, traditionnelle ou archaïsante ; ce trait comparatif dépend typiquement d'un contexte historique qu'il faut connaître, et qui ne se devine guère en l'absence d'une information latérale » (Genette, 1997 : 195).

[8] Il faudrait aussi rappeler que Ginastera avait déjà employé une indication de ce type (*Presto misterioso*) dans sa *Sonate pour piano n° 1*, œuvre qui préparait le terrain à l'écriture dodécaphonique.

[9] Tout comme le *Quatuor n° 2* constitue la première œuvre dans laquelle Ginastera emploie la méthode dodécaphonique, c'est dans la *Suite lyrique* que Berg utilise pour la première fois la technique dodécaphonique formulée par Schoenberg en 1924. Comme Boulez l'exprime : « On peut y constater [dans la *Suite lyrique*] une volonté d'opposer

De même, Elliott Antokoletz signale une autre filiation évidente : celle existant entre ce mouvement de Ginastera et certains mouvements rapides (notamment des *scherzos*) des quatuors de Béla Bartók. Le trait en commun serait, selon les mots d'Antokoletz, « the exotic string writing » (Antokoletz, 1992 : 527). Nous allons voir, à travers l'analyse, que la similarité évidente à la perception et signalée ici de façon très générale entre l'œuvre de Ginastera et celles de Berg et de Bartók, se base sur certains procédés spécifiques, concernant notamment l'organisation des hauteurs.

Pour finir avec les rapports que ce quatuor entretient avec la tradition musicale et tout particulièrement avec la littérature pour quatuor à cordes, nous voudrions, pour notre part, ajouter encore un autre lien. Le premier mouvement (*Allegro rustico*) commence par un motif à l'unisson (mesures 1-4), très accentué et *fortissimo*, dans lequel nous voyons une allusion transparente, ou bien, directement une citation de la troisième des *Cinq pièces op. 5 pour quatuor à cordes* d'Anton Webern (1909). En effet, le motif qui ouvre le *Quatuor* de Ginastera est structurellement identique à la ligne du premier violon de la mesure 9 de la pièce de Webern (avec exactement les mêmes hauteurs). Dans les deux dernières mesures de la pièce aphoristique de Webern, ce motif apparaît transposé, mais avec la texture à l'unisson des quatre instruments, les indications d'articulation, et l'intensité *fortissimo* que l'on retrouve dans le motif tel que repris par Ginastera. La première cellule du motif webernien est citée telle quelle par Ginastera (ce qui permet son identification instantanée), tandis que le reste du motif est modifié par l'amplification des intervalles et par l'ajout de quatre notes entre le *fa*6 et le *la*4, accentuant ainsi le profil abrupt descendant du motif original. Pour illustrer cette citation,

l'emploi de cette technique stricte (fondée sur la série) à une organisation chromatique plus libre, non codifiée. Cette œuvre pour quatuor à cordes comprend six mouvements dont le caractère dramatique est impliqué dans leur titre même : nous le citerons comme particulièrement révélateurs de l'esthétique de Berg : *Allegretto giovale*, *Andante amoroso*, *Allegro misterioso* (*Trio estatico*), *Adagio appassionato*, *Presto delirando* (*tenebroso*), *Largo desolato* » (Boulez, 1995 : 188). Malgré les similarités mentionnées entre le *Presto magico* de Ginastera et l'*Allegro misterioso* de Berg, il faut préciser que le *Scherzo* de la *Suite lyrique* présente une structure très particulière qui ne se retrouve pas dans le mouvement de Ginastera. Il s'agit d'une forme A - B - A' dont la partie B est non sérielle et la reprise de A (A') est la version rétrograde de la partie A.

voici l'exemple des mesures 9-10 et des mesures 22-23 de la troisième des *Cinq pièces op. 5 pour quatuor à cordes* de Webern :
Ex. 1

ainsi que des mesures 1-4 du premier mouvement du *Quatuor n° 2* de Ginastera :

L'œuvre qui inaugure la période « néo-expressionniste » de Ginastera commence donc en citant l'une des pièces emblématiques de l'atonalisme viennois pour la formation de quatuor à cordes.

Tout ce qui vient d'être mentionné par rapport aux influences manifestes du *Quatuor* n'empêche pas l'œuvre de témoigner d'un style propre à Ginastera : c'est en ce sens que le qualificatif d'« original » pourrait lui être appliqué très justement. Pour comprendre concrètement la manière dont Ginastera a assimilé et utilisé les techniques sérielles, nous commencerons donc par analyser en profondeur le troisième mouvement, *Presto magico*, du *Quatuor à cordes n° 2* (version de 1958 ; partition publiée par Barry, à Buenos Aires, en 1959).

2.2. Analyse du *Presto magico*

Ce mouvement consiste en un *scherzo* avec deux *tri*os, en mesure à 6/8. La première partie (A) s'étend jusqu'à la mesure 60, où commence le *Trio I* (B). Le matériau de la première partie est repris à partir de la mesure 121 (A'). À la mesure 195 commence le *Trio II* (C), et à partir de la mesure 243 jusqu'à la fin du mouvement, on trouve la dernière reprise de A (A''). Le mouvement contient deux séries dodécaphoniques : une première série, ou série principale, sur laquelle se base la partie A, et une seconde série, ou série secondaire, dans la partie B. Dans ces deux parties, la série possède une fonction thématique. Quant à la partie C, elle présente une organisation chromatique non sérielle. Voici la série principale telle qu'on la trouve, complètement énoncée pour la première fois, aux mesures 16-17 :

Ex. 2

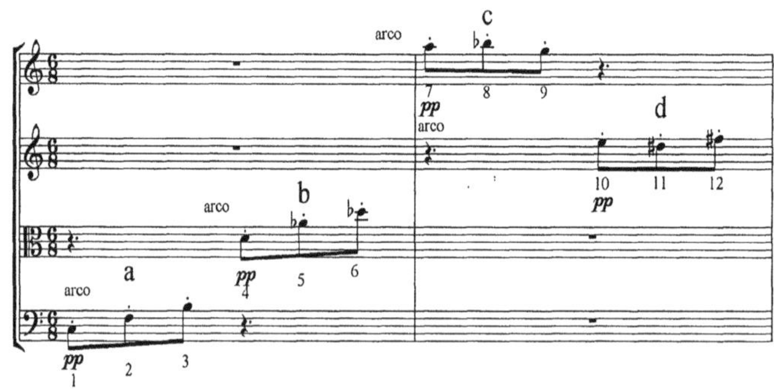

Comme on peut le remarquer, la série apparaît distribuée aux quatre instruments, divisée en quatre motifs, chacun constitué de trois croches, que nous avons appelés [a], [b], [c] et [d]. Cette série est partiellement symétrique, étant formée par deux hexacordes possédant chacun une structure symétrique. Les motifs [a] et [b] du premier hexacorde sont des figures isomorphes, à l'instar des motifs [c] et [d] du second hexacorde. Si l'on entreprend de réduire les intervalles de la série à son expression minimale, on obtient la configuration intervallique 0-1-6 pour le motif [a] et son inversion en sens rétrograde (0-5-6) pour le motif [b]. Le motif [c], pour sa part, contient les intervalles 0-2-3, tandis que le motif [d] est son inversion en sens rétrograde (0-1-3). Voici l'exemple :

Ex. 3

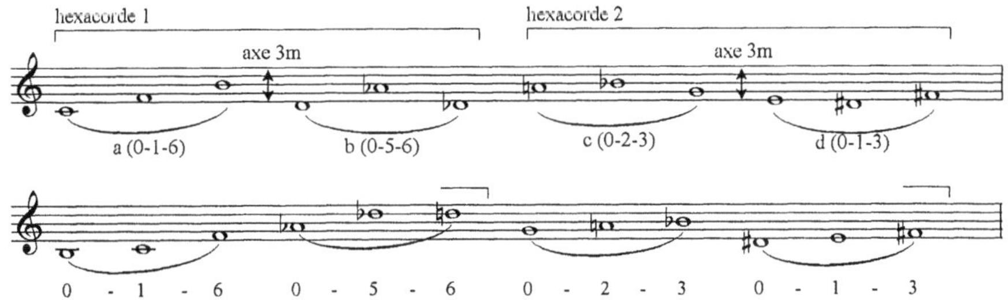

On observe, à partir de la mesure 16, que la musique se structure à travers de petites sections de quatre mesures formées de l'accouplement de deux unités de deux mesures, dont la seconde unité est une variation et un complément de la première unité. Par exemple, la section des mesures 20-23 est constituée d'une première unité qui introduit l'inversion de la série originale, et d'une seconde unité qui est une sorte de transposition de l'unité précédente, produisant un certain effet de miroir, car elle présente le même dessin, mais utilisant la rétrogradation de l'inversion[10]. On remarque aussi des répétitions dans les motifs distribués aux quatre instruments :

[10] Pour la traduction en français des termes relatifs aux quatre différentes formes de la série, nous nous basons sur la traduction française du *Style et l'idée* d'Arnold Schoenberg, en particulier, sur le chapitre « La composition avec douze sons » (*in* Schoenberg, 1977).

Ex. 4

Trois autres sections de quatre mesures se succèdent jusqu'à la mesure 35, contenant la série originale et son inversion[11]. Une nouvelle section, de huit mesures, s'étend de la mesure 36 à la mesure 43, construite seulement avec le premier hexacorde de la série originale : le violoncelle énonce le motif [a] de manière linéaire, tandis que les trois hauteurs du motif [b] apparaissent simultanément, de manière verticale, distribuées aux trois instruments restants. Le violoncelle réitère le motif [a] quatre fois ; les ligne du vl. I, du vl. II et de l'alto consistent en la répétition des sons 6, 5 et 4, respectivement. À la mesure 44, le dessin des mesures 16-17 (ou 18-19) revient, mais présentant la rétrogradation de la série originale. En élision avec la fin de cette section (mes. 48), commence une transition de douze mesures qui conduit vers le *Trio I.* La série n'est pas présente dans cette transition, qui consiste en une longue pédale sur la note *do*7 au vl. I, et en des *pizzicati glissandi* en imitation aux autres cordes : *glissandi* descendants (encadrés par le triton *do dièse-sol* et par la neuvième *si-la*), et ascendants (commençant par *la bémol* et sans limite aiguë indiquée, ce *glissando* était déjà apparu à la mesure 14).

[11] À la mesure 25 on trouve une erreur d'écriture. La ligne de l'alto est écrite comme si c'était en clef de *fa* au lieu de *do* et à une octave plus grave. Dans la révision de 1968, cette erreur apparaît corrigée. Nous avons trouvé d'autres erreurs dans la partition complète du quatuor, tant dans celle de 1958 que dans la révision de 1968.

Le *Trio I*, comme cela a été déjà mentionné, est basé sur une série secondaire. Voici la série telle qu'elle apparaît aux mes. 69-71 du violoncelle :

Ex. 5

L'exemple suivant montre l'analyse de la structure intervallique de cette série :

Ex. 6

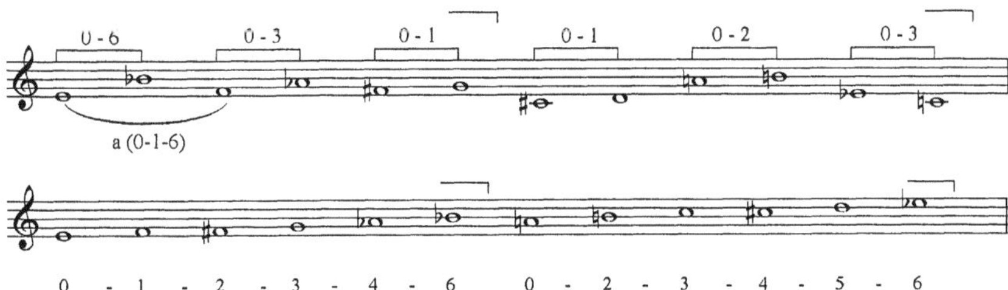

Comme on peut l'observer, en divisant la série en deux hexacordes, le premier hexacorde est délimité par le triton *mi-si bémol*, tandis que le deuxième hexacorde (si l'on réduit ses intervalles à son expression minimale) est encadré par le triton *la-mi bémol.* D'une part, le premier hexacorde commence par le motif [a] (celui constitué des intervalles 0-1-6) mais, d'autre part, il peut être divisé en trois cellules dont les intervalles se réduisent graduellement (0-6, 0-3 et 0-1). Le second hexacorde peut également être divisé en trois cellules dont les intervalles s'agrandissent graduellement (0-1, 0-2 et 0-3). Toutefois, c'est avec ce motif [a], provenant de la série principale, que le *Trio* commence. Les trois hauteurs composant le motif [a] forment, par l'addition successive en sens ascendant de l'alto, du vl. II et du vl. I, un accord qui reste soutenu tout au long du *Trio*, bien que changeant constamment sa constitution toutes les cinq mesures. Le premier accord contient donc les sons 1, 2 et 3 de la série (motif [a]), le deuxième accord contient les sons 4, 5 et 6, et ainsi de suite jusqu'à épuisement de la série. À partir de la mesure 82, les accords reprennent le même procédé, mais avec la rétrogradation de l'inversion de l'original. Ces accords suspendus, joués en harmoniques pendant tout le *Trio*, étaient d'une certaine manière anticipés par la pédale aiguë de la transition, à la fin de la partie A. Étant donné que des accords de trois sons requièrent trois instruments pour être joués, le quatrième instrument libre joue le rôle mélodique. Suivant un procédé de relais, les quatre instruments participent, à tour de rôle, au déploiement de la ligne mélodique, laquelle se charge d'intensité au fur et à mesure que son registre monte. Cette ligne utilise la série de manière moins rigoureuse : on retrouve de nombreuses répétitions et l'utilisation fragmentaire de la série à des fins motiviques. Les formes employées sont l'original et l'inversion de l'original, cette dernière à partir de la mesure 89. En raison de la structure de la série, relativement symétrique, son inversion possède les mêmes cellules (hauteurs exactes) mais dans un ordre différent ; cela facilite le passage fluide d'une forme de la série à l'autre dans la continuité de la mélodie :

Ex. 7

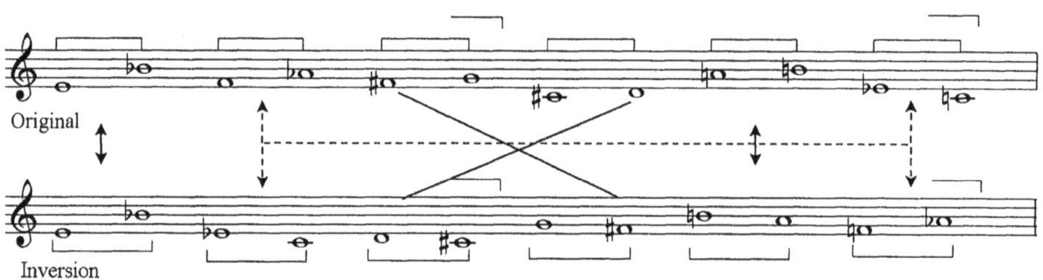

À la mesure 92, il y a un rapport d'octave entre le vl. I et le violoncelle (le son *do* doublé), dû au croisement entre la série mélodique au vl. I, engagée dans l'inversion de l'original, et l'accord qui suit la rétrogradation de l'inversion. L'accord final, qui se compose cette fois-ci de quatre sons (à la mes. 107, le violoncelle joue deux harmoniques aux cordes III et IV à vide), se prolonge pendant quatorze mesures en se désagrégeant graduellement vers la fin, les harmoniques ne persistant qu'au violoncelle pour déboucher sur la reprise de A. Sur la pédale créée par cet accord, une ligne saccadée au vl. II énonce pour la dernière fois la série (en inversion), en omettant les sons contenus dans l'accord.

La reprise de A (mesure 121), qui marque la partie centrale de la pièce, présente de nouvelles formes de la série principale, notamment la transposition 11 de l'original et l'inversion de la transposition 11. On retrouve, dans cette partie A', l'articulation d'unités de deux mesures s'accouplant pour former de petites sections de quatre mesures. Chaque mesure contient un hexacorde de la série, reproduite en rythme de croches. Quatre sections se succèdent jusqu'à la mesure 136, en alternant l'inversion et l'original de la transposition 11. Voici les exemples des mesures 121-122 (et 123-124) présentant l'Inversion 11, et des mesures 125-126 contenant l'Original 11 ; on observe aussi des doublures à l'octave et à la quinte :

Ex. 8

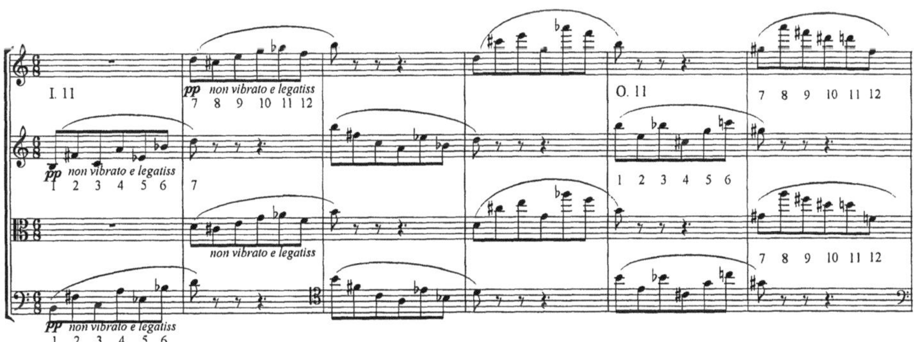

La forme originale de la transposition 11 possède la particularité de contenir les mêmes motifs, exactement à la même hauteur, que l'inversion de la série originale (employée dans la partie A). Seul l'ordre de ces motifs apparaît permuté :

Ex. 9

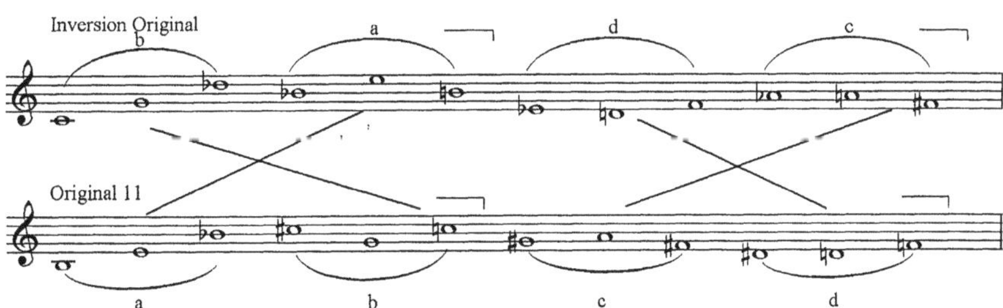

Le violoncelle installe à partir de la mesure 133 une pédale sur *si* (premier son de la transposition 11) qui se prolonge pendant dix mesures. Dans la section qui s'étend de la mesure 137 à la mesure 146, la série est utilisée de manière fragmentaire, créant différentes cellules pour chacun des quatre instruments, intensivement répétées. À la mesure 147, on trouve un conduit de quatre mesures entièrement basé sur la structure intervallique des motifs [c] et [d] (intervalles du type 0-1 et 0-3). Ce passage n'est pas sériel car il est construit à partir de l'enchaînement des modules [0-3 + 0-1], à la manière d'un mode de transposition limitée de Messiaen, sur l'étendue de deux octaves. Cette gamme, qui commence au vl. I (de *si*3 à *si*5), est successivement imitée par le vl. II, l'alto et le violoncelle, chaque entrée étant à distance de seconde majeure inférieure, c'est-à-dire que le violoncelle imite à distance de triton la ligne du vl. I :
Ex. 10

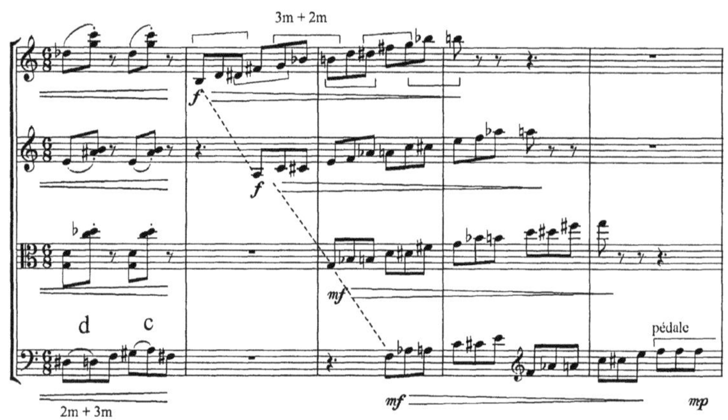

Le violoncelle présente donc une gamme de *fa*3 à *fa*5, et ce son *fa* reste comme une pédale pendant les quatorze mesures de la section suivante (mesures 151-164). Cette section, avec la pédale de *fa* comme élément principal, possède un caractère de transition, menant à la réapparition de la série complète (mesure 165) sous la forme de la rétrogradation de la transposition 11 (à l'alto). Encore une fois, chaque mesure contient un hexacorde de la série, en rythme de croches. L'alto expose un dessin (débutant par *fa*) qui est imité, cinq croches plus tard, par le vl. II à distance de triton, c'est-à-dire utilisant la rétrogradation de la transposition 5 (débutant par *si*). Puis, c'est le tour du vl. I d'imiter le dessin en reprenant la même ligne de l'alto une octave plus haut et à distance de dix croches. Cette sorte de canon se poursuit durant dix mesures et constitue la section la plus dense du mouvement en ce qui concerne la superposition et la pluralité de séries utilisées, car elle comporte aussi la rétrogradation de l'inversion des transpositions 11 et 5 (mes. 165-168) :

Ex. 11

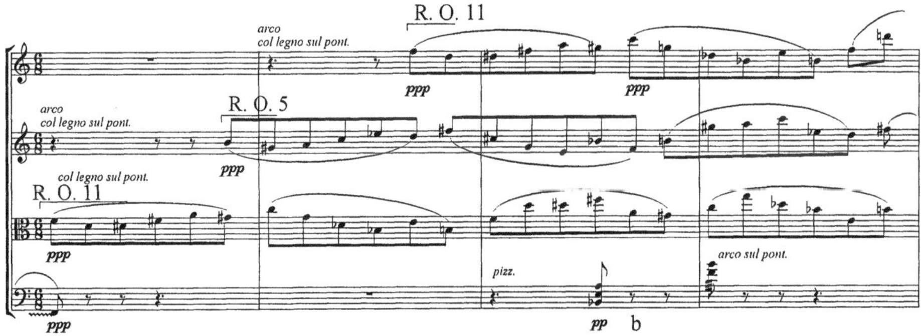

Par ailleurs, ces dernières formes de la série mentionnées (RI11 et RI5) contiennent toutes les deux un son remplacé : dans la RI11, le son 9 (*la*) est remplacé par *fa*, et dans la RI5, également le son 9 (*ré dièse*) est remplacé par *si*. Cela produit un renforcement du triton *fa-si* que l'on retrouve encore au violoncelle qui, n'étant pas impliqué dans le canon, joue quelques accords isolés. Le canon s'achève par un *si* très aigu au vl. I qui, en élision, introduit une reprise du dessin des mesures 16-17 (avec les quatre motifs [a], [b], [c] et [d]) mais en employant l'Inversion 11. À la mesure 177 commence la dernière section, constituée de dix-huit mesures, qui apparaît comme une transition vers le *Trio II*. Cette transition consiste essentiellement en une pédale du son *si* à l'alto. Cette partie A' se trouve donc encadrée par le son *si* et contient en son milieu une section axée sur le son *fa*, le *si* et le *fa* étant respectivement le premier et le dernier sons de la transposition 11[12].

[12] La section sur la pédale de *fa* se trouve précisément au milieu de la partie A', précédée de 30 mesures ainsi que suivie de 30 mesures axées sur *si*.

Le *Trio II*, comme cela a été déjà mentionné, ne contient pas d'écriture sérielle. Il présente une première section, de la mesure 195 à la mesure 211, basée sur la superposition de différentes triades. Ainsi, la première unité, composée de deux mesures (mesures 195-196), consiste en la superposition, et puis en l'échange entre les quatre instruments, de ces quatre accords différents : *ré* mineur au violoncelle, *La bémol* majeur à l'alto, *mi* mineur au vl. II, et *Sol bémol* majeur au vl. I ; ces quatre triades contenant le total chromatique. Voici cette première unité (mesures 195-196) :

Ex. 12

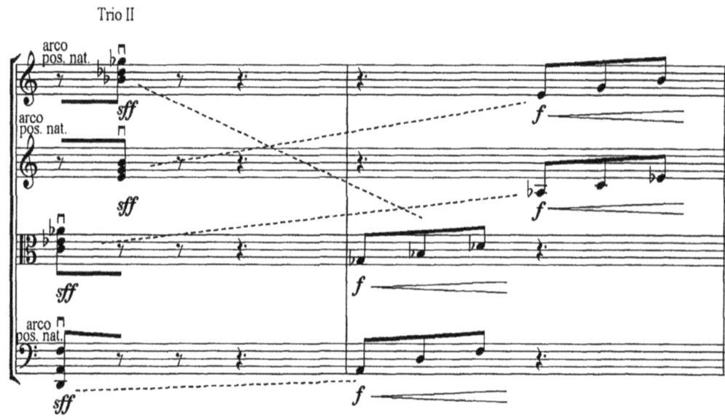

Les deux mesures suivantes consistent en la répétition de cette unité (mesures 197-198). Par un procédé d'élision, la mesure 198 fait partie en même temps d'une nouvelle unité de deux mesures, comprenant aussi la mesure 199. Cette unité des mesures 198-199 constitue un modèle qui est transposé à distance de sixte mineure ascendante, aux mesures 200-201. À la mesure 202, on retrouve une nouvelle transposition à la sixte mineure ascendante mais comportant certaines variations : le modèle se réduit ici à une mesure et présente, au violon I, la structure d'accord majeur avec septième mineure (structure de dominante). Ce nouveau modèle (ou modèle varié) est à l'origine d'une séquence ascendante (mesures 202-204), toujours à distance de sixte mineure. C'est-à-dire que le modèle, qui commence par *si bémol*, est transposé d'abord sur *sol bémol* (à la mesure 203) et puis sur *ré* (à la mesure 204), ces trois notes formant une triade augmentée. Cette séquence est entamée par les violons I et II, étant imitée à distance d'une demi-mesure, et à la tierce majeure inférieure, par l'alto et le violoncelle. À partir de l'entrée de l'alto et du violoncelle en imitation (seconde moitié de la mesure 202), toutes les demi-mesures contiennent le total chromatique jusqu'à la mesure 207. Les mesures 205 et 206 consistent en la répétition de la mesure 204. La mesure 207 présente la fragmentation du modèle qui se réduit à une demi-mesure. En plus de ne pas être sériel, ce *Trio* présente une autre particularité : l'emploi de l'intensité *forte* à *fortissimo*, qui n'avait pas été utilisée auparavant. Ainsi, cette première section atteint-elle l'intensité *fff* à la mesure 208.

Une deuxième section commence à la mesure 212. On retrouve, à partir de la mesure 216, des *glissandi* (*sul ponticello*) ascendants et descendants en imitation entre les cordes, comme on les avait vus à la transition de la fin de la partie A (*pizz. glissandi*, mes. 48-59). On remarque ici une pédale du son *ré* au vl. II, et l'intervalle cadre des *glissandi* est la neuvième *ré-mi bémol*. Après un arrêt (deux mesures de silence), à la mesure 230 commence la dernière section de ce *Trio*, constituée de neuf mesures, reprenant la superposition des quatre accords, employée au tout début de la première section (mes. 195). La première unité de cette dernière section, consistant en cinq mesures (mes. 230-234), présente une isorythmie aux quatre instruments en bloque et en *pizzicato*. La mesure 232 est une hémiole. Voici les mesures 230-232 :
Ex. 13

La seconde unité, de quatre mesures (mes. 235-238), est une variation de la première, dans laquelle les accords sont en contretemps. Cette section complète (mesures 230-238) a été éliminée et remplacée lors de la révision du *Quatuor* en 1968.

Un conduit de quatre mesures, consistant en un long trille sur *do dièse*2 et en une gamme chromatique discontinue ascendante, traversant six octaves, mène à la dernière reprise de A (A''). La première section de A'', de quatre mesures, réexpose la série principale (l'originale et son inversion) et les motifs [a], [b], [c] et [d] avec le dessin des mesures 16-17 légèrement varié. La section constituée des quatre mesures suivantes (mesures 247-250) est la reprise des mesures 24-27 avec l'ajout d'une pédale sur *do*7 au vl. I. Elle est suivie de la reprise amplifiée de la section des mesures 36-43. Ici la section fait quatorze mesures (mes. 251-264), à cause du prolongement du trille sur le *do* grave au violoncelle qui, d'une certaine manière, prend le relais du *do* aigu de la pédale au violon de la section précédente. La partie A'', ainsi que le mouvement, s'achèvent par une dernière apparition de la série originale complète. Un accord contenant les premiers sept sons de la série est créé par addition, à travers l'entrée « en pyramide » des instruments, à commencer par le violoncelle (son 1 et 2), suivi de l'alto (son 3 et 4), du violon II (son 5 et 6), pour finir par le violon I (son 7). À la mesure suivante, les deux violons jouant à distance d'octave énoncent les cinq sons restants de la série terminant sur le son 1 (*do*). Dans cette tournure finale, le son 8 apparaît modifié : le *si*, qui devrait être *si bémol*, est *si bécarre*. Ce changement peut contribuer à la sensibilisation du premier son de la série (*do*), et renforcer la sensation de polarisation (ou de repos) sur le *do* final, le *do* étant encore réitéré deux fois de telle sorte que le *Scherzo* finit sur le *do* grave du violoncelle.

2.3. Synthèse

L'écriture de ce *Scherzo* est éminemment dodécaphonique, toutefois certaines sections présentent un langage atonal non sériel, notamment dans le *Trio II*. Deux séries différentes sont utilisées : Ginastera n'adhère pas ici au principe schönbergien consistant à bâtir entièrement une pièce sur une série unique. La série principale est employée dans les parties A, A' et A'' ; la série secondaire apparaît dans le *Trio I.* Tandis que les parties A et A'' utilisent les quatre formes de la série fondamentale (l'originale, son inversion, sa rétrogradation et la rétrogradation de l'inversion), la partie centrale de la pièce (A') emploie des formes transposées de la série, notamment la transposition 11. Cette transposition consiste en une transposition privilégiée car elle contient les mêmes motifs (les mêmes hauteurs exactes), bien que permutés, que l'inversion de l'original. Les parties A et A'' montrent une polarisation sur le son 1 de la série originale (*do*), alors que les sons qui apparaissent hiérarchisés dans la partie A' sont les sons 1 et 12 de la transposition 11 (*si* et *fa*). De cette manière, les trois hauteurs polarisées durant le *Scherzo* sont manifestement les trois sons composant le motif [a] (*do-fa-si*, cellule 0-1-6), premier des quatre motifs de la série fondamentale. Cette cellule 0-1-6 est également présente dans la série secondaire (sons 1, 2 et 3), au *Trio I*, mais sur des hauteurs différentes. Dans le traitement des deux séries, on remarque, de façon générale, de nombreuses répétitions immédiates, soit d'une note, soit d'une cellule ou d'un motif. Pour sa part, et en ce qui concerne l'organisation des hauteurs, le *Trio II* présente une forte prédominance des triades, ce que le langage atonal, même non sériel, essaie généralement d'éviter[13].

La texture de la partie A (et de ses reprises) est essentiellement polyphonique, se manifestant à travers de nombreux procédés d'imitation entre les quatre instruments. Cependant les premières 19 mesures présentent quasiment une ligne unique (une monodie) construite par les quatre instruments jouant de manière alternée et complémentaire ; cette texture monodique revient à plusieurs reprises tout au long du mouvement. En général, ce *Presto magico* possède une sonorité évanescente car, en plus de la grande vitesse du jeu, l'intensité prédominante est le *pianissimo* et les cordes emploient des effets contribuant à amincir leur timbre (comme jouer avec sourdine, *sul*

[13] On pourrait voir dans le *Trio II* (ou section C) une polarisation sur le son *ré*, étant donné qu'il s'agit du son le plus grave de la structure d'accords superposés et du son persistant comme pédale de la mesure 216 à la mesure 227. Rappelons que le *ré* est le quatrième son de la série originale et le premier son du deuxième motif ([b]), c'est-à-dire qu'il est le son qui suit, dans l'ordre de la série, les trois sons du motif [a] (*do-fa-si*) polarisés dans les sections A et A'. Le *Trio II* se termine par un long trille sur *do dièse*, qui sert de passage chromatique entre le *ré* et le *do*, note polarisée à la section suivante (A'').

ponticello, harmoniques, *pizzicati*, *glissandi*, *non vibrato*). Comme cela a été déjà souligné, la forme de ce mouvement est absolument traditionnelle, consistant en un *scherzo* avec deux *trios*. D'ailleurs, on remarque la prépondérance d'unités et de sections de proportions régulières (de deux et de quatre mesures), particulièrement dans les parties A, le *Trio I* étant un peu plus irrégulier.

L'analyse nous montre que Ginastera n'applique pas dans ce mouvement la technique dodécaphonique de manière tout à fait stricte. Son esthétique hétéroclite lui permet d'amalgamer l'écriture dodécaphonique et le langage chromatique non sériel à l'intérieur d'un même mouvement. Et à une échelle supérieure, Ginastera incorpore ce mouvement fondamentalement dodécaphonique au milieu d'un *Quatuor* dont les quatre mouvements restants présentent soit un langage néo-tonal (mouvements I et V), soit un langage atonal libre (mouvements II et IV).

Dans la version originale du *Presto magico*, l'éclectisme du langage se manifeste encore davantage, car cette version de 1958 contient une claire référence au folklore argentin. La section de neuf mesures (mes. 230-238) qui a été supprimée dans la révision de 1968, est vraisemblablement une allusion transparente à la danse *criolla* appelée *malambo*. À propos de cette section, dans sa thèse portant sur l'œuvre de Ginastera écrite en 1964 (quatre ans avant la révision du *Quatuor*), David Wallace signale : « In the transitional passage (beginning at measure 229), Ginastera reminds us that it is an Argentine and not a European composer making use of the dodecaphonic system, since he inserts a few measures of *pizzicato* strumming in a *malambo* rhythm - but using chords employing all twelve chromatic tones within each measure » (Wallace, 1964 : 238). Cette section, qui donne en effet l'impression d'être une sorte d'interpolation, a été remplacée, lors de la révision de 1968, par quatre mesures pendant lesquelles chaque instrument doit produire un son indéterminé le plus aigu possible (non harmonique). Ainsi, l'allusion folklorique laisse la place à un effet aléatoire, à un procédé utilisé notamment par le compositeur polonais Krzysztof Penderecki[14]. Avant cette révision de 1968, ce quatuor a subi une autre transformation : le

---

[14] Penderecki utilise cet effet dans ses *Quatuor à cordes n° 1* (1960) et *Quatuor à cordes n° 2* (1968).

Concerto per corde, œuvre de 1965, est essentiellement une transcription pour orchestre à cordes du *Quatuor n° 2*, comportant toutefois certains remaniements importants dont la plupart ont été inclus plus tard dans le *Quatuor* révisé. Le travail de Ginastera sur cette œuvre s'étend donc sur dix ans. Nous aurons l'occasion de revenir sur le *Quatuor* et son remaniement au chapitre IV, quand nous aborderons la présence du folklore dans les œuvres sérielles.

3. Les œuvres sérielles : les séries et la configuration 0-1-6-7

Poursuivant notre étude du langage sériel de Ginastera, nous allons nous concentrer spécifiquement sur la structure des principales séries utilisées. Les séries dodécaphoniques qui seront examinées proviennent des cinq œuvres qui comptent parmi les œuvres majeures du compositeur argentin. Afin de situer sommairement les séries analysées dans leur contexte, nous donnerons d'abord une très brève description des cinq œuvres concernées :

1) *Cantata para América Mágica* (1960), pour soprano dramatique et orchestre de percussions. Cette œuvre présente le principe sériel appliqué à différents paramètres. L'œuvre est constituée de six mouvements incluant un mouvement exclusivement instrumental, l'*Interludio Fantástico*. La série qui sera analysée provient de ce mouvement, qui consiste en une forme « en miroir ». Il est divisé en deux parties par un axe central de symétrie (à la mesure 134) ; la seconde partie est la reprise en sens rétrograde de la première partie.

2) *Concerto pour piano et orchestre n° 1* (1961). L'œuvre est composée de quatre mouvements dont le premier, basé sur la série examinée dans ce chapitre, consiste en une *cadenza* comportant dix variations (*Cadenza e varianti*). L'idée d'élever la *cadenza* au rang de mouvement à part entière a été inspirée, selon le témoignage de Ginastera, du *Concerto pour piano et orchestre n° 2* de Brahms (Wallace, 1964 : 246).

3) *Quintette* (1963) pour piano et quatuor à cordes. Les sept mouvements de l'œuvre sont : *Introduzione*, *Cadenza I per viola et violoncello*, *Scherzo fantastico*, *Cadenza II per due violini*, *Piccola*

musica notturna, *Cadenza III per pianoforte*, et *Finale* : l'œuvre présente donc l'alternance entre quatre mouvements joués par la formation complète et trois mouvements consistant en deux *duos* et en un *solo* de piano. Nous présenterons l'analyse des séries employées dans le mouvement *Finale*.

4) *Concerto pour violon et orchestre* (1963). L'œuvre est composée de trois mouvements. Ginastera reprend ici l'idée utilisée dans le *Concerto pour piano*, de commencer le concerto par la *cadenza* du soliste. Ainsi, le premier mouvement *Cadenza e studi*, dont nous examinerons la série utilisée, présente une *cadenza* débouchant sur six études, conçues à la manière de variations et basées sur différentes difficultés techniques d'exécution (des arpèges, des harmoniques, des quarts de ton).

5) *Don Rodrigo* (1963-1964), opéra en trois actes et neuf scènes. Le livret a été écrit par le dramaturge espagnol Alejandro Casona (1903-1965). L'argument se situe dans l'Espagne médiévale, et raconte l'histoire du dernier roi des Wisigoths, *Don Rodrigo*, devenu un personnage légendaire. Défenseur de la chrétienté, il est vaincu par les Arabes en 711, lors de la conquête musulmane de l'Espagne. À l'instar du *Wozzeck* de Berg, *Don Rodrigo* présente la structure dramatique : exposition - péripétie - catastrophe, associée à l'évolution du caractère poétique musical : épique - lyrique - tragique (Suárez Urtubey, 1965 : 12). Comme dans *Wozzeck*, les scènes de *Don Rodrigo* apparaissent séparées par des interludes et, comme Berg, Ginastera se sert des formes musicales traditionnelles, bien qu'utilisées de manière moins littérale (*Rondo*, *Madrigale*, *Aria da Chiesa*, etc.).

Notre analyse des séries commence par les séries utilisées dans *Don Rodrigo*, partant d'un article de Malena Kuss. Dans son article « Type, Derivation, and Use of Folk Idioms in Ginastera's *Don Rodrigo* (1964) », la musicologue Malena Kuss (1980b), ancienne élève en composition de Ginastera, analyse la structure de principales séries utilisées dans cet opéra. Selon Kuss, Ginastera emploie, dans la construction de ces séries, une configuration intervallique dérivée de la structure de l'« accord de la guitare ». Rappelons que l'« accord de la guitare » est l'accord constitué des six sons de l'accordage de la guitare

espagnole (*mi*2-*la*2-*ré*3-*sol*3-*si*3-*mi*4) que Ginastera utilise dans plusieurs œuvres nationalistes (pour la première fois dans la *Danza del viejo boyero*, en 1937), comme un topique faisant allusion à la *pampa*, au *gaucho* et à la tradition *criolla*. Comme Kuss le signale, tandis que dans les premières œuvres nationalistes l'accord se trouve à l'état original, dans certaines œuvres de la période du « nationalisme subjectif » les intervalles de l'accord apparaissent modifiés, comme dans le début du troisième mouvement de la *Sonate pour piano n° 1* (1952). Voici l'exemple de l'accord original, dans le début du *Malambo* pour piano (pièce appartenant au « nationalisme objectif », écrite en 1940), et l'exemple de sa transformation au début du troisième mouvement (*Adagio molto appassionato*) de la *Sonate pour piano n° 1*[15] :
Ex. 14

[15] Signalons pour notre part que l'« accord de la guitare » modifié, au début de l'*Adagio* de la *Sonate pour piano n° 1*, présente la même structure que l'accord utilisé dans le deuxième mouvement de la *Pampeana n° 3* pour orchestre, illustré dans l'Ex. 3 du chapitre précédent. Il s'agit dans les deux cas de deux cellules 0-5-6 accolées, à une distance de tierce mineure (*fa dièse-si-do* et *la-ré-mi bémol*, dans le cas de la *Sonate*, et *si bémol-mi bémol-mi bécarre* et *do dièse-fa dièse-sol*, plus le *la* ajoutée à la voix supérieure, dans le cas de la *Pampeana*).

De même, Kuss observe qu'une structure élaborée à partir de l'« accord de la guitare » devient une unité thématique dans les *Variaciones Concertantes* (œuvre pour orchestre de chambre, 1953). Cette structure, telle qu'on la retrouve à la Variation III (*Variazione giocosa per flauto*), est une sorte de compression de l'« accord de la guitare » qui conserve les quartes inférieure et supérieure (*mi-la* et *si-mi*) mais dans un rapport chromatique (*fa dièse-si* et *do-fa bécarre*). Voici l'exemple des mesures 11-15 de la *Variazione giocosa per flauto* :

Ex. 15

Kuss signale que cette structure de deux quartes superposées à distance d'un demi-ton est à l'origine du tétracorde initial, qu'elle désigne comme « segment *a* », de la série appelée « *Heroica* » dans l'opéra *Don Rodrigo*. Kuss souligne que, malgré sa filiation matérielle avec l'« accord de la guitare », cette structure a perdu ici toute connotation nationaliste, pour constituer un élément purement constructif. L'exemple suivant montre la dérivation du « segment *a* », à partir du motif extrait de la mesure 11 de la *Variazione giocosa per flauto* (Kuss, 1980b : 179) :

Ex. 16

ainsi que la série « *Heroica* » de l'opéra *Don Rodrigo* (Kuss, 1980b : 180)[16] :

Selon Kuss, cette série « *Heroica* » est une série de base à partir de laquelle Ginastera fait dériver des séries subsidiaires et des leitmotive, suivant des procédés de dérivation similaires à certains procédés utilisés par Berg dans son opéra *Lulu* (1935). Ainsi, l'une des fonctions principales de cette série de base est d'unifier l'organisation des hauteurs de l'opéra au niveau macrostructural. En outre, Kuss souligne que

---

[16] Kuss établit comme source du « segment *a* » la Variation III des *Variaciones Concertantes* (1953). Pourtant, on remarque déjà cette même configuration intervallique dans le *Malambo* pour piano (1940). Par exemple, aux mesures 27 et 29, on trouve à la partie de la main gauche le « segment *a* » constitué des notes *ré-ré dièse-sol dièse-la*. Voici l'exemple des mesures 26-29 du *Malambo* :
Ex. 17

l'utilisation des différentes séries dérivées (Kuss rend compte de six séries dérivées dans son article) est essentiellement thématique.

Kuss explique la dérivation des deux séries identifiant les deux personnages principaux de l'opéra, Rodrigo et Florinda, à partir de la transposition du « segment *a* », provenant de la série de base « *Heroica* », de la manière suivante (Kuss, 1980b : 188-189) :

Ex. 18

Série « *Florinda* »

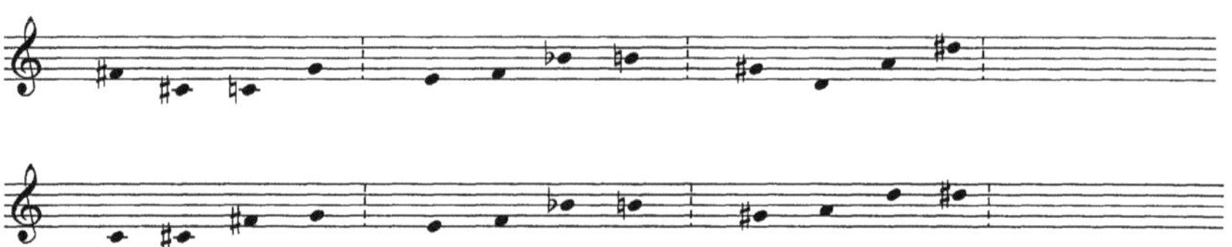

Série « *Rodrigo* »

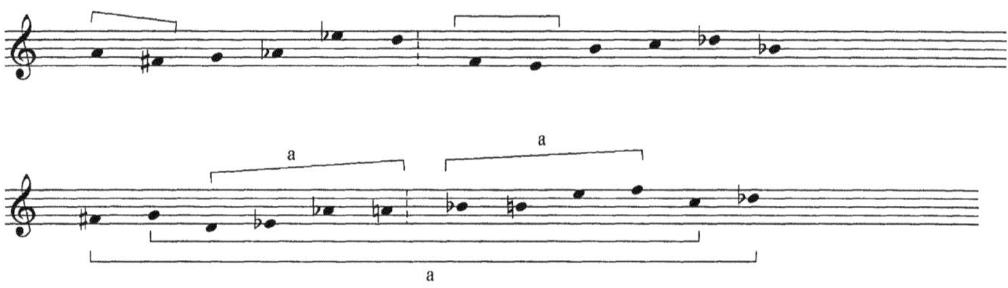

Or, pour notre part, nous avons observé que tant la série « *Florinda* » que la série « *Rodrigo* » contiennent les quatre motifs que nous avons identifiés dans la série principale du *Presto magico* du *Quatuor à cordes n° 2* : le motif [a] (intervalles 0-1-6), le motif [b] (intervalles 0-5-6), le motif [c] (intervalles 0-2-3) et le motif [d] (intervalles 0-1-3), mais agencés de manière différente dans chacune des trois séries. C'est dire que si l'on procède à la permutation de l'ordre des quatre motifs, on peut arriver à une seule série qui résumerait les trois séries. Cette série « synthétique » coïncide avec la série « *Florinda* », car elle est constituée des trois tétracordes présentant la configuration intervallique 0-1-6-7, ou ce que Kuss appelle « segment *a* » :

Ex. 19

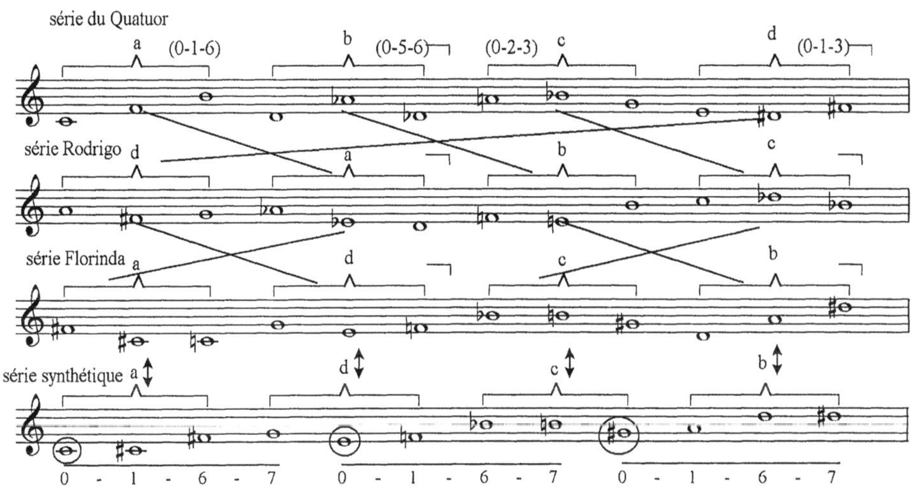

Comme nous l'avons vu, Kuss explique la dérivation de la série « *Rodrigo* » autrement, car elle n'établit pas le lien entre cette série et la série que Ginastera avait utilisée dans son *Quatuor*, six ans auparavant, où nous avons repéré les motifs de trois sons [a], [b], [c] et [d]. D'autre part, Kuss considère la série « *Heroica* » comme la série de base de laquelle les deux autres séries dérivent. Selon notre analyse, la série « *Heroica* » elle-même est une autre dérivation de la série « synthétique » composée de trois « segments *a* » :

Ex. 20

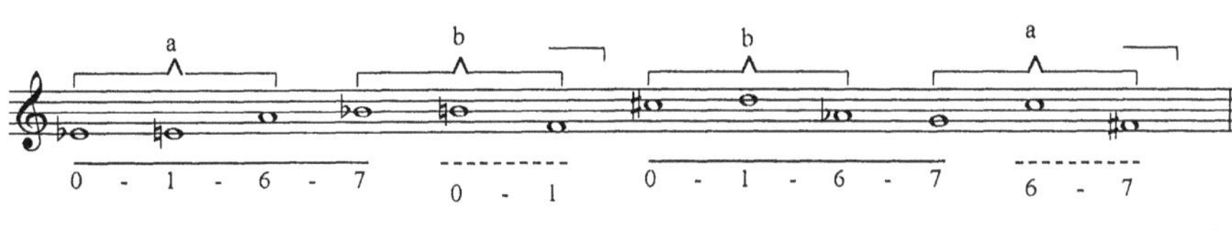

Kuss explique la structure d'une série secondaire, que l'on pourrait appeler série « *d'Amour* » puisqu'elle est employée dans la scène de séduction entre Florinda et Rodrigo, comme étant dérivée de la rétrogradation des trois premiers sons de la série « *Rodrigo* » ainsi que d'une contraction chromatique du « motif de *Rodrigo* », ce dernier dérivé à la fois de la série « *Florinda* ». Pour notre part, notre analyse de cette série nous conduit à y retrouver les trois configurations intervalliques 0-1-6-7 de la série « synthétique », agencées d'une manière particulière. Chaque hexacorde est encadré par un son faisant partie d'un segment 0-1-6-7 ; les deux sons au centre de chaque hexacorde (sons 3-4 et 9-10) appartiennent à un deuxième « segment *a* », et finalement les quatre sons restants, placés symétriquement, construisent la troisième configuration 0-1-6-7. Comme on peut l'observer, cette série n'est faite que des motifs [c] et [d], contenant des tierces mineures :

Ex. 21

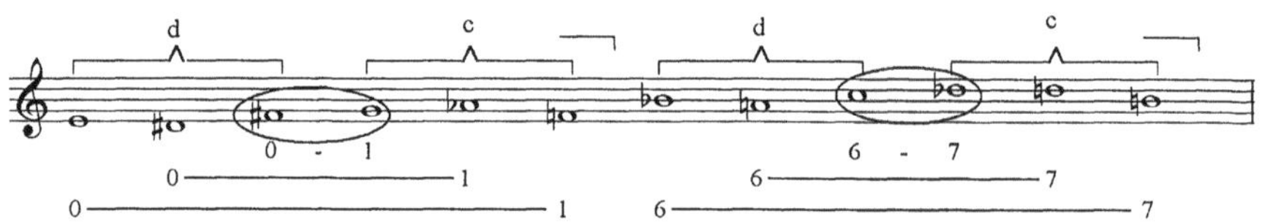

Cette série est aussi la série principale du *Concerto pour violon et orchestre* (1963) sur lequel Ginastera travaillait en même temps qu'il écrivait *Don Rodrigo*. Voici la série telle qu'elle apparaît au tout début du premier mouvement (*Cadenza e studi*) du *Concerto* :

Ex. 22

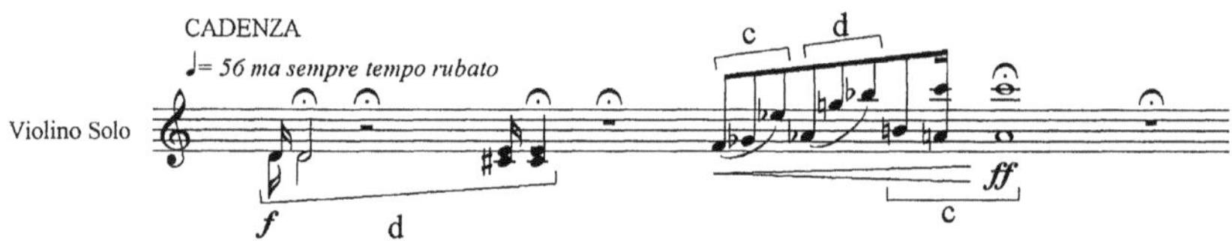

La première des deux séries utilisées dans le dernier mouvement (*Finale*) du *Quintette* (1963), présente un agencement des trois configurations 0-1-6-7 similaire à celui que nous venons de voir dans la série du *Concerto pour violon*. On y retrouve les motifs [c] et [d] mais il y a aussi deux nouveaux motifs qui introduisent des nouveaux intervalles.

L'exemple illustre la distribution des trois « segments *a* » ou configuration 0-1-6-7 dans cette série :

Ex. 23

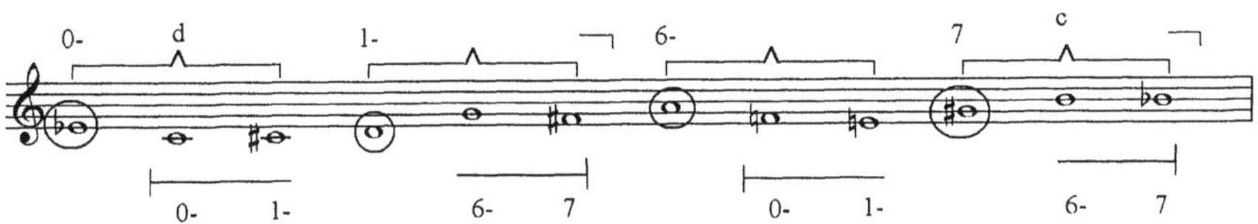

Pour sa part, la deuxième série employée dans ce *Finale* du *Quintette* est structurée d'une manière similaire à la série « *Heroica* » de *Don Rodrigo*. Chaque hexacorde contient un segment 0-1-6-7, et le troisième segment apparaît distribué aux sons 1-2 et 6-7. Cette série contient les motifs [a] et [b] et deux motifs nouveaux :

Ex. 24

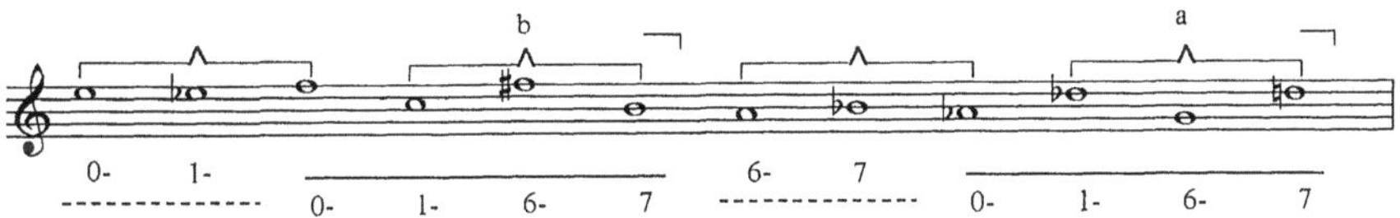

Tandis que dans le *Finale* du *Quintette* les séries sont énoncées de manière linéaire et en rythme uniforme de croches (un hexacorde par chaque mesure à 6/8, ce qui contribue au repérage des « segments *a* » illustré ci haut), dans le premier mouvement (*Cadenza e varianti*) du *Concerto pour piano et orchestre n° 1* (1961), la série apparaît formant des structures verticales (trois accords de quatre sons). Le troisième accord est composé des intervalles 0-1-6-7, c'est-à-dire d'un « segment *a* » simultané. Le premier et le deuxième accord consistent en des structures symétriques (en miroir) : le premier accord possède la structure intervallique 0-1-2-6 tandis que le deuxième accord est constitué des intervalles 0-4-5-6. Si l'on considère chaque accord comme un tétracorde, la série qui en résulte est celle-ci :

Ex. 25

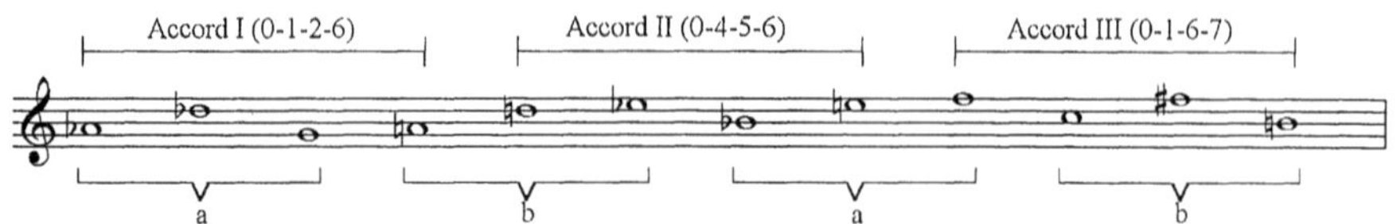

Cette série coïncide vraisemblablement avec la série de l'*Allegro misterioso* de la *Suite lyrique* d'Alban Berg. Il suffit de permuter l'ordre des tétracordes :

Ex. 26

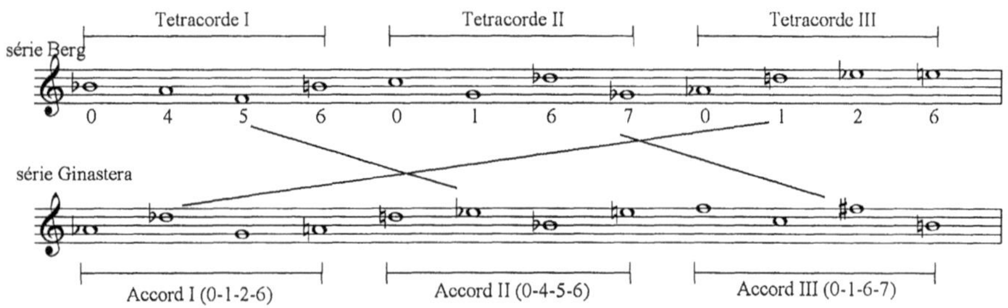

D'autre part, si l'on procède à la permutation des sons 4 et 5 dans la série du *Concerto pour piano* de Ginastera, on obtient deux nouvelles configurations 0-1-6-7 :

Ex. 27

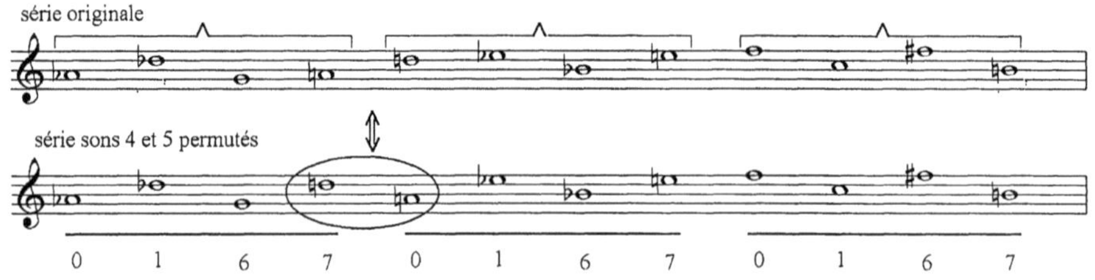

La série de l'*Interludio Fantástico* de la *Cantata para América Mágica* (1960) est évidemment symétrique. On remarque les motifs [b] - [a] (hexacorde 1) et [a] - [b] (hexacorde 2), ainsi que deux « segments *a* » (tétracordes 1 et 3) :

Ex. 28

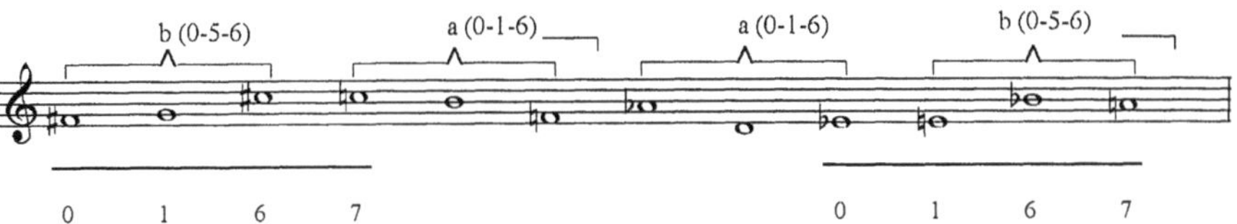

Nous avons parcouru (dans un sens temporel rétrograde, de 1964 à 1960) les principales séries utilisées dans les cinq œuvres éminemment sérielles de Ginastera, partant de notre analyse de la série du *Presto magico* du *Quatuor à cordes n° 2* (1958). Nous avons essayé de montrer qu'une partie importante et très significative des séries employées par Ginastera dans ses œuvres sérielles peut être résumée, après une analyse de leur structure particulière, dans une série « synthétique » composée de la configuration intervallique 0-1-6-7 deux fois transposée à distance de tierce majeure. Du découpage de cette série en quatre cellules, on obtient les quatre motifs de trois sons [a], [b], [c] et [d] retracés tout au long des séries contenues dans les cinq œuvres analysées. Tenant compte de l'ensemble des séries, les motifs [a] et [b] présentent les six permutations possibles de leurs trois composantes. Par contre, les motifs [c] et [d] présentent seulement deux variantes. Voici un tableau qui montre la série « synthétique » et la dérivation par permutation des quatre motifs, tels qu'ils ont été retracés dans les onze séries analysées :

Ex. 29

En plus de différentes permutations des motifs [a], [b], [c] et [d], les différents agencements des segments 0-1-6-7 que nous avons repérés produisent l'apparition de nouveaux motifs contenant de nouveaux intervalles. C'est pour cela que, bien que toutes les séries permettent d'être résumées dans une même série « synthétique », chaque série dérivée constitue un organisme thématique possédant ses caractéristiques propres. Ainsi, notre analyse ne s'oppose pas complètement à l'analyse de Kuss. Kuss soutient que son hypothèse sur la fonction de la série « *Heroica* » dans l'opéra *Don Rodrigo*, comme génératrice des séries subsidiaires, est confirmée par les esquisses du compositeur. Certainement, la série « *Heroica* » peut fonctionner comme série de base à l'intérieur de l'opéra *Don Rodrigo*, tout en faisant partie, à un niveau global, du réseau de séries dérivées à partir du segment 0-1-6-7, qui traverse l'écriture sérielle de Ginastera[17]. Par ailleurs, la quasi-totalité des séries analysées présente une structure symétrique, le second hexacorde étant généralement la rétrogradation, l'inversion ou l'inversion rétrograde du premier.

Pour finir notre analyse des séries, nous revenons au premier cas d'une série dodécaphonique utilisée par Ginastera, celle du deuxième mouvement (*Presto misterioso*) de la *Sonate pour piano n° 1* (1952) appartenant à la période du « nationalisme subjectif ». Cette série est énoncée, à l'instar d'autres exemples déjà analysés, en rythme uniforme de croches ; un hexacorde par chaque mesure à 6/8. Le premier hexacorde peut être divisé en deux lignes chromatiques par mouvement contraire, tandis que le deuxième hexacorde présente deux lignes chromatiques par mouvement parallèle à distance de triton :

Ex. 30

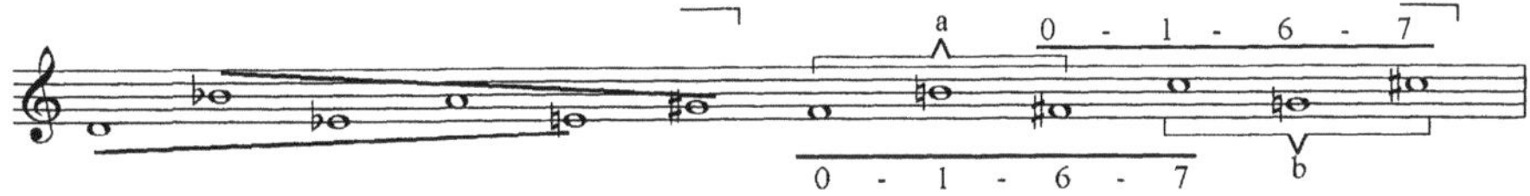

On trouve, dans le second hexacorde, deux configurations 0-1-6-7 en élision. Si l'on procède à la permutation des sons 2 et 6, le premier hexacorde devient identique au second. La progression chromatique de tritons produit six segments 0-1-6-7 en élision :

Ex. 31

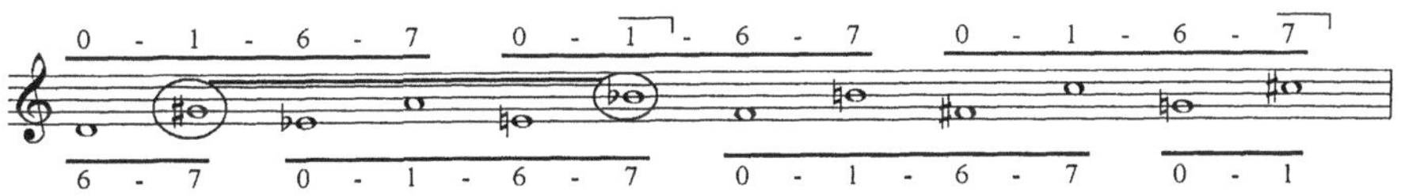

Ainsi, cette configuration 0-1-6-7 apparaît-elle déjà à la base de la première série écrite par Ginastera[18].

---

[17] Kuss ne dit pas toutefois spécifiquement que le procédé de dérivation de la série « *Rodrigo* » qu'elle présente dans son article, et qui diffère de notre analyse, soit vérifié par les esquisses du compositeur.

[18] Pour compléter l'analyse des séries exposées dans ce chapitre, la série secondaire du *Presto magico* du *Quatuor n° 2*, bien qu'elle présente une structure qui ne peut pas être

Comme cela a été déjà largement étudié, cette configuration 0-1-6-7, que nous venons de retracer comme étant la structure de base d'une partie importante des séries dodécaphoniques de Ginastera, constitue l'une des principales cellules intervalliques utilisées par Béla Bartók : la *Z-cell*[19]. Dans son ouvrage *Bartok : Concerto for orchestra. Understanding Bartok's World*, Benjamin Suchoff donne cette définition de la *Z-cell* : « A tetrachord consisting of juxtaposed tritones, used linearly to provide rudimentary motifs, and vertically as chords » (Suchoff, 1995 : 247). Suchoff consacre le dernier chapitre de son livre à analyser l'influence que l'œuvre de Bartók a eue sur les compositeurs des générations ultérieures, plus précisément sur Ginastera, Britten, Ligeti, Crumb, Lutoslawski et Messiaen. Pour illustrer le lien entre Bartók et Ginastera, Suchoff se sert de la *Sonate pour piano n° 1* (1952). Il remarque l'utilisation de certaines *Z-cells* au long de la pièce et tout particulièrement dans le thème principal du *Presto misterioso* (mes. 1-2), dont il propose cette analyse (Suchoff, 1995 : 206) :

Ex. 32

Suchoff décrit le thème du *Presto misterioso* dans ces termes : « The second movement opens with twin-bar unisonal arpeggios that are

---

ramenée à celle de la série « synthétique », possède deux hexacordes encadrés respectivement par les tritons *mi-si bémol* et *la-mi bémol* (cf. analyse) ce qui constitue un segment 0-1-6-7 (*mi bémol-mi bécarre-la-si bémol*).

[19] Leo Treitler (1959) utilise pour la première fois le terme *z-group* pour désigner cette configuration intervallique, dans son article « Harmonic Procedure in the *Fourth Quartet* of Béla Bartók ». Puis, Elliott Antokoletz explore en profondeur le terme *Z-cell* (ou *z-group*) notamment dans son ouvrage *The Music of Béla Bartók : A Study of Tonality and Progression in Twentieth-Century Music* (Antokoletz, 1984).

configured as interlocked Z-cells : D-Eb-G#-A and A-Bb-Eb-E in measure 1, F-F#-B-C and C-C#-F#-G in measure 2. The ingenious cellular organization, moreover, is derived from the partition of the twelve-tone chromatic scale into two octatonic substructures, each with D as the principal tone, D-Eb-F-F#-G#-A-B-C and D-E-F-G-G#-Bb-B-C# » (Suchoff, 1995 : 206). Comme on peut le remarquer, pour Suchoff ce thème ne consiste pas forcément en une série dodécaphonique selon le concept schönbergien, mais en un agencement de *Z-cells*. Suchoff circonscrit son analyse des rapports entre le langage de Bartók et celui de Ginastera, aux exemples tirés de la *Sonate pour piano n° 1*, œuvre représentative du « nationalisme subjectif », ce qui lui permet aussi de lier les deux compositeurs autour du concept de « folklore imaginaire »[20].

Nous avons essayé de montrer que cette configuration 0-1-6-7 joue un rôle fondamental dans la structure des séries utilisées par Ginastera dans ses sept œuvres principalement sérielles, composées entre 1958 et 1965. Or, cette configuration intervallique continue d'avoir un rôle important dans des œuvres dont l'écriture sérielle est moins intensive, tel le cas de l'opéra *Bomarzo* (1967). L'exemple suivant montre la série dérivée de la série « *de la Mort* » dans l'opéra *Bomarzo*, conformée par trois *Z-cells*. Chaque hexacorde contient un segment

[20] Suchoff ne traite pas de la phase sérielle de Ginastera, donc il n'observe pas l'importance que cette configuration acquiert dans l'œuvre postérieure à la période du « nationalisme subjectif ». Par contre, il analyse une série dodécaphonique utilisée par Lutoslawski (un autre compositeur influencé par Bartók), entièrement construite à partir de *Z-cells*, à l'instar de la série « *Florinda* » ou de la série « synthétique » que nous avons proposée comme étant une sorte de « série de base » des œuvres sérielles de Ginastera. Lutoslawski emploie cette série dans sa pièce *Funeral Music* pour orchestre à cordes (1954-1958), œuvre écrite pour commémorer le dixième anniversaire de la mort de Bartók (1955). Suchoff cite cet exemple de la série utilisée par Lutoslawski dans *Funeral Music* (mes. 1-4) (Suchoff, 1995 : 217) :
Ex. 33

0-1-6-7, et le troisième segment apparaît distribué aux sons 1-2 et 9-10. Voici l'exemple de cette série :

Ex. 34

De même, dans le quatrième mouvement (*Drammatico*) du *Quatuor à cordes n° 3 avec soprano* (1973), on remarque l'utilisation récurrente de cette configuration 0-1-6-7, notamment dans la partie de la voix. En général, ce mouvement présente un langage atonal non sériel, basé sur une organisation chromatique libre. L'exemple extrait de la partie de la voix du *Drammatico* montre la présence de trois configurations 0-1-6-7, agencées à la manière des séries dodécaphoniques examinées dans ce chapitre. En effet, si l'on analyse la ligne de cet exemple comme si elle consistait en une série dodécaphonique, on constate que la première configuration 0-1-6-7 est distribuée sur les sons 1-2 et 7-8, c'est-à-dire sur les deux premiers sons de chacun de deux hexacordes. La deuxième configuration concerne les sons 3-4-5-6, et la troisième, quant à elle, emploie les sons 9-10-11-12. Voici donc l'exemple des mesures 16-18 du *Drammatico* (partie de la voix, texte de Rafael Alberti) :

Ex. 35

Ce chapitre a été centré sur l'emploi de la technique sérielle et sur la question de l'organisation des hauteurs dans les principales séries utilisées par Ginastera durant la première phase du « néo-expressionnisme ». D'une part, les procédés de dérivation des séries ainsi qu'un certain esprit éclectique dans le maniement du langage sériel, révèlent l'influence d'Alban Berg[21]. D'autre part, la prédominance de la configuration 0-1-6-7 ou *Z-cell* (qui d'ailleurs fait également partie de la série de l'*Allegro misterioso* de la *Suite lyrique*) manifeste l'influence de Bartók. Le prochain chapitre traitera aussi de cette première phase du « néo-expressionnisme », mais dans une autre perspective : pour nous interroger sur la présence d'éléments folkloriques et sur le nouvel intérêt de Ginastera pour des thématiques « universalistes ».

[21] Un autre point de contact entre Berg et Ginastera est la prédilection pour les citations, soit la citation de musiques populaires, des musiques d'autres compositeurs, ou l'autocitation. Rappelons par exemple la citation du début du *Prélude* de *Tristan et Iseult* à la mesure 26 du *Largo desolato* de la *Suite lyrique*. La pratique citationnelle de Ginastera fera l'objet du chapitre VI.

Chapitre IV : Les « résonances d'essence argentine » dans la première phase du « néo-expressionnisme »

Le présent chapitre se propose de considérer la place qu'occupe l'élément folklorique durant la première phase de la période « néo-expressionniste » (1958-1973), marquée par l'atonalité et les techniques sérielles. Comme cela a été illustré dans le chapitre précédent, le *Quatuor à cordes n° 2* (1958) contient le premier exemple d'une œuvre entièrement écrite selon les principes de la musique de douze sons (le troisième mouvement, *Presto magico*). Ce *Quatuor* a fait l'objet d'un remaniement en 1965, sous la forme d'une transcription pour orchestre à cordes (*Concerto per corde*), ainsi que d'une révision en 1968. Pour aborder la relation de Ginastera au folklore pendant cette phase, nous avons considéré pertinent, tout d'abord, de procéder à une analyse comparative du texte original du *Quatuor* et de son arrangement pour orchestre à cordes, le *Concerto per corde*. Cette comparaison révèlera un processus par lequel Ginastera se détache des éléments allusifs au folklore, et servira également à illustrer l'utilisation des procédés aléatoires. Puis, nous étendrons notre analyse de la nouvelle relation de Ginastera au folklore à d'autres œuvres écrites durant cette première phase, telles que la *Cantata para América Mágica* (1960) et le *Concerto pour piano et orchestre n° 1* (1961). Enfin, nous aborderons brièvement l'étude de l'opéra *Bomarzo* pour illustrer l'exploration, dans la musique « à programme » caractéristique de cette première phase, des thématiques « universalistes », associées à un langage musical apparemment dépourvu d'éléments référentiels au folklore.

1. Le remaniement du *Quatuor à cordes n° 2*

Ginastera écrit son *Concerto per corde*, pour l'essentiel un arrangement du *Quatuor à cordes n° 2*, afin de répondre à une commande de l'*Instituto Nacional de Cultura y Bellas Artes* du Venezuela. D'ailleurs, le *Concerto per corde* est dédié au mécène de la musique vénézuelienne, Inocente Palacios. La création de l'œuvre, assurée par l'Orchestre de Philadelphie sous la direction d'Eugene Ormandy, a eu lieu à Caracas en 1966, à l'occasion du *Tercer Festival Interamericano de Música*.

Les premiers changements que présente le *Concerto per corde* par rapport au texte original du *Quatuor* sont la suppression du premier mouvement (*Allegro rustico*), ainsi que la modification de l'ordre de succession des quatre mouvements restants. Tout d'abord, c'est le quatrième mouvement du *Quatuor* (*Libero e rapsodico*) qui devient le premier mouvement du *Concerto* (*Variazioni per i solisti*). Le deuxième mouvement (*Adagio angoscioso*), dont le thème est bâti à la manière d'une série dodécaphonique, en devient le troisième. Le troisième mouvement (*Presto magico*), dont nous avons proposé une analyse détaillée dans le chapitre précédent, en devient le deuxième (*Scherzo fantastico*). Finalement, le dernier mouvement du *Quatuor* (*Furioso*) demeure le dernier mouvement du *Concerto* (*Finale furioso*). Malgré ces interversions, l'alternance des mouvements lents et des mouvements vifs est conservée.

1.1. *Libero e rapsodico* / *Variazioni per i solisti*

Tandis que le *Presto magico* constitue le premier cas d'une composition dodécaphonique, le mouvement *Libero e rapsodico* (devenu plus tard les *Variazioni per i solisti* dans le *Concerto per corde*) présente pour la première fois l'emploi de microtons ou micro-intervalles, réaffirmant l'aspect innovateur de ce *Quatuor* dans l'écriture de Ginastera.

Le mouvement *Libero e rapsodico* consiste en un thème et trois variations, qui donnent l'occasion à chacun des quatre instruments de jouer le rôle de soliste : le Thème est présenté par le premier violon, la Variation I (*Pochissimo più mosso*) par le violoncelle, la Variation II (*Allegro*) par le second violon, et la Variation III (*Lento*) par l'alto. Dans la version arrangée pour orchestre à cordes, *Variazioni per i solisti*, Ginastera ajoute une quatrième variation destinée à la contrebasse soliste (Variation IV, *Tempo primo*).

C'est dans le Thème que l'on retrouve pour la première fois l'utilisation des microtons, plus précisément des quarts de ton, à la manière d'ornements mélodiques. L'exemple suivant montre les mesures 1-3 du Thème au Violon I Solo (*Variazioni per i solisti*) :

Ex. 1

Comme on peut le remarquer, la mélodie est axée sur la note *sol* qui apparaît ornée par des quarts de tons supérieurs (symbolisés par des dièses avec une seule barre verticale) et par des quarts de tons inférieurs (symbolisés par des bémols à l'envers). Ce type d'ornements, notamment des courts *glissandi* ou *portamenti*, rappelle certaines inflexions de la voix propres au chant de tradition quechua, typique de la région andine du nord-ouest de l'Argentine. Le chant dans la région andine se caractérise par des *portamenti* qui interviennent au moment de l'attaque des sons. Ces inflexions et autres ornements mélodiques qui ajoutent à l'expressivité du chant sont désignés par le mot de la langue quechua « *kenko* » ; on parle ainsi de « chanter une mélodie avec *kenko* ou *kenkito* » (Vega, 1944 : 120). Cette manière de chanter, qui peut comporter des intonations impliquant des intervalles plus petits que le demi-ton, concerne particulièrement les airs d'origine indigène typiques de la région andine, tels que les *bagualas* ou les *vidalas*.

Il faudrait ici rappeler que l'utilisation des micro-intervalles dans la musique savante occidentale, qui commence vers la fin du XIXe siècle, a eu deux sources concomitantes : d'une part, les nouvelles théories et expériences en acoustique, cherchant à libérer les sons des limites étroites du tempérament égal, et d'autre part, les recherches sur les musiques de tradition orale et la connaissance des musiques extra-européennes, notamment les systèmes musicaux indien et arabe[1]. Ainsi que l'exprime

[1] Il faut d'abord préciser que les micro-intervalles peuvent s'obtenir par la poursuite de la division égale, tempérée (c'est-à-dire la division en quart de ton, huitième de ton), ou bien à partir des différents systèmes de division proportionnelle de l'octave, qui retrouvent d'une manière ou d'une autre, les intervalles de la série des harmoniques naturels. Un survol des différents systèmes de division de l'octave excède le cadre de ce

H. H. Stuckenschmidt : « Comme cela se produit si souvent dans l'histoire de la culture, voici qu'une fois encore les fruits d'une évolution de nature purement rationnelle coïncident avec des phénomènes issus d'une pratique artistique empirique et d'apparence primitive » (Stuckenschmidt, 1969 : 44). La manière dont Ginastera emploie les quarts de tons dans la mélodie citée plus haut évoque vraisemblablement la pratique du chant indigène caractéristique de la région andine de l'Argentine. En revanche, dans d'autres cas que nous verrons ultérieurement, l'utilisation de micro-intervalles ne semble pas suscitée par l'inspiration folklorique, mais plutôt par le souci d'assimiler les nouvelles techniques de composition de l'après-guerre.

Pour revenir à l'exemple du Thème cité, la mélodie est centrée, comme cela a été dit, sur le son *sol*, tandis que l'ambitus mélodique est délimité par l'intervalle de quarte : soit la quarte juste descendante (*sol-ré*) et la quarte augmentée ascendante (*sol-do dièse*). Les sons structurels de la mélodie sont donc : *ré-sol-do dièse*, ce qui nous renvoie au motif [a] (*do-fa-si*), contenant la configuration intervallique 0-1-6, un motif que nous avons discerné dans la série dodécaphonique du *Presto magico*, analysée dans le chapitre précédent. Ainsi le Thème du mouvement *Libero e rapsodico* (ou *Variazioni per i solisti*) commence-t-il par cette même structure intervallique qui ouvre le mouvement dodécaphonique. Après les variations du violoncelle et du second violon, cette première phrase du Thème, basée sur la structure 0-1-6 et comportant des microtons, réapparaît presque textuellement à la Variation III jouée par l'alto (mes. 41-44), qui est la dernière variation du mouvement du *Quatuor* (et la pénultième des *Variazioni per i solisti*).

Cette variation de l'alto consiste, pendant les premières neuf mesures, en la répétition du son *sol* et en son ornementation à travers des arpèges. La répétition du *sol* en rythme de triolet (mes. 45 et 47) constitue le lien qui permet à Ginastera d'insérer, à la mesure 50, une autocitation provenant d'une œuvre pour voix et piano composée en

travail ; mentionnons néanmoins le compositeur mexicain Julián Carrillo et sa théorie du *sonido trece* (le son treize). Pour sa part, le compositeur tchèque Aloïs Hába, auteur d'importants essais théoriques sur les micro-intervalles, a également fait des recherches sur les micro-intervalles dans la musique populaire morave, combinant la science acoustique et la recherche ethnomusicologique.

1943, les *Cinco Canciones Populares Argentinas*. Cette composition, appartenant à la période du « nationalisme objectif », réunit cinq chansons qui évoquent respectivement cinq airs folkloriques argentins, et dont les titres sont : *Chacarera*, *Triste*, *Zamba*, *Arrorró* et *Gato*. À la mesure 50 du mouvement *Libero e rapsodico*, on trouve la référence qui indique l'autocitation renvoyant précisément à la deuxième des *Cinq chansons populaires argentines*, le *Triste*. En effet, de la mesure 50 à la mesure 53, l'alto présente la citation de la partie vocale prélevée sur les mesures 29-32 du *Triste*, incluant les paroles, écrites à l'instar d'une ligne à chanter (« *Triste es el día sin sol, triste es la noche sin luna* », dont la traduction serait « Que c'est triste une journée sans soleil et une nuit sans lune »). Voici l'exemple de cette autocitation (*Libero e rapsodico*, mes. 50-53) :

Ex 2

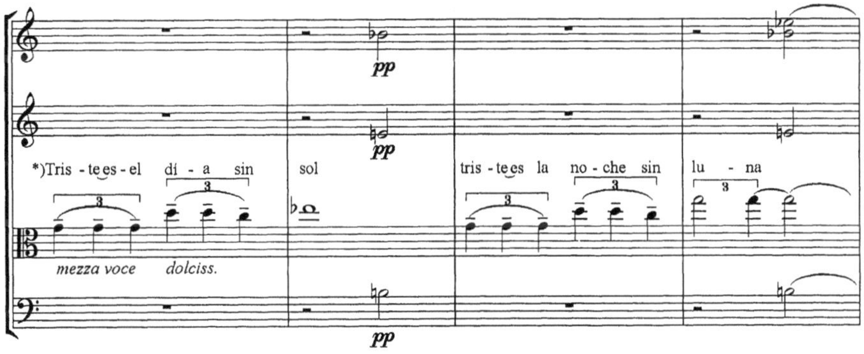

*) "TRISTE" de "Cinco Canciones Populares Argentinas".

Comme on peut l'observer, la phrase citée commence par la note *sol* répétée en rythme de triolet, et le deuxième membre de la phrase est intégralement basé sur les quartes justes *ré-sol-do*, ce qui peut être considéré comme une variation diatonique de la structure *ré-sol-do dièse* identifiée dans la première phrase du Thème. Malgré ces liens existants, il est évident que la ligne mélodique empruntée au *Triste* est une simple mélodie tonale (l'harmonie de *do* mineur est implicite) alors que l'organisation des hauteurs dans le mouvement du *Quatuor* est atonale, employant le total chromatique. Cette autocitation apparaît donc comme une mélodie intercalée, évoquant le lyrisme caractéristique de la chanson traditionnelle appelée *triste*.

Le *triste*, originaire du Pérou, a été la chanson préférée dans les salons, tant à Lima qu'à Buenos Aires, durant la période coloniale, mais notamment aussi à l'époque des luttes pour l'indépendance (début du XIXe siècle). Puis, tout au long du XIXe siècle, le *triste* a surtout perduré dans la région du nord-ouest de l'Argentine, en Bolivie et au Pérou. Bien qu'il s'agisse toujours d'une chanson sentimentale plutôt mélancolique, le *triste* peut présenter des caractéristiques musicales différentes. Il existe un type de *triste* à fortes racines indigènes qui ressemble beaucoup au *yaraví* (ancienne chanson d'origine quechua), tandis que d'autres *tristes* présentent une facture de mélodie tonale européenne. Enfin, il y a des *tristes* nettement *criollos* qui utilisent des modes européens ainsi que des tournures pentatoniques. Le rythme des *tristes* est assez libre, suivant la structure des vers, généralement irréguliers. Le *triste* peut comporter, dans la région de culture quechua, les ornements et les inflexions de la voix qui sont désignés par le mot quechua « *kenko* ».

Le Thème du mouvement *Libero e rapsodico* possède certaines caractéristiques qui pourraient s'apparenter au *triste* (ou à son précurseur, le *yaraví*), telles que le caractère « *malincolico* » (indication donnée sur la partition), une certaine liberté rythmique et l'utilisation des *portamenti*. Mais, il ne s'agit certainement pas ici d'une allusion transparente au *triste*, comme celle que l'on retrouve dans le *Triste* pour voix et piano, qui présente la recréation d'une mélodie typique de *triste criollo*. Néanmoins, c'est en raison de ces éléments communs mentionnés, en plus de la structure intervallique similaire déjà signalée, que le contexte donné du mouvement du *Quatuor* peut accepter l'insertion, en tant qu'autocitation, de la phrase prélevée sur le *Triste*.

Or cette autocitation a été éliminée dans la version arrangée, quelques années plus tard, pour orchestre à cordes. Dans les *Variazioni per i solisti*, premier mouvement du *Concerto per corde*, les quatre mesures correspondant à l'autocitation du *Triste* ont été supprimées : la mesure 48 précédant directement la seconde moitié de la mesure 53. De plus, la mesure 49 des *Variazioni per i solisti* est construite avec la seconde moitié de la mesure 53 et également avec la seconde moitié de la mesure 54 du *Libero e rapsodico*. À partir de la mesure 50 des *Variazioni*, qui est la reprise textuelle de la mesure 55 du *Libero*, le texte original du *Libero e rapsodico* est réécrit pratiquement sans modifications jusqu'à la fin de cette Variation III.

L'accord final de cette variation (qui est aussi l'accord final pour le mouvement du *Quatuor*) consiste en une configuration d'intervalles 0-1-6-7 (*ré-mi bémol-la bémol-la bécarre*), laquelle configuration est étroitement reliée à la structure 0-1-6 (motif [a]) discernée dans le Thème.

La suppression des quatre mesures de l'autocitation du *Triste* constitue donc la seule modification apportée au mouvement en entier dans ce travail d'arrangement, à part certaines retouches très mineures ainsi que l'ajout de la partie de la contrebasse, qui se limite en général à doubler le violoncelle. La contrebasse est cependant l'instrument soliste de la nouvelle et dernière variation, écrite spécifiquement pour le *Concerto per corde.*

Cette variation, écrite quelques années plus tard que le reste du mouvement, présente certains éléments nouveaux. Elle commence par la première phrase du Thème transposée à la quinte ascendante, ce qui donne les trois sons structurels : *la-ré-sol dièse.* À la mesure 64, apparaît un nouvel effet : des *glissandi* dont le point d'arrivée n'est pas déterminé ; les exécutants doivent atteindre « the highest indeterminate non-harmonic sounds » (indication sur la partition). Le point de départ des *glissandi*, aux deux violons, alto et violoncelle, sont des quartes augmentées composant deux configurations 0-1-6-7 superposées. Celle-ci constitue la première apparition, dans cette Variation IV, de la structure 0-1-6-7, qui devient, aux mesures 68-71, le matériau presque exclusif. On retrouve ainsi, à la partie de la contrebasse solo, une mesure contenant trois configurations intervalliques 0-1-6-7, énonçant les douze sons. Cela rappelle la « série synthétique » proposée dans le chapitre précédent.

Comme cela a déjà été signalé dans le chapitre précédent, la musicologue Malena Kuss affirme que la configuration 0-1-6-7 ou *Z-cell* est une structure que Ginastera a trouvée à partir de l'élaboration de l'« accord de la guitare ». Cette structure conserve les quartes inférieure et supérieure de l'« accord de la guitare » (*mi-la* et *si-mi*), mais en créant un rapport chromatique entre elles (*mi-la-si bémol-mi bémol*). La variation pour la contrebasse des *Variazioni per i solisti* semble confirmer l'idée de Kuss, puisqu'à la mesure 71 on trouve la *Z-cell* : *mi-la-si bémol-mi bémol* au second violon, et à partir de la mesure 72 la contrebasse solo commence une sorte de *cadenza*, où la structure 0-1-6-7 cède la place à l'« accord de la guitare » énoncé à l'état original (*mi-la-ré-sol-si-mi*), dans un long arpège en sons harmoniques.

On constate le rapport existant entre les deux structures (la configuration 0-1-6-7 et l'« accord de la guitare ») d'une manière plus évidente aux dernières mesures de la variation. La dernière phrase de la variation, qui fonctionne comme une courte *coda* pour le mouvement, commence à la mesure 75, et présente une dernière fois la première phrase du Thème. Cette fois-ci, à la contrebasse solo, le thème apparaît transposé sur *ré bémol*, les trois sons de la structure 0-1-6 étant *la bémol-ré bémol-sol*. Il faut rappeler qu'au début de la variation, la structure 0-1-6 est énoncée comme *la-ré-sol dièse*, ayant deux notes communes avec l'« accord de la guitare » (*la- ré*), ce qui, dans une certaine mesure, prépare l'apparition de l'accord au moment de la *cadenza*. Dans la phrase finale (mes. 75), la structure 0-1-6 sur *ré bémol* a une note en commun avec l'« accord de la guitare », le *sol*. En effet, après l'énonciation du thème, le *sol* (en harmonique) reste suspendu comme une pédale jusqu'à la fin. À cette pédale s'ajoute l'« accord de la guitare » lentement arpégé en *pizzicato* et en sons harmoniques. De l'« accord de la guitare », on ne retrouve ici que les trois quartes justes initiales, c'est-à-dire *mi-la-ré-sol*, pour rejoindre ainsi le *sol* de la pédale, note commune entre le thème basé sur la structure 0-1-6 et l'« accord de la guitare ». Pour leur part, les deux autres notes de cette structure 0-1-6, formant la quarte juste *la bémol-ré bémol*, deviennent une sorte d'appoggiature chromatique des notes formant la quarte juste *la-ré* de l'« accord de la guitare », le *mi* étant donc le seul son introduit par l'« accord de la guitare » n'ayant pas de rapport direct avec la structure 0-1-6 précédente[2]. Voici l'exemple des mesures finales du mouvement *Variazioni per i solisti* (mes. 75-82) :

[2] En effet, le son *sol* constitue l'axe du mouvement entier, étant le premier et le dernier son polarisé, dans le cas de *Variazioni per i solisti*. Par contre, le mouvement *Libero e rapsodico* finit sur le son *ré*, ayant donc comme axe la quinte *sol-ré*.

Ex. 3

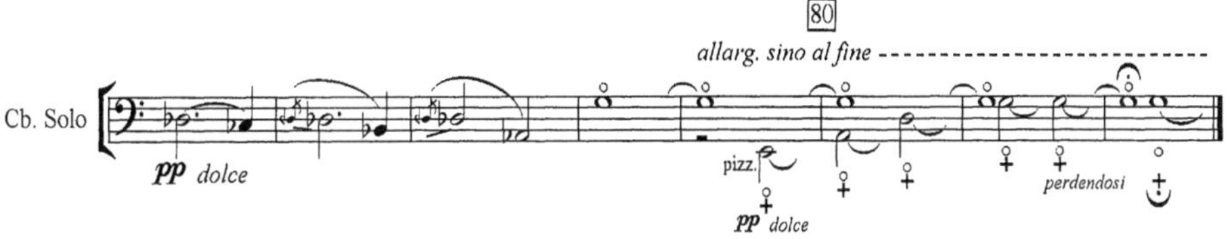

L'« accord de la guitare », qui a été durant la période du « nationalisme objectif » et du « nationalisme subjectif » un élément allusif à l'univers *criollo*, apparaît ici utilisé plutôt en raison de son contenu intervallique. En plus du rapport existant entre sa structure et la configuration 0-1-6 du Thème (et par conséquent la *Z-cell* ou configuration d'intervalles 0-1-6-7), une autre raison importante, et pratique, pour son emploi dans cette dernière variation est que les sons de l'accordage de la contrebasse coïncident avec les sons de l'accordage de la guitare, pour ce qui est des trois quartes justes *mi-la-ré-sol*. Ainsi, cette utilisation de l'« accord de la guitare » à l'état original n'implique pas forcément une connotation nationaliste, mais peut constituer un élément purement constructif de la Variation IV.

Pour finir avec cette variation, il faut mentionner qu'elle contient un autre effet aléatoire, à l'instar de celui signalé à la mesure 64 (les *glissandi* atteignant un son indéterminé le plus aigu possible). De même, à la mesure 73, Ginastera demande aux deux violons et à l'alto de maintenir, pendant plus ou moins 12 secondes, un son harmonique indéterminé qui soit le plus aigu possible.

Cette variation pour la contrebasse soliste, ayant été écrite quelques années plus tard que les trois autres variations, introduit dans cet arrangement du mouvement *Libero e rapsodico* pour orchestre à cordes certains nouveaux éléments, qui caractérisent le langage utilisé par Ginastera à ce moment précis de la période « néo-expressionniste ». On remarque par exemple l'utilisation extensive de la configuration 0-1-6-7, qui constitue, comme cela a été illustré dans le chapitre précédent, la structure intervallique fondamentale des principales séries dodécaphoniques employées par Ginastera. On remarque aussi l'introduction des effets aléatoires, dont Ginastera fait un emploi plus intensif dans son opéra *Bomarzo*, composé peu de temps après le *Concerto per corde*, comme nous le verrons plus loin.

1.2. *Presto magico / Scherzo fantastico*

Le titre du troisième mouvement du *Quatuor*, *Presto magico*, a été remplacé par *Scherzo fantastico*, lorsqu'il devient le deuxième mouvement du *Concerto per corde*. Ce nouveau titre rend compte de la forme du mouvement (un *scherzo* avec deux *trios*, comme cela a été analysé dans le chapitre précédent), et l'adjectif « fantastique », mis à la place de « magique », continue tout de même d'inspirer un caractère surréaliste. Comme cela a déjà été mentionné, tout au long de sa période « néo-expressionniste », Ginastera se sert presque immanquablement d'adjectifs liés au surnaturel ou au caractère éthéré, pour qualifier les mouvements rapides, généralement en forme de *scherzo*, et placés au centre de l'œuvre. On retrouve ainsi des *Presto misterioso*, *Presto magico*, *Scherzo fantastico* (dans le *Concerto per corde*, dans le *Quintette* et dans la *Sonate pour guitare*), *Presto sfumato*, *Scherzo pianissimo*, *Fantastico*, *Presto mormoroso*, *Scherzo allucinante*, *Scherzo sfuggevole*.

Dans notre analyse du *Presto magico* présentée au chapitre précédent, nous avons signalé qu'une section de neuf mesures (mes. 230-238), située à la fin du *Trio II*, avait été supprimée dans la révision du *Quatuor* faite en 1968, et que cette section supprimée consistait en une allusion assez claire à la danse *criolla* appelée *malambo*[3]. Or Ginastera avait déjà procédé à l'élimination de cette section dans son arrangement du mouvement pour le *Concerto per corde*. Plus généralement, la révision du *Quatuor* en 1968 ne fait qu'intégrer la plupart des modifications déjà effectuées au texte dans l'arrangement du *Quatuor*, devenu le *Concerto per corde*.

Cette section éliminée est entièrement composée d'accords superposés joués en *pizzicato*, créant une sonorité qui rappelle celle du

[3] L'exemple de cette unité des mesures 230-238 du *Presto magico* se trouve au chapitre précédent (chapitre III, Ex. 13).

rasgueado (ou *rasguido*) à la guitare. Le *rasgueado* est le mode de jeu typique de la guitare espagnole ou *criolla*, pour accompagner les danses *criollas*, telles que le *gato*, la *chacarera*, la *zamba* ou le *malambo*. Le *rasgueado* se pratique en frôlant plusieurs cordes à la fois avec le bout des doigts de la main droite. C'est dans le *malambo*, danse uniquement instrumentale[4], que l'on peut retrouver la plus grande variété de *rasgueados*. Cette danse masculine très animée, dont la chorégraphie simule par moments les mouvements de quelqu'un qui dresse un cheval, donne l'occasion de produire plusieurs effets sonores, selon la virtuosité du guitariste, comme par exemple l'imitation d'un coup de fouet.

Cette section supprimée présente aussi des caractéristiques rythmiques qui renvoient au *malambo*, comme le signale David Wallace dans le paragraphe cité au chapitre précédent, où il décrit ces neuf mesures comme « a few measures of *pizzicato* strumming in a *malambo* rhythm » (Wallace, 1964 : 238). Cependant, les cellules rythmiques de cette section ne sont pas exclusifs au *malambo*, et peuvent se retrouver aussi dans des *gatos* ou des *chacareras*. Toutes sont des danses animées en mesure à 6/8, constituées majoritairement de pieds ternaires mais avec l'inclusion de pieds binaires produisant des hémioles. Dans le cas présent, on retrouve une hémiole à la mesure 232 de la section supprimée par Ginastera, incarnée par la présence de trois noires, aux violons et à l'alto. Simultanément à l'hémiole, le violoncelle réitère le motif rythmique constitué de deux pieds ternaires (trois croches et croche-noire), ce qui engendre une polyrythmie (3/4 superposé au 6/8) typique du folklore de la région du nord-ouest argentin.

En fait, la raison pour laquelle cette section renvoie plus spécifiquement au *malambo* qu'à d'autres danses comportant des caractéristiques rythmiques similaires, est que ses neuf mesures sont entièrement basées sur l'alternance répétitive de deux harmonies. Toutefois, le *malambo* est basé sur l'alternance répétitive de tonique et dominante, toujours en mode majeur, bien que dans certains cas s'ajoute aussi la sous-dominante. Or les deux harmonies qui alternent dans la

---

[4] Rappelons que la plupart des danses *criollas* sont également chantées. D'où cette remarque à propos du caractère uniquement instrumental du *malambo*. La guitare, au *malambo*, peut s'accompagner du *bombo*.

section du *Presto magico* contiennent le total chromatique (la première harmonie étant la superposition des accords de *Lab* M et *ré* m, et la seconde de *Solb* M et *mi* m), ce qui constitue une variation importante par rapport au diatonisme du *malambo*.

Ginastera a remplacé cette unité par quatre mesures pendant lesquelles chaque instrument doit produire le son indéterminé le plus aigu possible (non harmonique). Il s'agit d'ailleurs du même effet aléatoire déjà demandé dans le mouvement précédent (*Variazioni per i solisti*)[5]. Ces quatre mesures de remplacement s'insèrent dans la continuité du texte original du *Presto magico*. À l'inverse, la section originale, inspirée du *malambo*, était séparée de ce qui la précédait par deux mesures de silence, ce qui contribuait à accentuer son aspect d'interpolation d'un matériau folklorique dans un contexte atonal de caractère expressionniste. Conséquence du changement opéré par Ginastera, la mesure 227 du *Scherzo fantastico* reste identique à la mesure 227 du *Presto magico*. De la mesure 228 à la mesure 231 on trouve l'insertion de l'effet aléatoire, et à partir de la mesure 232, qui est identique à la mesure 239 du *Presto magico*, le texte original du *Quatuor* est réécrit quasi textuellement jusqu'à la fin du mouvement. Voici l'exemple de ce remaniement (mes. 227-232, *Scherzo fantastico*) :

Ex. 4

[5] Comme cela a déjà été mentionné dans le chapitre précédent, ce type d'effet est caractéristique de l'écriture pour cordes de Krzysztof Penderecki.

Cet effet était déjà apparu auparavant, dans la première partie du *Scherzo fantastico*. En fait, il constitue la première modification que l'on retrouve quand on commence à comparer les deux textes. La note pédale *do*7 au premier violon, aux mesures 48-59 du *Presto magico*, est remplacée, dans le *Scherzo fantastico*, par le son indéterminé le plus aigu (non harmonique) que le violon soit capable de produire. Cet effet aléatoire réapparaît encore durant le *Trio I* comme une longue pédale ajoutée, à la contrebasse et aux premiers violons. C'est-à-dire que les quatre mesures de remplacement (illustrées dans l'Ex. 4) où cet effet constitue le matériau unique ont été, d'une certaine manière, anticipées par les utilisations précédentes du même procédé.

L'autre modification opérée dans cet arrangement du *Presto magico* pour orchestre à cordes concerne le *Trio I* et l'utilisation de micro-intervalles. En effet, les harmonies soutenues tout au long du *Trio I*, changeant de constitution toutes les cinq mesures, contiennent, dans le *Scherzo fantastico*, des quarts de ton. Chacun des trois sons composant les différents accords est affecté par l'ajout d'une série descendante de trois sons, en quarts de ton successifs. Pour ce faire, Ginastera demande de jouer en *divisi* à 4.

Alors que l'utilisation des quarts de ton dans le thème du *Libero e rapsodico* rappelle la pratique du chant autochtone de la région andine, l'emploi des micro-intervalles dans le mouvement *Scherzo fantastico* semble plutôt lié aux procédés compositionnels utilisés, particulièrement pour l'écriture aux cordes, par Penderecki, Ligeti, Scelsi et autres compositeurs contemporains[6].

On peut remarquer que les modifications effectuées, d'une part, au mouvement *Libero e rapsodico* et, d'autre part, au *Presto magico* semblent suivre un même schéma. Dans les deux cas, les sections qui consistaient en des allusions au folklore (au *triste* et au *malambo* respectivement) ont été, l'une simplement éliminée, et l'autre remplacée,

[6] Ginastera utilise plus intensivement les micro-intervalles dans le *Studio VI* (*Per i 24 quarti di tono*) du mouvement *Cadenza e Studi*, de son *Concerto pour violon et orchestre* (1963). De même, la cinquième étude, *For microtones and strange sonorities* (en anglais dans l'original) des *Estudios Sinfónicos* (*Six études pour orchestre*) est évidemment consacrée aux micro-intervalles.

sans apparemment affecter la cohérence des discours. Un autre changement commun aux deux mouvements est l'introduction d'un effet aléatoire, le même d'ailleurs dans les deux mouvements. Aussi, sans que cela implique un jugement de valeur mais plutôt une simple constatation des procédés utilisés, pourrait-on dire que ces changements opérés cherchent à moderniser davantage le langage de l'œuvre.

En effet, comme nous l'avons vu aux chapitres I et II, le langage de la néo-tonalité utilisé par Ginastera durant les deux périodes nationalistes assimile aisément l'organisation modale ou tonale des matériaux folkloriques. Ainsi, l'aspect tonal du folklore est l'un des aspects fondamentaux intervenant dans le processus d'élaboration et de recréation caractéristique du « folklore imaginaire ». Comme cela a été illustré à travers les analyses d'œuvres nationalistes présentées auparavant, Ginastera s'approprie des modes anciens européens et des modes pentatoniques caractéristiques du folklore, pour construire son langage néo-tonal. En revanche, l'organisation chromatique atonale du langage que Ginastera met en pratique à partir de ce *Quatuor*, particulièrement le dodécaphonisme, ne peut que difficilement assimiler l'allusion folklorique, de nature essentiellement diatonique. D'où probablement le geste de Ginastera de supprimer l'autocitation de la phrase en *do* mineur du *Triste*. Quant au remplacement de l'allusion au *malambo*, il suppose également la difficulté d'insérer des rythmes typiques de la musique *criolla* dans un contexte dodécaphonique qui, à la différence du langage de la néo-tonalité, n'est pas naturellement associé au traitement de matériaux nettement folkloriques[7].

On peut ainsi dire que le travail de modernisation du *Quatuor* se révèle, d'une part, dans la suppression de l'allusion folklorique, liée très

---

[7] Rappelons que Schoenberg s'oppose à toute intrusion d'éléments « exotiques » dans la musique dodécaphonique. Cela nous renvoie à l'opposition formulée par Adorno (1962), qu'on pourrait schématiser comme l'opposition entre « musique du progrès » ou « nouvelle musique », représentée par la musique sérielle (Schoenberg), et « musique réactionnaire », la musique néo-tonale qui se sert de matériaux « exotiques » (Stravinski). Cette opposition s'est recréée en quelque sorte en Argentine, on l'a vu, entre Juan Carlos Paz (premier compositeur latino-américain à utiliser le sérialisme et ferme opposant au nationalisme) et Ginastera, avant que Ginastera n'écrive lui-même de la musique sérielle.

étroitement au style nationaliste antérieur, et d'autre part, dans le remplacement de l'allusion folklorique par un procédé aléatoire. Les procédés aléatoires sont propres au nouveau langage développé par Ginastera, durant cette première phase du « néo-expressionnisme ». La prolifération de micro-intervalles, réservés dans la version originale du *Quatuor* au thème du *Libero e rapsodico*, contribue aussi à la modernisation ou / et à l'actualisation de l'œuvre, le microton étant un de ces nouveaux éléments intégrés au langage du « néo-expressionnisme ».

Le mouvement suivant, *Adagio angoscioso*, qui possède un caractère nettement expressionniste, ne présente guère d'éléments susceptibles d'être analysés dans la perspective de ce chapitre. D'ailleurs, l'*Adagio angoscioso* n'a pas subi de changements dans le *Concerto per corde*, étant tout simplement une transcription pour orchestre à cordes, avec l'ajout de la partie de la contrebasse, et conservant même le titre.

1.3. *Furioso / Finale furioso*

Les changements opérés dans l'arrangement du dernier mouvement, le *Furioso* devenu le *Finale furioso* dans le *Concerto per corde*, sont d'un autre ordre que ceux que l'on observe dans les deux premiers mouvements. Dans le cas de ce mouvement, l'observation du travail de réécriture n'apporte pas de données nouvelles par rapport aux matériaux d'inspiration folklorique présents. Ces matériaux, qui sont ici dans une certaine mesure structuraux, demeurent sans modifications, la réécriture consistant essentiellement en un remaniement de la première partie de la pièce qui, cependant, n'introduit pas d'éléments nouveaux[8].

La principale caractéristique de ce mouvement qui renvoie directement au folklore est la double indication de mesure : 3/4 = 6/8. Cela indique que les différentes mesures composant le mouvement doivent être interprétées, selon le cas, comme étant à 3/4 ou à 6/8, c'est-à-dire comme étant constituées soit de pieds binaires, soit de pieds ternaires. Comme cela a déjà été souligné à plusieurs reprises, la musique

---

[8] La première section du mouvement (mesures 1-20), présentant le thème principal, est réécrite en prenant comme modèle la récurrence variée du thème qui se produit à la mesure 157. C'est-à-dire que ce qui constituait une élaboration du thème original devient, par ce remaniement, le nouveau thème original.

criolla, particulièrement dans la région du nord-ouest, se caractérise par l'alternance, et même par la superposition, de pieds ternaires et de pieds binaires. L'exemple suivant illustre ce type de polyrythmie d'inspiration folklorique (mesures 46-49, *Finale furioso*) :
Ex. 5

Aux deux premières mesures, les premiers et seconds violons jouent des rythmes binaires (arpèges en quatre doubles croches) tandis que les altos et les violoncelles présentent des pieds ternaires, et il s'agit en effet de trois pieds ternaires très fréquents dans la musique *criolla* (croche-noire, noire-croche, et trois croches). En revanche, aux deux mesures suivantes, les premiers violons énoncent une ligne à 6/8, tandis que les violoncelles et les contrebasses jouent plutôt en mesure à 3/4.

Ce type de polyrythmie est présent tout au long du mouvement. De même, on retrouve l'utilisation d'autres matériaux folkloriques, particulièrement d'origine indigène, tels que le mode pentatonique-anhémitonique (qu'on remarque d'ailleurs dans l'Ex. 5, aux mesures 48-49, à la ligne divisée entre violoncelles et contrebasses), ou bien, des pieds rythmiques typiques de la danse de tradition quechua appelée *carnavalito*, ou encore des ornements à la manière du *kenko*. Ainsi, le langage de ce mouvement s'apparente davantage à celui du

« nationalisme subjectif » (que nous avons caractérisé au chapitre II), où les matériaux du folklore sont, dans une certaine mesure, perceptibles et peuvent être décelés en tant qu'éléments constructifs. En revanche, dans les mouvements *Libero e rapsodico* et *Presto magico*, les éléments du folklore deviennent presque indiscernables en raison de leur élaboration intensive, surtout après l'élimination des deux seules sections d'inspiration clairement folklorique qui rappelaient encore le style nationaliste.

1.4. Les « résonances argentines » à partir du *Quatuor n° 2*

Ce *Quatuor* a joué un rôle de véritable transition dans le style de Ginastera. Il a été une sorte de laboratoire pour explorer et développer de nouveaux aspects de son langage. En même temps, certains éléments du langage nationaliste perdurent, notamment dans le dernier mouvement. Le mouvement *Libero e rapsodico* (ou mieux encore, les *Variazioni per i solisti*) peut nous servir d'exemple pour regarder la nouvelle relation établie entre Ginastera et le folklore à partir de ce *Quatuor*. Il faut toutefois préciser que ce mouvement ne contient pas d'écriture sérielle, mais présente un langage chromatique atonal[9].

La première trace du folklore que l'on retrouve dans ce mouvement est le caractère élégiaque du Thème qui rappelle le lyrisme du *triste* ou du *yaraví*. De même, le *rubato* et les *portamenti* accentuent le caractère très expressif du Thème, tout comme, dans le chant autochtone de la région andine, la liberté rythmique et le *kenko* contribuent à l'expressivité. Enfin, la structure intervallique du Thème dérive d'une élaboration de l'« accord de la guitare ». Comme on peut le remarquer, il s'agit de liens indirects. La configuration intervallique dérivée ou l'emploi des microtons se fondent dans le langage de l'œuvre, sans forcément constituer des éléments référentiels au folklore. Et pour ce qui est du rapport entre le *pathos* du thème et le folklore, il touche davantage à la poétique de l'œuvre qu'aux matériaux. Somme toute, ces

[9] Quand nous parlons de la relation de Ginastera au folklore concernant les œuvres sérielles, nous incluons également les mouvements ou les sections atonales non sérielles. Comme nous l'avons déjà signalé, durant cette phase marquée principalement par les techniques sérielles, Ginastera combine l'écriture sérielle assez rigoureuse avec l'écriture atonale non sérielle.

liens indirects constituent fort probablement ce que Ginastera qualifie de « résonances d'essence argentine ».

Dans l'entretien avec sa biographe Pola Suárez Urtubey, dans lequel Ginastera établit la division de son œuvre en trois périodes, le compositeur signale à propos de sa troisième période : « La troisième période, *néo-expressionniste*, qui commence avec le *Quatuor à cordes n° 2*, atteint sa véritable expression dans le *Concerto pour piano et orchestre*, dans la *Cantata para América Mágica*, et dans le *Concerto pour violon.* Il n'existe dans ces œuvres aucune cellule rythmique ou mélodique du folklore. *Pourtant, le style a certaines résonances qui pourraient être considérées comme d'essence argentine* [c'est nous qui soulignons]. Par exemple, les rythmes forts et obsessifs qui rappellent les danses masculines ; le caractère contemplatif de certains adagios qui suggère la calme de la pampa, ou le caractère ésotérique et magique de certains morceaux qui rappelle la nature impénétrable du pays » (cité *in* Suárez Urtubey, 1967 : 72). Pour mieux comprendre ces « résonances », nous allons regarder maintenant deux des trois œuvres mentionnées par Ginastera dans ce passage.

2. *Cantata para América Mágica* (1960)

Cette cantate pour soprano dramatique et orchestre de percussions est basée sur des poèmes au caractère épique remémorant la dévastation des cultures précolombiennes, écrits par la première épouse de Ginastera, Mercedes de Toro, avec la collaboration du compositeur. Les poèmes sont inspirés d'anciens textes précolombiens, recueillis par des prêtres catholiques espagnols qui, étant arrivés en Amérique durant les premiers temps de la Conquête, ont pu assister à l'anéantissement des grands empires inca et aztèque. Suárez Urtubey soutient que Ginastera utilise le mot « magique », dans le titre de sa *Cantata*, au sens de « primitive », car il existerait, pour lui, deux courants dans la formation culturelle et spirituelle de l'Amérique latine : l'un magique, ou précolombien, et l'autre chrétien. Ginastera croit cependant que l'univers magique primitif n'a pas disparu complètement, il demeure d'une certaine manière latent, se rendant perceptible par moments, grâce à la poésie et à la musique (Suárez Urtubey, 1967 : 45). La *Cantata* est composée de six sections : *Preludio y canto a la aurora* (Prélude et chant à l'aurore), *Nocturno y canto de amor* (Nocturne et chant d'amour), *Canto para la partida de los guerreros* (Chant pour le départ des guerriers), *Interludio fantástico* (Interlude fantastique), *Canto de agonía y desolación* (Chant d'agonie et de désolation), et *Canto de la profecía* (Chant de la prophétie).

Comme cela a été examiné au chapitre I, durant la période du « nationalisme objectif », Ginastera compose beaucoup de musique « à programme », ou encore, « à texte », se servant exclusivement de « programmes » issus de la tradition latino-américaine. Par exemple, il utilise des sujets de source précolombienne pour son ballet *Panambí* (1935-1937), qui présente une légende guarani, et pour le poème symphonique *Ollantay* (1947), basé sur une légende quechua. La *Cantata para América Mágica*, s'inscrivant dans la première phase du « néo-expressionnisme », constitue l'aboutissement de cette musique « à programme » liée à l'univers latino-américain. Car, après cette cantate, Ginastera s'éloigne de la thématique folklorique latino-américaine, pour s'aventurer dans d'autres univers très variés.

Dans la décennie qui suit la composition de la *Cantata* (plus précisément de 1963 à 1973), Ginastera compose ses trois opéras : *Don Rodrigo* (1963-1964), *Bomarzo* (1966-1967) et *Beatrix Cenci* (1971). Il écrit également trois œuvres de musique « à texte », telles que la cantate *Milena* (1971) pour soprano et orchestre, le *Quatuor à cordes n° 3 avec soprano* (1973) comportant un texte chanté, et la *Serenata* (1973) pour violoncelle, baryton et orchestre de chambre. Toutes ces œuvres abordent des thématiques très variées. *Don Rodrigo*, comme cela a déjà été mentionné, se place dans l'Espagne du VIIIe siècle, lors de l'invasion musulmane ; *Bomarzo* retrace la vie excentrique et tragique du duc Pier Franceso Orsini (duc de Bomarzo), en l'Italie du XVIe siècle ; et *Beatrix Cenci* présente une histoire d'inceste et de meurtre, située également dans l'Italie de la Renaissance. Quant à la cantate *Milena*, son texte est basé sur les lettres de Franz Kafka à Milena Jesenka. Pour le texte du *Quatuor n° 3*, Ginastera emploie des textes de trois poètes espagnols du XXe siècle (Juan Ramón Jiménez, Federico García Lorca et Rafael Alberti). Enfin, le texte de la *Serenata* provient des *Veinte poemas de amor y una canción desesperada* du poète chilien Pablo Neruda (bien que Neruda soit un poète latino-américain, très impliqué dans la réalité politique du continent, les poèmes contenus dans ce recueil sont essentiellement des poèmes d'amour). Tous ces « programmes » ou textes, éloignés de la thématique latino-américaine, concordent effectivement avec un langage musical dépourvu d'éléments référentiels au folklore.

Or Ginastera utilise à nouveau un « programme » issu de l'univers précolombien quinze ans après la *Cantata*, lorsqu'il retourne aux matériaux empruntés directement au folklore, comme nous le verrons au chapitre V. En effet, il commence en 1975 la composition d'une pièce symphonique inspirée du *Popol Vuh*, le livre sacré des Mayas-Quichés, sur laquelle il travaille jusqu'à sa mort, laissant toutefois le dernier mouvement inachevé[10]. Cette pièce de vastes proportions constitue d'ailleurs le seul exemple de musique strictement « à programme » que Ginastera ait composée dans les dernières années de sa vie.

La thématique précolombienne n'est pas évidemment spécifique à l'Argentine. On pourrait même dire que l'Argentine n'est pas concernée par le passé précolombien de manière aussi évidente et aussi visible que d'autres pays tels que le Mexique, le Guatemala ou le Pérou, où les civilisations précolombiennes ont atteint leur apogée. C'est bien la tradition *criolla*, engendrant l'univers « *gauchesco* » typiquement argentin, qui se manifeste au centre de la culture argentine. Et, comme on le sait, Ginastera s'est intensément servi de la thématique *criolla* comme inspiration pour sa musique nationaliste. Cependant, la *Cantata para América Mágica* est une œuvre à prétention latino-américaine qui, ne se centrant pas sur la culture argentine, veut toucher à un esprit commun aux différentes nations de l'Amérique, dont l'Argentine. Cet esprit commun est lié, selon Ginastera, à la nature profonde du continent, à son substrat primitif et magique, antérieur au débarquement de la civilisation européenne, amenée par les *Conquistadores*.

L'orchestre de percussions employé dans la *Cantata* fait appel à des instruments folkloriques typiques de différentes régions de

---

[10] Le *Popol Vuh* raconte la création du monde, étant souvent qualifié de « Bible maya-quiché ». L'œuvre symphonique de Ginastera portant le titre *Popol Vuh*, est composée de sept mouvements, suivant le « programme » de la création du monde selon la cosmogonie maya. Il n'existe que des esquisses du huitième mouvement, *La création de l'homme*.

l'Amérique latine. Dans la préface de la partition éditée par Barry (Buenos Aires) en 1961, Ginastera fournit une brève description des instruments folkloriques demandés, donnant toutefois la possibilité de les remplacer par des instruments plus habituels. Les instruments sollicités sont : *cajas indias* (caisses indigènes), *sistrum*, *reco-reco*, *chocalho*, *güiro*, *claves*, tambours en bois, et une paire de pierres. Le *reco-reco* et le *chocalho* sont typiques du Brésil, les *claves* sont originaires de Cuba, le *güiro* est un instrument très répandu aux Caraïbes, à Panama, Porto Rico et en Équateur. Par rapport aux tambours de bois, Ginastera précise qu'ils doivent être du type mexicain (*Teponaxtle*). Quant aux caisses indigènes, elles sont typiques de la tradition quechua, présente en Bolivie, au Pérou et dans la région andine de l'Argentine[11]. À tous ces instruments indigènes, s'ajoute, pour compléter l'orchestration de la *Cantata*, un effectif « classique » composé, entre autres, de timbales, grosse caisse, xylophone, cloches, marimba, glockenspiel, célesta, et enfin, de deux pianos. À vrai dire, le timbre résultant d'une telle combinaison d'instruments autochtones américains et d'instruments « classiques » ne laisse percer que quelques résonances « exotiques ».

En ce qui concerne l'aspect rythmique, la *Cantata* contient des polyrythmies complexes, consistant fréquemment en la superposition de différents rythmes irréguliers, ce qui pourrait s'interpréter comme une complexification intensive de la polyrythmie traditionnelle latino-américaine. Toutefois, on retrouve dans le *Chant pour le départ des guerriers*, à la partie de la soprano, une ligne qui présente une alternance de pieds ternaires et de pieds binaires, évoquant clairement un rythme folklorique. Dans les mesures 89-93 (Ex. 6), le changement des mesures, ainsi que la manière dont le mot *tiembla* (tremble) est utilisé, indiquent l'alternance des pieds rythmiques[12] :

[11] Certains de ces instruments avaient déjà été utilisés avant Ginastera. Par exemple, le *güiro* par Stravinski dans *Le sacre*, ou les *claves* par Varèse dans *Ionisation*, ou par Chávez dans la *Sinfonía india*.

[12] Le mot *tiembla*, composé de deux syllabes dont la première est accentuée, marque, avec sa répétition lancinante, le pied binaire. Par contre, dans le cas du pied ternaire, au mot *tiembla* s'ajoute l'article *la* (la), afin d'avoir trois syllabes, l'accent fort portant toujours sur la première syllabe de *tiembla*. La traduction de cette brève phrase « *Tiembla la tierra* » est « La terre tremble ».

Ex. 6

Par rapport aux hauteurs, en plus d'être organisées à partir de la série dodécaphonique principale qui a été analysée au chapitre précédent, elles incluent également des micro-intervalles, plus précisément des quarts de ton. Nous avons parlé auparavant, à propos du thème du mouvement *Libero e rapsodico*, des *portamenti* et autres ornements qui caractérisent la pratique traditionnelle quechua d'ornementation mélodique. Dans la *Cantata*, l'utilisation des quarts de ton apparaît également reliée à cette manière d'ornementer qui est désignée par le mot quechua *kenko*. Dans le *Chant de la prophétie*, la soprano chante cette mélodie contenant des quarts de ton en guise d'ornements, et dans laquelle on remarque aussi la liberté rythmique évoquant certaines mélodies indigènes non mesurées (mesures 5-15) :

Ex. 7

L'exemple suivant montre, pour sa part, un fragment d'une mélodie de *triste* recueillie par Carlos Vega, afin d'illustrer une des manières d'ornementer connues comme « *kenko* » (Vega, 1965 : 279) :

Ex. 8

La *Cantata para América Mágica* a eu une excellente réception lors de sa création en 1961. Dans son commentaire au journal *La Prensa* à Buenos Aires, le critique musical Leopoldo Hurtado souligne que l'emploi d'un langage tout à fait contemporain a permis à Ginastera, de manière paradoxale, d'exprimer l'esprit primordial de l'Amérique (cité *in* Suárez Urtubey, 1972 : 61). Hormis certains éléments liés au folklore que nous avons signalés, c'est donc à travers des techniques de composition « modernes », tels que l'utilisation de la méthode sérielle, la texture pointilliste, la rythmique complexe, la structure formelle « en miroir », ou encore le *Sprechgesang*, que Ginastera cherche à éveiller des résonances précolombiennes. Certainement, un lien possible entre ces techniques « modernes » employées par Ginastera et l'évocation d'un passé primordial imprégné de magie réside dans le fait que le langage du XXe siècle, particulièrement celui de l'avant-garde moderniste, a provoqué une rupture avec son passé récent, c'est-à-dire la tradition européenne du XIXe siècle. C'est pour cette raison que ce langage « moderne » convient beaucoup plus à évoquer le passé précolombien qu'à évoquer l'univers *criollo*, ce dernier étant directement lié à la culture européenne depuis la colonisation espagnole. De fait, durant la période « néo-expressionniste », Ginastera se montre plus enclin à évoquer la culture précolombienne ou indigène que durant les deux périodes précédentes. Cela pourrait obéir à trois raisons. Premièrement, la thématique précolombienne rejoint l'Amérique latine toute entière, au-delà du localisme ou du « provincialisme » de la culture *criolla*, ce qui s'accorde avec l'aspiration plus universaliste de Ginastera.

Deuxièmement, Ginastera fait allusion à un passé précolombien surréel imprégné de symbolisme, donnant lieu à un traitement « néo-expressionniste », à la différence du traitement plutôt réaliste appliqué à la thématique « *gauchesca* » durant le « nationalisme objectif ». Troisièmement, les références musicales au passé précolombien (comme le *kenko*, l'utilisation intensive des percussions, ou les rythmes indéterminés) s'amalgament bien avec les techniques développées par Ginastera durant cette phase du « néo-expressionnisme ».

3. *Concerto pour piano et orchestre n° 1* (1961)

Nous avons cité plus haut le paragraphe dans lequel Ginastera fait référence à des éléments de son style qu'il considère comme des résonances d'essence argentine. Parmi ceux-ci, il compte « les rythmes forts et obsessifs qui rappellent les danses masculines ». Le quatrième mouvement (*Toccata concertata*) de ce *Concerto pour piano et orchestre* en constitue une claire illustration. Or, il s'agit d'un mouvement qui rappelle encore un peu le style du « nationalisme subjectif ».

Tout d'abord, le mouvement *Presto* et l'indication de mesure 3/4 = 6/8 évoquent les danses animées typiques du nord-ouest argentin, présentant la coexistence de pieds binaires et ternaires, que Ginastera a fréquemment imitée depuis ses premières œuvres du « nationalisme objectif ». Ensuite, la forte utilisation des instruments à percussion, tels que les timbales, les tam-tams et la grosse caisse, rappelle l'importance du jeu du *bombo* accompagnant les danses *criollas*. Enfin, ces instruments de percussion introduisent le rythme obstiné en continuité de croches, qui sera quasi omniprésent, et souvent martelé, tout au long de la *Toccata*. L'exemple suivant montre le début du mouvement ; comme on l'observe, à partir de la mesure 5, le piano s'ajoute au rythme en continuité de croches, entamé par les percussions (mes. 1-7) :

Ex. 9

L'exemple suivant présente le thème de la *Toccata*, aux cordes (mes. 36-39) :

Ex. 10

On remarque que le thème se caractérise, au niveau mélodique, par l'intervalle de tierce mineure ascendant et descendant, intensément répété. Il s'agit d'ailleurs d'une tournure mélodique très similaire à celle de l'Ex. 6, tirée du *Chant pour le départ des guerriers* de la *Cantata para América Mágica*. Ginastera semble attribuer à l'intervalle de tierce mineure une connotation folklorique, peut-être en raison de son importance dans les modes et les tournures pentatoniques. Au niveau rythmique, on constate encore une fois l'alternance de pieds ternaires et binaires. Enfin, l'accompagnement consiste en des accords constitués de la configuration 0-1-6-7 *si-do-fa-fa dièse*[13].

Nous avons souligné que la percussion est très utilisée dans ce mouvement. En fait, la grande importance que Ginastera accorde à la percussion remonte à sa première œuvre, le ballet *Panambí* (1937) se basant, comme cela a déjà été dit, sur une légende du peuple guarani, qui habite le nord-est de l'Argentine et le Paraguay. Dans l'*Invocación a los espíritus poderosos* (Invocation aux esprits puissants), deuxième mouvement de la suite du ballet *Panambi*, l'effectif de percussion a le rôle principal. Puis, comme nous venons de le voir dans cette première phase du « néo-expressionnisme », Ginastera consacre sa *Cantata para América Mágica* à la voix d'une soprano principalement accompagnée de percussions. Le *Concerto pour violon* (1963) présente encore un autre exemple d'une utilisation intensive de la percussion. Son troisième mouvement (*Scherzo pianissimo e perpetuum mobile*) commence par cinquante mesures jouées exclusivement par les percussions, précédant l'entrée du violon soliste. D'ailleurs, l'effectif de percussion de ce *Concerto* ressemble beaucoup à celui de la *Cantata*, incluant certains des instruments autochtones. Enfin, l'opéra *Bomarzo* (1967), qui emploie un effectif orchestral assez réduit, requiert pourtant un important ensemble de percussions.

Le timbre des percussions (surtout avec l'ajout d'instruments indigènes) peut acquérir des résonances folkloriques, qui sont éveillées par le contexte dans le cas d'œuvres comme *Panambí* ou la *Cantata*, dont

---

[13] Rappelons que le premier mouvement de ce *Concerto pour piano* est basé sur une série dodécaphonique qui fait partie du réseau des séries dérivées de la « série synthétique » (contenant trois configurations 0-1-6-7), proposé au chapitre III.

les « programmes » évoquent précisément l'univers précolombien. Ceci est encore plus concret dans la *Toccata* du *Concerto pour piano n° 1*, où la percussion est directement associée à des rythmes inspirés de la musique *criolla.* Cependant, l'emploi d'effectifs importants de percussion dans des contextes autres comme l'opéra *Bomarzo*, dont le « programme » et le langage musical se situent très loin de la tradition latino-américaine, paraît purement obéir à la recherche d'une sonorité particulière. Dans ce cas, aucun élément contextuel ne confère au timbre de la percussion des connotations folkloriques.

D'autre part, malgré l'éloignement relatif des univers évoqués par les deux œuvres que sont la *Cantata* ou *Bomarzo*, il existe un point en commun entre celles-ci, à savoir, un caractère essentiellement dramatique, au sens théâtral, et imprégné d'un certain surréalisme. Ginastera préfère traduire ce caractère en se servant des sonorités de percussions. Un trait comme l'emploi marqué des percussions qui a pu naître de l'inspiration folklorique, devient donc un trait de style personnel au service d'une hyper-expressivité dramatique. Tandis que la *Cantata* est une œuvre encore liée à l'univers latino-américain, l'opéra *Bomarzo* peut être considéré comme l'une des œuvres les plus dissociées de l'esthétique nationaliste, œuvres desquelles, apparemment, l'élément folklorique est complètement absent. Ainsi, pourrait-on très bien appliquer à cette œuvre l'adjectif de « cosmopolite » (au sens défini au chapitre II). Nous allons maintenant aborder brièvement son étude.

4. L'opéra *Bomarzo* (1966-1967)

L'opéra *Bomarzo* présente un caractère fortement expressionniste. En effet, l'esthétique expressionniste s'épanouit particulièrement bien sur scène, dans le drame (*Salomé*, *Erwartung*, *Wozzeck*, *Le Château de Barbe-Bleue*), libérant l'essence psychologique de personnages tourmentés et déchirés, comme c'est le cas dans *Bomarzo*[14]. Le livret a été rédigé par l'écrivain argentin Manuel Mujica Láinez (1910-1984), à partir de son propre roman *Bomarzo*, basé sur la vie d'un personnage décadent et étrange de la Renaissance italienne, Pier Francesco Orsini,

[14] Il est intéressant de noter que Ginastera qualifie sa troisième période de « néo-expressionniste » en 1967, l'année de la composition de *Bomarzo*.

duc de Bomarzo. Affligé d'une physionomie grotesque, le duc de Bomarzo est hanté par une sexualité morbide et par la quête de l'immortalité. Comme l'exprime Ginastera : « Bomarzo struggles with sex, submits to violence, and is tormented by anxiety, the metaphysical anxiety of death » (cité *in* Lowens, 1973 : 50). Tous ces éléments maladifs (angoisse, sexualité morbide, violence) se prêtent précisément au traitement expressionniste, défini au chapitre III, qui se révèle notamment dans l'atmosphère cauchemardesque issue des obsessions de Bomarzo. Pour citer encore une fois Ginastera : « In the magic world of *Bomarzo*, dreams and realities are mixed in such a way that the fantasies, desires, memories, and imaginings of Bomarzo become more real than reality itself » (cité *in* Suarez Urtubey, 1968 : 15). Pour sa part, Malena Kuss signale : « *Bomarzo* is a surreal conception of the fictional inner life of Pier Francesco Orsini that abrogates dramatic movement as allegory replaces characters and a play of sensory ideas replaces action » (cité *in* Antokoletz, 1992 : 528).

L'argument de l'opéra utilise la technique du « *racconto* » ou « *flash-back* », commençant par l'agonie de Bomarzo sous les effets du poison, puis retraçant les différents épisodes de sa vie. L'opéra, divisé en deux actes, est composé de quinze scènes reliées par des interludes assurant une continuité dramatique et musicale. Selon la description du compositeur, chacune des quinze scènes est divisée en trois microstructures reproduisant le schéma de la tragédie grecque : exposition - crise - catastrophe ou dénouement. De ce fait, la structure globale de l'opéra se voit recréée comme un microcosme dans chacune des scènes (Lowens, 1973 : 52). En outre, comme il l'avait déjà fait dans son opéra précédent (*Don Rodrigo*), Ginastera emploie également ici des formes musicales traditionnelles, comme la villanelle, la musette, ou le madrigal.

Le langage musical de *Bomarzo* comprend l'utilisation non rigoureuse du sérialisme, ainsi que l'emploi de microtons et de procédés aléatoires. Ginastera caractérise les trois principales textures employées dans cet opéra comme « clusters », « nuages » et « constellations ». Et il donne cette description, plus poétique que technique, de ces trois elements : « ...clusters, which are massive sounds of chords like big, sonorous columns ; clouds, which are sounds produced in aleatory form which stay suspended in the air, changing slowly in their color and form as clouds do ; and constellations, which are bright flashes of sound which suddenly appear and which disappear in the same way » (cité *in* Lowens, 1973 : 52). Selon Suárez Urtubey, l'idée de « nuages » a été suggérée à Ginastera par la musique de Iannis Xenakis (Suárez Urtubey, 1972 : 88)[15]. On retrouve également certains procédés déjà identifiés dans le *Concerto per corde*, tels que des indications enjoignant de produire un son très aigu, ou bien un son très grave, sans indication de hauteur précise, ou encore l'utilisation de microtons pour colorer chacun des sons composant un accord. Pour ouvrir et pour clore l'opéra, Ginastera emploie une mélodie modale basée sur une mélodie italienne du XIVe siècle, qui est chantée par le personnage d'un petit berger. Le retour de cette cantilène à la fin de l'opéra produit un effet circulaire, symbolisant l'éternité de Bomarzo (Suárez Urtubey, 1968 : 18).

Pour l'écriture vocal, Ginastera utilise plusieurs techniques : le chant lyrique traditionnel, le chant *coloratura*, le *Sprechgesang*, le *parlando*, etc. Les lignes sont continuellement brisées par des écarts et des contrastes marqués, engendrant une tension constante. Le chœur, qui n'est pas sur scène mais dans la fosse avec l'orchestre, contribue fortement à l'atmosphère cauchemardesque du drame, utilisant des moyens d'expression très variés, tels que chuchotements, cris, *parlando*, *glissandi*, murmures (comme par exemple le mot « amour » murmuré et psalmodié dans trente langues différentes). Selon François-René Tranchefort, cette utilisation du chœur s'apparente à celle que l'on retrouve dans *Les diables de Loudun* (1968-1969) de Krzysztof Penderecki (Tranchefort, 1978b : 378).

Bomarzo emploie un effectif orchestral assez réduit, avec l'inclusion de certains instruments anciens, assurant une sonorité associée à la musique de la Renaissance, tels que le clavecin, la mandoline et la

---

[15] Rappelons que, durant les années 1960, Ginastera est le directeur du *Centro Latinoamericano de Altos Estudios Musicales* (CLAEM) *del Instituto Di Tella* à Buenos Aires, institution qui se consacre à la promotion de la création et de l'expérimentation musicale. En tant que son directeur (1963-1971), Ginastera invite certains des plus importants compositeurs de l'époque, dont Iannis Xenakis, à donner des cours dans cette institution, les cours étant offerts à des jeunes compositeurs latino-américains. Xenakis visite le *Centro Di Tella* en 1965 (King, 1985 : 85).

viole d'amour. L'ensemble de percussions est cependant très important, comptant soixante-treize instruments, parmi lesquels un instrument traditionnel japonais, le *hyoshigi*. La percussion sert à accentuer les contrastes brutaux qui expriment l'étrangeté du drame.

Ginastera a une conception essentiellement traditionnelle de l'opéra, marquée par les deux opéras de Berg, comme cela a déjà été signalé à propos de *Don Rodrigo*. Ainsi que l'exprime Ginastera : « I do not wish to destroy a beautiful form which will still flower anew. I do not wish to do as many of my colleagues, most of them from Italy or Germany, do. I do not wish to create new theoretical forms – that some of them are very fascinating I agree – and call them operas, and they are not operas. If one writes an opera one has to respect some of its traditional laws, or write something else » (cité *in* Lowens, 1973 : 49). De par ce type de prise de position, Ginastera est considéré comme un artiste plutôt conservateur dans le panorama de la culture argentine des années 1960, où l'art expérimental, le *pop art* et le « happening » sont en plein essor. Dans ce contexte, Ginastera n'est pas l'artiste dont on pourrait attendre qu'il crée un scandale. D'où la surprise générale provoquée par l'interdiction de représenter l'opéra *Bomarzo* au Théâtre Colón à Buenos Aires en août 1967, censuré comme œuvre immorale par le gouvernement de l'époque (celui du Général Juan Carlos Onganía). La création mondiale de *Bomarzo* avait déjà eu lieu à Washington le 19 mai 1967, assurée par l'*Opera Society of Washington*, sous la direction de Julius Rudel. *Bomarzo* a finalement été présenté au Théâtre Colón pour ouvrir la saison 1972, son interdiction ayant été levée entre-temps[16].

Le langage de *Bomarzo* apparaît dépourvu de tout élément référentiel au folklore et de toute connotation nationaliste. Il est donc très difficile d'y déceler des « résonances d'essence argentine », comme celles que nous avons retrouvées auparavant dans d'autres œuvres de

[16] En 1971, Ginastera épouse la violoncelliste argentine Aurora Nátola et le couple va s'établir à Genève (Suisse). Ginastera précise que, s'il décide de s'établir en Europe, c'est justement en raison de son mariage avec Aurora Nátola qui vivait déjà à Genève et menait une carrière de soliste internationale. Il ne s'agit donc pas d'un exil causé par les problèmes politiques et économiques de l'Argentine (King, 1985 : 240). Ginastera habitera à Genève jusqu'à sa mort en 1983. En 1972, il se rend à Buenos Aires pour assister comme invité d'honneur à la création de *Bomarzo* au Théâtre Colón.

cette phase, si ce n'est, néanmoins, le caractère magique ou surréaliste. Rappelons que, selon la description que Ginastera fait de sa troisième période, le caractère « ésotérique et magique » présent dans plusieurs de ses œuvres sérielles, s'inspire de son expérience de la « nature impénétrable du pays ». Ce caractère fantastique est en effet un élément constant tout au long de la période « néo-expressionniste », qu'il apparaisse ou non associé à des références folkloriques. Tandis que, dans l'étrangeté du drame de *Bomarzo*, ce caractère fantastique est lié aux grands sujets universels du sexe et de la mort, dans certaines œuvres de la seconde phase du « néo-expressionnisme » marquée par le retour au folklore, comme nous le verrons dans le prochain chapitre, ce caractère apparaît associé à de claires évocations folkloriques. Nous aborderons donc, dans le prochain chapitre, cette seconde phase ou phase finale du « néo-expressionnisme », qui commence en 1973.

Chapitre V : La phase finale du « néo-expressionnisme » (1973-1983)

Dans l'introduction du présent travail, nous avons signalé que la définition donnée par Ginastera en 1967 de sa période « néo-expressionniste » pouvait ne pas tout à fait convenir aux œuvres écrites ultérieurement, de 1967 à 1983, année de la mort du compositeur. De même, dans notre introduction, nous avons cité l'entretien accordé par Ginastera à Lillian Tan en 1981, dans lequel Ginastera divise son œuvre en deux périodes, et signale qu'à ce moment-là de sa seconde période, il est en train d'évoluer, pour se retourner vers le passé précolombien (Tan, 1984 : 7)[1]. En effet, nous avons divisé la période « néo-expressionniste » en deux phases, tenant compte du retour aux allusions folkloriques qui se produit en 1973, avec la *Puneña n° 1* pour flûte seule, pièce inachevée. Comme nous l'avons tenté d'illustrer dans le chapitre précédent, les œuvres de la première phase du « néo-expressionnisme » entretiennent des liens indirects avec le folklore. On observe dans la plupart de ces œuvres la quasi-totale absence d'éléments faisant référence au folklore ou de connotation folklorique. Ainsi, l'élément qui marque le contraste à l'intérieur de cette période « néo-expressionniste » est la réapparition, à partir de 1973, des allusions transparentes au folklore.

Comme nous l'avons également signalé dans notre introduction, nous avons considéré, en accord avec Antokoletz et Tabor, la date de 1973, année de la composition de la *Puneña n° 1* pour flûte seule, comme la date qui marque le retour des éléments folkloriques. En revanche, Schwartz-Kates établit la date de 1976, considérant la *Puneña n°2* pour violoncelle seul (1976) comme la première œuvre d'une quatrième période qu'elle appelle « synthèse finale » (1976-1983). À vrai dire, la *Puneña n°2* constitue la première œuvre achevée qui marque le retour à la thématique traditionaliste, car la *Puneña n° 1* ainsi que le *Popol Vuh*, pièce symphonique commencée en 1975 et sur laquelle Ginastera travaillera jusqu'à sa mort, sont restées toutes les deux inachevées. Cependant, nous croyons que le titre allusif de la *Puneña n° 1* constitue

---

[1] Il faudrait rappeler que la période que Ginastera appelle, dans cet entretien, « seconde période », caractérisée par le langage atonal, est celle qu'il avait qualifiée en 1967 de « néo-expressionniste ».

un indice clair permettant d'établir en 1973 la date de retour des matériaux folkloriques. Précisons toutefois que, la même année 1973, Ginastera compose la *Serenata* pour violoncelle, barytone et orchestre de chambre, œuvre qui, par ses caractéristiques, appartiendrait encore à la première phase du « néo-expressionnisme ». En outre, en 1974 Ginastera écrit une importante œuvre de caractère religieux, *Turbae ad Passionem Gregorianam* (pour solistes, chœur mixte, chœur d'enfants et orchestre). Cette pièce peut être reliée, d'une part, aux œuvres antérieures de caractère religieux (les *Hieremiae Prophetae Lamentationes* et le *Salmo CL*), et d'autre part, aux trois opéras, en raison de son sens théâtral.

Le présent chapitre se propose d'examiner ce que nous appelons donc la seconde phase ou la phase finale du « néo-expressionnisme » (1973-1983), afin d'essayer de caractériser le langage final de Ginastera. Le retour des matériaux du folklore implique vraisemblablement le retour de certains procédés de la néo-tonalité. Pour cela, nous allons regarder, tout d'abord, l'organisation des hauteurs dans cette phase finale. Puis, nous aborderons l'analyse de la *Puneña n° 2* pour violoncelle solo (1976), plus particulièrement de son second mouvement *Wayno carnavalito*, pièce qui illustre l'allusion à l'univers précolombien, caractéristique de cette phase finale.

1. Le retour au folklore

Bien que la *Puneña n° 1* pour flûte seule soit une pièce inachevée, et par là même, non publiée (ce qui nous empêche, n'ayant pas accès aux esquisses du compositeur[2], d'avoir connaissance de son contenu musical), son titre référentiel, repris trois ans plus tard dans la *Puneña n° 2* pour violoncelle seul, nous révèle néanmoins un retour à la thématique nationaliste. Après avoir exploré des thématiques diverses et éloignées du nationalisme durant treize ans (la dernière pièce liée encore, dans une certaine mesure, au nationalisme étant la *Cantata para América Mágica*, écrite en 1960), Ginastera retourne en 1973, avec cette *Puneña n° 1*, à la référence folklorique. De la même manière que les trois *Pampeanas* composées durant les périodes nationalistes évoquent

[2] Les manuscrits de Ginastera sont déposés à la Fondation Paul Sacher à Bâle (Suisse).

l'expérience du paysage de la *pampa*, les deux *Puneñas*, quant à elles, évoquent la *puna*. Comme Ginastera l'exprime dans la préface à l'édition de la *Puneña n° 2* (publiée par Boosey & Hawkes en 1976) : « La Puna, mot quechua, désigne une haute terre ou plateau à 4000 m d'altitude reposant sur la cordillère des Andes. Il désigne également une terre nue et aride ainsi que l'angoisse que l'on ressent en altitude. Puneña se réfère donc à la Puna »[3]. La *puna* est probablement la région de l'Argentine la plus marquée par la culture indigène, fondamentalement quechua. Le fait que, durant les périodes nationalistes, Ginastera compose la série de *Pampeanas* (la *pampa* étant un symbole de la culture *criolla*), tandis que, durant cette seconde phase du « néo-expressionnisme », il compose deux *Puneñas* (la *puna* étant fortement indigène), irait dans le sens d'une nouvelle prédilection, chez Ginastera, pour la thématique indigène[4].

En réalité, cet intérêt pour la thématique précolombienne se manifeste déjà évidemment dans la *Cantata para América Mágica*, œuvre de la première phase du « néo-expressionnisme ». Dans une certaine mesure, comme cela a été signalé au chapitre précédent, au sujet justement de la *Cantata*, le langage que Ginastera développe durant la première phase du « néo-expressionnisme » (atonalité, procédés aléatoires, utilisation de microtons, rythmes indéterminés), s'adapte mieux à l'allusion à la culture indigène qu'à l'évocation de l'univers *criollo*[5]. Du point de vue extramusical, le passé précolombien se prête

[3] Dans le présent chapitre ainsi que dans le prochain, nous citerons fréquemment les préfaces ou les notes rédigées par Ginastera accompagnant la publication de ses partitions (toutes éditées par Boosey & Hawkes). Certaines partitions présentent la traduction française des écrits de Ginastera, tandis que d'autres ne contiennent que la version en anglais. Nous citerons donc Ginastera en français ou en anglais, selon le cas.

[4] Il faut cependant préciser qu'il ne s'agit pas d'un intérêt tout à fait nouveau pour la thématique précolombienne ou indigène, étant donné que, déjà en 1934, Ginastera écrit une pièce dont le titre est *Impresiones de la Puna*. *Panambí* et *Ollantay* témoignent également de cet intérêt pour la culture indigène. Il est néanmoins évident que c'est la thématique *criolla* ou *gauchesca* qui domine amplement durant les deux périodes nationalistes.

[5] Signalons encore une fois que la musique *criolla* est directement liée à la tradition musicale européenne. Il peut donc être difficile d'associer le type de matériaux de la musique *criolla* avec certaines techniques de l'avant-garde utilisées par Ginastera, qui ont justement provoqué une rupture avec la tradition musicale européenne du XIXe siècle. En revanche, l'allusion à la musique précolombienne, pratiquée par Ginastera,

également mieux au traitement « néo-expressionniste » de Ginastera, teinté de surréalisme, que la thématique « *gauchesca* », plus concrète. Justement la seule composition de musique « à programme » de la seconde phase ou phase finale du « néo-expressionnisme » est la pièce symphonique *Popol Vuh*, fondée, comme cela a déjà été mentionné, sur le livre sacré du peuple Maya-Quiché, qui raconte la création du monde selon la cosmogonie maya[6].

Bien que l'allusion à la musique d'origine indigène, notamment quechua, soit dominante dans cette phase finale, on retrouve également le retour de certains matériaux de la musique *criolla*, particulièrement dans la *Sonate pour guitare* (1976) ainsi que dans la *Sonate n° 2* (1981) et la *Sonate n° 3* (1982) pour piano. Un exemple de l'utilisation des matériaux associés à la musique *criolla* se trouve dans le quatrième mouvement (*Finale*) de la *Sonate pour guitare.* Ce *Finale* est basé sur l'« accord de la guitare » qui, apparaissant tout d'abord à l'état original, est transformé et élaboré tout au long du mouvement. L'exemple qui suit montre les premières cinq mesures de ce mouvement, présentant l'« accord de la guitare » original avec une indication de mode de jeu qui combine *rasgueado* et *tambora*, à l'instar du mode de jeu typique de la guitare dans la musique *criolla*[7] (début du *Finale*, mes. 1-5) :

---

est plus proche du langage contemporain (comme par exemple l'utilisation de microtons, les rythmes indéterminés, l'exploration du timbre, etc.).

[6] Outre les références extramusicales à l'univers précolombien, on trouve aussi dans certaines œuvres de cette phase finale (par exemple le *Concerto pour violoncelle et orchestre n° 2*) des références autobiographiques, liées à l'amour que Ginastera vouait à son épouse la violoncelliste Aurora Nátola.

[7] L'effet percussif de *tambora* demandé ici par Ginastera est ce que l'on appelle *chasquido* dans le langage de la musique folklorique argentine, et qui a déjà été décrit au chapitre I.

Ex. 1

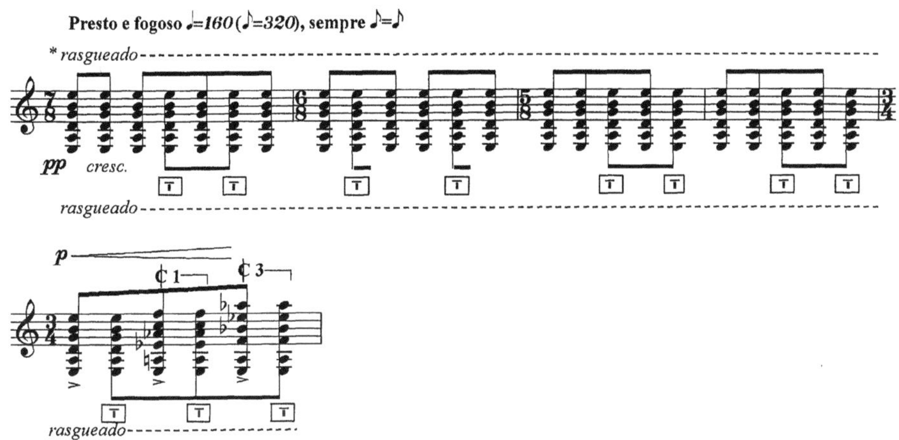

L'astérisque qui précède l'indication de « *rasgueado* » renvoie à une note du compositeur en bas de page. Dans cette note, Ginastera mentionne par rapport à l'effet de *tambora* : « This effect of Argentinian popular style playing is essential to the fulfillment of the composer's intentions »[8]. Après avoir utilisé l'« accord de la guitare » pendant presque quarante ans, en l'attribuant à différents instruments (piano, cordes, harpe, etc.), ici, Ginastera fait enfin jouer cet accord à l'instrument qui l'a inspiré. De plus, le mode de jeu appliqué à l'accord est celui typique de la musique *criolla*, et il apparaît associé à un rythme marqué, en continuité de croches, alternant des pieds binaires et ternaires, qui rappelle le rythme des danses *criollas*, telles que le *malambo*. Ainsi, l'« accord de la guitare » atteint dans cette *Sonate* sa pleine signification nationaliste, évoquant incontestablement le *gaucho*, la *pampa* et les traditions *criollas*.

Ce mouvement *Finale* se termine par un accord parfait de *Mi* majeur. Vraisemblablement, le retour des matériaux folkloriques clairement perceptibles implique aussi un certain retour aux procédés de

[8] Ginastera explique la manière de produire cet effet de *tambora* (ou *chasquido*) : « The 'tambora' chords are played by the right hand's clenched fist which hits the strings over the soundhole dryly with the last phalanx of all fingers in order to subdue all vibration » (note sur la partition éditée par Boosey & Hawkes en 1981).

la néo-tonalité, mais tout en conservant des éléments constructifs caractéristiques de la première phase du « néo-expressionnisme », marquée par l'atonalité, les techniques sérielles, les microtons et les procédés aléatoires. Nous examinerons maintenant de plus près l'organisation des hauteurs durant cette phase finale.

2. La phase finale et l'organisation des hauteurs

2.1. La configuration 0-1-6-7

Nous avons observé au chapitre III que la configuration d'intervalles 0-1-6-7 a une importance capitale dans la structure des séries dodécaphoniques utilisées par Ginastera durant la première phase du « néo-expressionnisme ». Or, cette structure continue d'être très présente après le sérialisme, dans les œuvres de la phase finale, marquée par le retour au folklore. Ainsi, cette configuration apparaît-t-elle comme un des éléments unificateurs pour toute la période « néo-expressionniste ».

Un premier exemple d'utilisation de la configuration 0-1-6-7 dans cette phase finale provient de la *Sonate pour violoncelle et piano* (1979). Le deuxième mouvement (*Adagio passionato*) commence par un « *recitativo* » au violoncelle solo, présentant, vraisemblablement, une variation de la série « *d'Amour* » de l'opéra *Don Rodrigo*, qui est également la série utilisée dans le premier mouvement du *Concerto pour violon et orchestre*. Comme cela a été montré au chapitre III, la série « *d'Amour* » de *Don Rodrigo* (réutilisée dans le *Concerto pour violon*) fait partie, selon notre analyse, du réseau des séries dérivées de la « série synthétique » constituée de trois configurations 0-1-6-7. Rappelons que la série « *d'Amour* » est composée de deux motifs [c] (configuration 0-2-3) et de deux motifs [d] (configuration 0-1-3). Et en effet, le *recitativo* du violoncelle, qui ouvre l'*Adagio* de la *Sonate pour violoncelle et piano*, commence par un motif [c] (0-2-3), suivi d'un motif [d] (0-1-3), ces deux motifs constituant le premier hexacorde de la série dodécaphonique. Puis, ce qui constituerait le second hexacorde présente un motif [c] (0-2-3), dont le troisième son est déplacé à la fin de l'hexacorde (comme son 12), tandis que les sons 9-10-11 se conforment à la structure du motif [d].

Voici cette réutilisation élaborée de la série « *d'Amour* », au tout début de l'*Adagio passionato* de la *Sonate pour violoncelle et piano* :
Ex. 2

Afin de pouvoir constater la similarité existant entre cette ligne du violoncelle et la série « *d'Amour* » originale, l'exemple suivant présente la séric « *d'Amour* », quc nous avons déjà vue (chapitre III, Ex. 22), utilisée comme thème du premier mouvement du *Concerto pour violon et orchestre* (1963). Voici, au violon, le début du mouvement *Cadenza et varianti* de ce *Concerto* :
Ex. 3

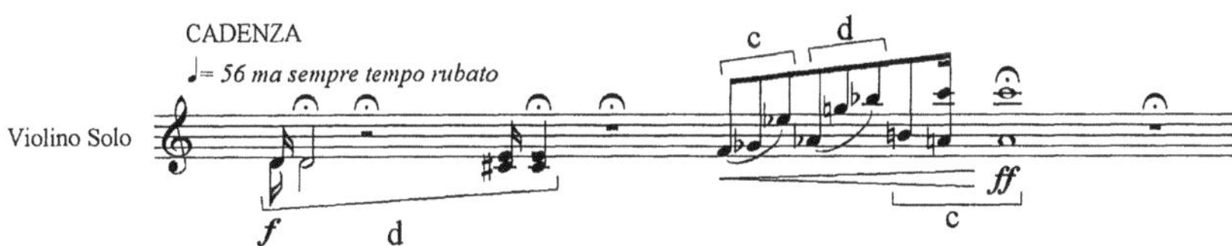

Comme on peut le remarquer, l'agencement des motifs dans cette série est [d - c - d - c] tandis que, dans la mélodie de l'exemple 2, la disposition est [c - d - c - d]. En outre, les deux premiers motifs composant la mélodie présentée au violoncelle (Ex. 2) sont énoncés en sens rétrograde par rapport aux motifs de la série « *d'Amour* » originale, telle qu'énoncée au violon (Ex. 3). Ainsi, on peut conclure que le début de l'*Adagio passionato* de la *Sonate pour violoncelle et piano* consiste en une élaboration de la série « *d'Amour* », cette dernière faisant partie du réseau de séries présenté au chapitre III.

Un second exemple de l'utilisation du segment 0-1-6-7 provient de la *Sonate pour piano n° 3* (1982), ultime composition de Ginastera, où cette configuration intervallique 0-1-6-7 a un rôle d'importance structurelle. L'exemple suivant montre une séquence ascendante, basée sur un modèle constitué de quatre croches, présentant (à la main droite) la triade de *fa* avec la double tierce majeure-mineure. Ce modèle est ensuite transposé successivement sur l'accord de *si bémol*, de *mi* et enfin de *si bécarre*, tous ces accords contenant la double tierce majeure-mineure. Comme on peut le remarquer, les notes fondamentales des quatre accords prises ensemble forment une configuration 0-1-6-7 (*mi-fa-si bémol-si bécarre*). La séquence en imitation à la main gauche est également fondée sur une configuration 0-1-6-7 (*ré-mi bémol-la bémol-la bécarre*). Voici l'exemple des mesures 4-6 de la *Sonate pour piano n° 3* (œuvre composé d'un seul mouvement) :

Ex. 4

Pour sa part, la dernière mesure de l'exemple (mesure 6) présente la configuration 0-1-6-7 constituée par *la-si bémol-mi bémol-mi bécarre* (à la main droite) et celle composée par *do-ré bémol-sol bémol-sol bécarre* (à la main gauche).

2.2. Les procédés de la néo-tonalité

Comme cela a été mentionné auparavant, associés au retour des matériaux folkloriques clairement identifiables, certains éléments caractéristiques de la néo-tonalité réapparaissent aussi dans cette seconde phase du « néo-expressionnisme ». Par exemple, on retrouve dans l'exemple extrait de la *Sonate pour piano n° 3* cité plus haut (Ex. 4), des accords comprenant la double tierce majeure-mineure, ainsi que la superposition de deux harmonies différentes, ces deux procédés étant caractéristiques du langage néo-tonal que Ginastera utilise durant les deux périodes nationalistes.

En outre, on remarque aussi, dans cette phase finale, une utilisation intensive du mode pentatonique-anhémitonique, notamment des deux modes pentatoniques typiques de la musique de tradition quechua, c'est-à-dire le Mode A (*do-ré-mi-sol-la*) et le Mode B (*la-do-ré-mi-sol*), selon la classification de Carlos Vega. La présence importante de ces deux modes est associée à la primauté de la thématique indigène dont nous avons parlé auparavant. Bien que la *Cantata para América Mágica* (œuvre sérielle) constitue un exemple de l'intérêt de Ginastera pour la thématique précolombienne, l'allusion à l'univers précolombien, dans cette pièce, se fait à travers certains éléments ponctuels qui s'amalgament bien avec le langage atonal, tels que le *kenko* ou la sonorité des percussions. En revanche, dans les œuvres de cette phase finale, la référence à la musique de tradition indigène est plus concrète et explicite, impliquant même la recréation de chansons et de danses typiques, comme le *yaraví* ou le *carnavalito*, qui présentent le mode pentatonique.

Comme cela a été illustré par l'analyse de la *Danse du vieux vacher* (au chapitre I) et du premier mouvement de la *Sonate pour piano n° 1* (au chapitre II), le mode pentatonique-anhémitonique est un des éléments composant le langage néo-tonal développé par Ginastera durant ses deux périodes nationalistes. Or l'exemple suivant montre l'utilisation du mode pentatonique dans le premier mouvement (*Allegro deciso*) de la *Sonate pour violoncelle et piano* (1979), œuvre appartenant à la phase finale du « néo-expressionnisme ». On retrouve, dans la partie du piano de cet exemple, la présence du Mode A pentatonique-anhémitonique sur *sol* (à la main droite) et du Mode A pentatonique-anhémitonique sur *sol bémol* (à la main gauche). La simultanéité de ces deux modes engendre le contraste entre touches blanches et touches noires du piano, qui a déjà été employé, comme nous l'avons vu, dans la *Danse du vieux vacher* (1937). Pour illustrer le retour de ces éléments du langage néo-tonal, voici donc l'exemple des mesures 91-94 de l'*Allegro deciso* de la *Sonate pour violoncelle et piano* :

Ex. 5

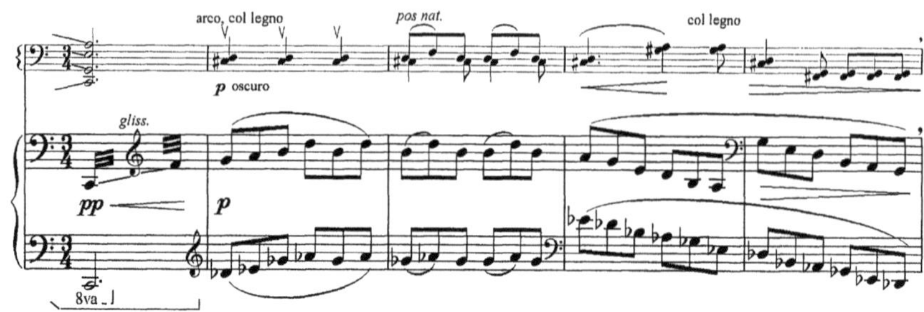

On remarque que les deux lignes pentatoniques au piano gardent généralement entre elles une distance de triton. En fait, la ligne de la main gauche consiste en un renforcement de la ligne de la main droite, à distance de triton. La ligne du violoncelle affirme le rôle de la note *sol* comme note polaire de cette phrase.

Un autre exemple du retour aux procédés de la néo-tonalité provient du premier mouvement de la *Sonate pour piano n° 2* (*Allegramente*), œuvre écrite en 1981. Aux mesures 8-11, on remarque encore une fois le contraste entre les touches blanches et les touches noires du piano. La main droite présente une ligne renforcée à la distance de tierce, à la manière caractéristique de la musique *criolla*. Cette partie de la main droite se trouve dans la tonalité de *la* mineur, qui est la tonalité principale du mouvement[9]. Pour sa part, la main gauche présente des accords basés sur le Mode B pentatonique-anhémitonique sur *mi bémol*.

Pour illustrer plus en profondeur le langage de cette phase finale du « néo-expressionnisme », concernant l'organisation des hauteurs, le

[9] Dans la note qui préface la partition de la *Sonate pour piano n° 2*, publiée par Boosey & Hawkes en 1981, Ginastera signale que, s'il lui a fallu tellement de temps pour se décider à composer une deuxième sonate pour piano, c'est probablement en raison du grand succès obtenu par sa première sonate (écrite en 1952). Comme nous l'avons vu au chapitre II, le premier mouvement de la *Sonate n° 1* se trouve également dans la tonalité de *la* mineur, la tonalité étant plus clairement établie cependant dans ce mouvement que dans l'*Allegramente* de la *Sonate n° 2*. Il existe d'autres similarités entre les premiers mouvements des deux sonates, comme l'importance de l'intervalle de tierce.

traitement de matériaux folkloriques, et les aspects rythmique et formel, nous proposons maintenant une analyse de la *Puneña n° 2* pour violoncelle seul (1976), plus particulièrement de son second mouvement, *Wayno Karnavalito.*

3. *Puneña n° 2* pour violoncelle seul

Cette œuvre consiste en deux mouvements « intimement liés », comme le signale Ginastera dans la préface de la partition publiée par Boosey & Hawkes en 1977. Chacun des deux mouvements porte un titre renvoyant à la musique indigène de tradition quechua, le premier étant *Harawi* et le second *Wayno Karnavalito.* Le *harawi* ou *yaraví*[10] est un genre de chanson d'origine précolombienne, de caractère lyrique ou élégiaque, et dont le thème est généralement le chagrin d'amour. Ginastera le définit comme « un chant mélancolique d'amour ». Le *yaraví* a longuement persisté après la conquête espagnole, assimilant les éléments de la musique européenne. Toutefois, son origine indigène demeure clairement perceptible, notamment dans les tournures mélodiques pentatoniques. Quant au *wayno* ou *huayno carnavalito*[11], il s'agit d'une danse indigène très festive, collective, et qui, malgré son nom, n'est pas uniquement dansée à l'époque du carnaval. Elle est en mode pentatonique et toujours en rythme binaire.

---

[10] Le mot *yaraví* est la version espagnole du mot quechua « *haráui* » ou « *harawi* » qui dérive de « *haravecs* », mot quechua désignant une sorte de rhapsodes au service de la cour des Incas. Ginastera semble préférer le mot original quechua à sa version hispanisée. Néanmoins, le quechua étant une langue non écrite, la graphie capable de rendre sa sonorité est toujours incertaine. Mentionnons en passant que Olivier Messiaen a écrit un cycle de chansons appelé *Harawi* (1944), composé d'après des sources péruviennes.

[11] *Huaino* ou *huayno* (ou ses autres graphies moins fréquentes : *wayñu*, *huayñu*, *wayno*, cette dernière étant l'option adoptée par Ginastera) est un mot aymara que, selon Carlos Vega, apparaît traduit par « *Danza, Bayle o Sarao* » (Danse, Bal ou Fête) dans les notes du prêtre espagnol Bertonio datant de 1612 (Vega, 1965 : 266). Dans le cas du mot *carnavalito*, qui est un mot de la langue espagnole, nous ignorons la raison pour laquelle Ginastera choisit de l'écrire avec la lettre *k* à la place de la lettre *c*, ce qui complique un peu le sens du mot, provenant de la fête du Carnaval. Le *huayno* et le *carnavalito* s'apparentent fortement, le *huayno* étant un peu moins vif. Il existe aussi un type de chanson appelé *huayno*, qui est d'une nature différente. C'est probablement la raison pour laquelle Ginastera appelle sa pièce *Wayno Karnavalito*, afin de préciser qu'elle s'inspire de la danse *huayno* et non de la chanson *huayno*.

Toujours dans la préface de la partition, Ginastera mentionne que la *Puneña n° 2* est « une recréation du monde sonore de ce cœur mystérieux d'Amérique du Sud qu'a été l'empire inca ». Par rapport au premier mouvement (*Harawi*), Ginastera le décrit en ces mots : « Lyrique et passionné mais en même temps profond et magique… ». On peut donc remarquer, d'une part, l'importance que Ginastera accorde toujours à l'intensité de l'expression, et d'autre part, l'association qu'il fait entre l'allusion à l'univers précolombien et le caractère magique, comme cela était déjà manifeste dans la *Cantata para América Mágica*. Concernant le second mouvement, *Wayno Karnavalito*, Ginastera le décrit comme « une danse tumultueuse et folle de carnaval […], pleine de rythmes de *charangos* et tambours indiens, de couleurs des costumes, ponchos et masques ainsi que de l'alcool de maïs ».

Cette *Puneña n° 2* pour violoncelle seul a été composée en hommage à Paul Sacher, pour fêter son soixante-dixième anniversaire[12]. Tant le premier mouvement que le second contiennent le « thème eSACHERe », c'est-à-dire le thème constitué des six notes correspondant aux six lettres du nom de Sacher : eS(*mi bémol*)-A(*la*)-C(*do*)-H(*si*)-E(*mi*)-Re(*ré*), en combinant les noms des notes en différentes langues. Nous abordons maintenant l'analyse du second mouvement, *Wayno Karnavalito*.

3.1. Analyse du *Wayno Karnavalito* pour violoncelle seul

Cette pièce peut être divisée en cinq parties. La première partie [A] s'étend jusqu'à la mesure 22, et est composée de deux sections : [a] (mes. 1-10) et [b] (mes. 11-22). La section [a] est intégralement basée sur des pieds rythmiques binaires caractéristiques des deux danses d'origine

[12] Rappelons que Paul Sacher était un illustre chef d'orchestre suisse et un grand mécène de la musique. Afin de célébrer le 70e anniversaire de Sacher (le 28 avril 1976), son ami Mstislav Rostropovitsch demande à un cercle choisi d'amis compositeurs d'écrire des pièces pour violoncelle seul découlant du motif obtenu à partir du nom de Sacher. Le résultat de cette commande est le cycle *Douze hommages à Paul Sacher pour violoncelle seul*, composé des pièces de Beck, Berio, Boulez, Britten, Dutilleux, Fortner, Ginastera, Halffter, Henze, Holliger, Huber et Lutoslawski. En 1973, Sacher avait créé la Fondation Paul Sacher qui abrite une grande quantité de manuscrits et de livres ainsi que les archives de Stravinski, Webern, Maderna, Berio, Boulez et Ginastera, entre autres.

quechua très similaires, le *huayno* et le *carnavalito*, dont le pied rythmique principal est constitué d'une croche et de deux doubles-croches. Pendant les deux premières mesures, ce pied rythmique sert à rythmer un accord que nous allons désigner comme Accord 1, composé de trois secondes mineures superposées (*do-do dièse-ré-mi bémol*). L'indication de mode de jeu pour cet accord, et pour les cinq autres accords composant la section [a], est « *pizzicato alla chitarra* ». Ce mode de jeu permet au timbre du violoncelle d'évoquer la sonorité du *charango*, sorte de luth ou de petite guitare andine, faite avec la carapace de certains animaux typiques de la région du nord-ouest argentin, comme par exemple le tatou (*mulita* ou *armadillo*). Ce premier accord installe une double pédale présente durant toute la section : la note *do* à la basse comme pédale grave, et le *mi bémol* supérieur comme pédale aiguë. Les mesures 3-4 présentent un nouvel accord consistant en trois quartes justes superposées. Nous le désignerons comme Accord 2. Par des mouvements chromatiques, cet accord se transforme en la dominante de *mi* (mes. 5-6), le *mi* étant la tonique finale de la pièce. Cette dominante se prolonge jusqu'à la mesure 8 (à travers un accord de passage, à la mesure 7), pour se résoudre dans une cadence rompue (mes. 9), sur l'accord de *do*, sixième degré de la tonique *mi*, avec double tierce majeure-mineure et septième mineure.

La section [b] commence par l'Accord 1 sans le *do* grave, en triolet, suivi de l'Accord 2 transposé d'un triton, c'est-à-dire avec *fa dièse* à la basse. Cette mesure se complète par le pied rythmique typique du *carnavalito* présentant une transposition de l'Accord 1 (*la-si bémol-si bécarre*). La mesure 12 contient une configuration 0-1-6-7 (*do dièse-ré-sol-la bémol*). La mesure 13 consiste en l'Accord 1 en arpège descendant, suivi encore une fois de l'Accord 2 sur *fa dièse*. La seconde moitié de cette mesure introduit un effet aléatoire, présentant un *glissando* ascendant, atteignant un son aigu, non harmonique, indéterminé. De même, la mesure suivante (mes. 14) contient deux *glissandi* dont le point de départ est un intervalle indéterminé, dans le registre aigu, et le point d'arrivée est également indéterminé, dans le registre grave. La mesure 15 contient l'Accord 1 et l'Accord 2 ainsi que le pied rythmique typique du *carnavalito*. Le rythme de quatre doubles-croches utilisé à la mesure 12 réapparaît à la mesure 16, présentant deux triades en relation de triton (*fa* et *si*), en arpèges, avec le *do* et le *fa dièse* à la basse. On peut remarquer, d'autre part, que ces deux notes sont les notes de la basse de l'Accord 1 et de l'Accord 2, respectivement. À la mesure suivante, on retrouve l'Accord 1 (cette fois-ci en arpège ascendant) et l'Accord 2, suivis du pied rythmique typique du *carnavalito*. Un rythme en continuité de doubles-croches s'étend de la mesure 18 à la mesure 21, reprenant le dessin de la mesure 16. La mesure 18 consiste en l'harmonie de *Sol* majeur en arpèges. Aux mesures 19-20, les arpèges, qui conservent le *sol* à la basse, acquièrent des structures chromatiques, montant graduellement de registre, jusqu'à atteindre l'Accord 1, à la mesure 21, transposé une octave plus haut que l'Accord 1 original. À la mesure 22, on retrouve un accord constitué de trois quintes justes superposées à partir de *ré bémol*, structure que nous désignerons comme Accord 3. Cet accord sert de point de départ d'un *glissando*, dont le point d'arrivée est un accord indéterminé dans le registre aigu. Ce *glissando* marque la fin de la partie [A].

La partie [B] s'étend de la mesure 23 à la mesure 42, et est composée de deux sections : [c] (mes. 23-30) et [d] (mes. 30-42). La section [c] est basée sur le « thème eSACHERe ». Tout d'abord, les mesures 23-24 présentent l'intervalle de quarte augmentée *mi bémol-la* qui correspond aux lettres eS-A du nom de Sacher. D'ailleurs, on remarque que cet intervalle est présent déjà dans la partie [A] de la pièce ; par exemple, à la mesure 11, la voix supérieure de l'Accord 1 (*mi bémol* en triolet) et de l'Accord 2 (*la* en durée de croche) créent également cet intervalle. À la mesure 23, cet intervalle eS-A présente le pied rythmique caractéristique du *carnavalito*. Ce rythme est continué à la mesure suivante par l'Accord 1. À la mesure 25, la ligne additionne les notes C-H (*do-si*), s'arrêtant sur le *si* à la mesure suivante. En effet, la note *si* suscite le retour, à la mesure 27, de l'accord de dominante de *mi* sur pédale de *do*, provenant de la partie [A] (mes. 5-6). La mesure 28 consiste en une légère variation de la mesure 27, ajoutant la note E (*mi*). On retrouve enfin, à la mesure 29, le « thème eSACHERe » complet, avec la répétition des trois dernières notes pour finir cette section [c] sur le *ré* de la mesure 30. Toute l'exposition du « thème eSACHERe » (mes. 23-30) est accompagnée par les sons des cordes à vide du violoncelle, *sol-ré-la*, constituant un Accord 3 incomplet, puisqu'il lui manquerait une quinte à la basse.

La section [d] commence à la mesure 30, par élision, avec le *ré* soutenu. On retrouve, dans le registre grave (mes. 30-31), un Accord 3 incomplet, constitué de deux quintes superposées, engendrées par les trois cordes graves à vide du violoncelle. Les mesures 32-33 consistent en un grand geste descendant, à partir du *ré* lié jusqu'au *do*, le son le plus grave du violoncelle. Les mesures 34-35 constituent une sorte de « miroir » des mesures 30-31, présentant le *do* soutenu dans le grave, tandis que dans le registre central, on retrouve l'Accord 3 incomplet, bien qu'il puisse en fait se compléter, grâce à la quinte inférieure créée par le *do* grave soutenu. Ici l'Accord 3 présente le rythme de *carnavalito*. De la mesure 36 à la mesure 42, on retrouve un ample geste ascendant, entamé à partir du *do* grave, recouvrant trois octaves. Cette montée est jalonnée par l'intervalle de quarte juste, donc par les notes *do-fa-si bémol-mi bémol-la bémol-ré bémol*. Les trois dernières mesures (mes. 40-42) présentent tous les sons chromatiques encadrés par la quarte juste *la bémol-ré bémol*, à l'exception du *si bécarre*. En effet cette tournure chromatique des mesures 40-42 conduit à la troisième partie de la pièce, qui commence justement par la note *si*.

La partie [C] s'étend de la mesure 43 à la mesure 73, et comprend deux sections : [e] (mes. 43-59) et [e'] (mes. 60-73). Cette partie présente essentiellement le Mode B pentatonique-anhémitonique sur *mi*, constitué des sons *mi-sol-la-si-ré*. Comme on peut le remarquer, le Mode B pentatonique sur *mi* et le « thème eSACHERe » possèdent quatre notes en commun : *mi-la-si-ré*. C'est-à-dire que le Mode B pentatonique sur *mi* doit seulement introduire un seul son nouveau, le *sol*. Et en effet, la ligne de la section [e] est quasi intégralement basée sur les quatre notes communes, le *sol* n'apparaissant qu'à la mesure 58 au moment de la cadence[13]. Après cette cadence mélodique dans le Mode B pentatonique sur *mi*, on retrouve l'Accord 3 (mes. 59), bien que modifié, car la quinte juste inférieure s'est transformée en quinte diminuée.

Tant la ligne de la section [e] que celle de la section [e'] présentent des ornements à la manière du *kenko*, dont il a été question au

[13] Comme cela a déjà été signalé à plusieurs reprises, le Mode B pentatonique-anhémitonique est l'un des deux modes pentatoniques les plus fréquents dans la musique de tradition quechua, le *carnavalito* étant souvent basé sur ce mode.

chapitre précédent. Ici ces ornements consistent notamment en des secondes mineures ascendantes.

Sur le plan rythmique, on observe, dans cette partie [C], la combinaison fréquente de pieds binaires et de pieds ternaires à l'intérieur d'une même mesure, produisant des subdivisions irrégulières. Ainsi, les mesures 48, 54 et 65 (mesure à 7/16) se divisent en 2 + 2 + 3, les mesures 51 et 69 (mesure à 8/16) en 3 + 2 + 3, les mesures 55, 57, et 68 (mesure à 5/8) en 2 + 3, la mesure 66 (à 5/8) en 3 + 2, ou encore la mesure 62 (mesure à 9/16) se divise en 2 + 3 + 2 + 2. On observe également une hémiole à la mesure 44. Quant au rythme de *carnavalito*, il apparaît aux mesures 60-61, au début de la section [e'].

La section [e'] commence par l'Accord 2, effectivement en rythme de *carnavalito*, transposé sur *do dièse* (la tonique *mi* dans la voix supérieure). La ligne mélodique de cette section consiste en une variation de la section précédente. Aux mesures 68-69, ce procédé de variation implique des sons étrangers au Mode B pentatonique sur *mi*. Pour sa part, le *ré dièse* de la mesure 71 est à la fois la sensible de la tonalité de *mi*, affirmant la cadence finale de la partie [C] sur *mi*, et en même temps, une autre note en commun avec le « thème eSACHERe », qui commence précisément par *mi bémol*. La section [e'] se trouve, d'une certaine manière, ponctué par l'Accord 3 modifié, qui apparaît trois fois, et par lequel s'achève cette section.

La quatrième partie de la pièce peut être désignée comme [C'] car elle consiste notamment en une élaboration de la partie [C]. Elle s'étend de la mesure 74 à la mesure 97, pouvant se diviser en trois sections : [f] (mes. 74-82), [g] (mes. 83-90), et [g'] (mes. 91-97). La section [f] commence par l'Accord 2, en rythme de *carnavalito*, qui regagne partiellement les hauteurs de sa première apparition (mes. 3), c'est-à-dire les quartes justes *fa-si bémol-mi bémol*. En revanche, la quarte supérieure est une note nouvelle, le *la bémol*. Cette quarte supérieure (*ré dièse-sol dièse*) constitue le matériau mélodique principal de la section. On retrouve aussi l'Accord 3, modifié cette fois-ci par l'élimination de la quinte juste supérieure, remplacée par une septième majeure (*ré-do dièse*). L'Accord 3 ainsi modifié s'apparente à l'Accord 1, car il acquiert une structure de deux secondes mineures superposées plus une quarte juste (*do-do dièse-ré-sol*), ou autrement dit, une configuration 0-1-2-7, alors que l'Accord 1 consiste en une configuration 0-1-2-3.

La section [g] peut se diviser en deux unités de quatre mesures. La première unité (mes. 83-86) est éminemment chromatique. À la mesure 83, on observe, dans le registre grave, la configuration 0-1-6-7 constituée des sons *sol-sol dièse-do dièse-ré*. Cette configuration est précédée de la quarte augmentée *ré dièse* (*mi bémol*)-*la*, dans le registre aigu, ces deux sons étant vraisemblablement les notes eS-A du « thème eSACHERe ». La mesure suivante (mes. 84) reprend la mesure 81, basée sur la quarte juste *ré dièse-sol dièse*, ce dernier renforcé par le *la*, créant, ces trois sons, une configuration 0-5-6. La mesure 85 consiste en une variation de la mesure 83, avec la réitération de la cellule eS-A qui vient scinder la configuration 0-1-6-7, au registre grave. La dernière croche de cette mesure est un Accord 1, sans le *do*. Cette première unité de la section [g] s'achève par l'Accord 3 modifié tel qu'aux mesures 80 et 82. Quant à la seconde unité de la section [g] (mes. 87-90), elle reprend le Mode B pentatonique sur *mi*, présentant notamment la cadence déjà utilisée dans la partie [C] (mes. 57-58).

La section [g'] peut également se diviser en deux unités. La première unité (mes. 91-92) consiste en la reprise des mesures 85-86, avec des légères variations. La seconde unité (mes. 93-97) constitue une reprise allongée des mesures 89-90, contenant un procédé d'amplification de la mesure 89, et l'interpolation, à la mesure 93, de l'Accord 3 modifié. Après la cadence sur *mi*, ornée par un *glissando*, la section se termine par un accord de structure intervallique 0-1-6-7, composé des sons *ré-ré dièse-sol dièse-la*. De ces quatre sons, le *ré dièse*, le *sol dièse* et le *la* ont été des notes significatives durant toute la partie [C']. Le *ré bécarre* semble plutôt servir à compléter la *Z-cell*. D'autre part, le *ré dièse* (*mi bémol*), le *la* et le *ré bécarre* sont des notes en commun avec le « thème eSACHERe ».

La dernière partie de la pièce [B'] (mes. 98-117) se divise en deux sections : [h] (mes. 98-110) et [i] (mes. 111-117), cette dernière fonctionnant comme une coda. Nous désignons cette partie comme [B'] car elle présente le retour du « thème eSACHERe » exposé dans la partie [B]. La section [h] commence par une mesure en rythme de *carnavalito*,

tempo et le caractère vif. Par ailleurs, le titre *Wayno Karnavalito* se réfère sans équivoque à la source d'inspiration de la pièce, à la manière de certaines œuvres de la période du « nationalisme objectif », dont le titre provient d'un type de chanson ou de danse *criolla* (comme *Milonga*, *Malambo*, *Triste*, etc.). Toutefois, il existe une différence entre la recréation des chansons et des danses *criollas* que Ginastera pratique durant le « nationalisme objectif », inspiré de la notion de « folklore imaginaire », et la recréation de *carnavalito* que l'on retrouve dans cette pièce *Wayno Karnavalito.*

Si l'on prend l'exemple des *Danzas Argentinas*, œuvre composée en 1937 (analysée au chapitre I), on observe qu'elles contiennent des fragments qui constituent pratiquement des citations, ou bien, des imitations de matériaux folkloriques déterminés, car plusieurs de leurs éléments constitutifs apparaissent cités ou recréés. Ainsi, la *Danza du gaucho matrero* contient un thème qui ressemble fortement à un thème typique de *gato*, tant sur le plan mélodico-rythmique que sur le plan formel. En revanche, le *Wayno Karnavalito* ne présente que la citation du pied rythmique typique du *carnavalito*, associé au timbre du violoncelle évocateur du *charango*, et la cadence mélodique caractéristique du Mode B pentatonique. Mais le pied rythmique et le mode pentatonique apparaissent généralement dissociés, si bien que l'on ne retrouve guère de fragment qui puisse constituer une citation véritable, ou bien, une imitation facilement reconnaissable d'un air typique de *carnavalito.*

La recréation très élaborée que Ginastera effectue ici du *carnavalito* se sert des procédés développés, à partir du *Quatuor à cordes n° 2*, durant la première phase du « néo-expressionnisme », marquée notamment par le langage atonal. On retrouve ainsi des structures d'accords comme celle de l'Accord 1, composé des secondes mineures superposées, ou également des configurations 0-1-6-7. De même, on remarque l'utilisation de certains procédés aléatoires déjà employés dans des œuvres telles que le *Concerto per corde* ou *Bomarzo*. Mais d'autre part, l'utilisation du Mode B pentatonique sur *mi* implique un centre tonal et la présence d'un langage modal dans le contexte plutôt chromatique de l'oeuvre. En effet, la tonique de *mi* est suggérée dès le tout début de la pièce, à travers l'apparition de sa dominante à la mesure 5. Le « thème eSACHERe » est, pour sa part, agencé afin de créer une cadence sur *mi* à la mesure 110. Enfin, la cadence finale de la pièce affirme la tonique de *mi*, bien que les accords qui composent la cadence contiennent le total chromatique. Ces procédés qui assurent un centre tonal, malgré l'utilisation en général d'un langage chromatique, relèvent de la néo-tonalité.

Ainsi, cette œuvre combine le langage de la période « néo-expressionniste » et certains éléments qui caractérisent les deux périodes nationalistes (« objectif » et « subjectif ») de Ginastera. Des périodes « nationalistes », on retrouve dans cette pièce la pratique d'appropriation et de recréation de matériaux folkloriques, associée à l'utilisation de certains procédés propres à la néo-tonalité. Pour leur part, le langage fortement chromatique, les procédés aléatoires et le caractère intensément expressif et « magique » sont caractéristiques de la première phase de la période « néo-expressionniste »[14]. Comme le signale Alain Poirier : « Si l'expressionnisme musical est d'abord défini par la subjectivité, l'hyper-expressivité et, de moins dans un premier temps, la priorité donnée à l'intuition, il concerne avant tout la dimension *stylistique*, c'est-à-dire le mode d'expression d'un créateur à un moment précis de son évolution. En ce sens, il s'agit plus de greffer une *intention* sur un langage existant que d'en imaginer par avance les moyens techniques » (Poirier, 1995 : 131). L'intensité expressive et le caractère magique ou surréel peuvent être considérés, selon l'expression de Poirier, comme une *intention* que Ginastera greffe à son langage durant cette période « néo-expressionniste ». Car cette intention s'applique aussi bien au langage sériel d'une œuvre comme la *Cantata para América Mágica*, qu'à un langage où le sérialisme est utilisé de manière moins rigoureuse et combiné à des procédés aléatoires comme dans *Bomarzo*, ou encore, à un langage contenant des matériaux folkloriques et des procédés de la néo-tonalité, comme l'illustre la *Puneña n° 2* ou la *Sonate pour guitare*. C'est-à-dire que les éléments folkloriques et les procédés de la néo-tonalité sont d'une certaine manière assimilés à l'esthétique « néo-expressionniste » dans cette phase finale. Il est vrai que le « néo-

---

[14] Selon Antokoletz : « The 'magical' element that imbues these and other works [*Cantata para América Mágica*, *Concerto pour piano n° 1*] since the 'Presto magico' of *String Quartet No. 2* [...] is related perhaps to the hallucinatory or imaginary world that the Argentinian writer Jorge Luis Borges builds in his literature » (Antokoletz, 1992 : 527).

expressionnisme » avait été étroitement relié, chez Ginastera, au développement du langage atonal et des techniques sérielles, et à l'emploi des microtons et des procédés aléatoires. Cela avait en même temps impliqué la distanciation des matériaux folkloriques durant la première phase du « néo-expressionnisme ». Or, dans cette phase finale, le langage atonal développé durant la première phase s'amalgame avec les matériaux folkloriques et les procédés de la néo-tonalité. On pourrait donc y voir l'amalgame de tradition et d'innovation qui, selon Schwartz-Kates, caractérise cette phase finale de l'œuvre de Ginastera, l'innovation étant représentée par le langage atonal développé durant la période « néo-expressionniste » et la tradition par l'allusion folklorique, rattachée au « nationalisme ».

La citation ou l'allusion folklorique a évidemment une place importante dans l'œuvre de Ginastera. En outre, nous avons signalé, dans ce chapitre et dans des chapitres précédents, quelques cas d'autocitation, ainsi que la citation d'un fragment d'une pièce d'Anton Webern. Notre dernier chapitre sera donc consacré à la pratique citationnelle de Ginastera, qui traverse les trois périodes de sa vie créatrice. Cet examen du travail de citation chez Ginastera nous permettra de jeter un regard d'ensemble sur sa production et aussi d'établir des liens entre ses œuvres, au-delà de la division en différentes périodes.

Chapitre VI : L'intertextualité à travers les différentes périodes

Au long des chapitres antérieurs, nous avons signalé que la pratique de la citation directe du folklore ainsi que celle de l'allusion transparente à des matériaux de source folklorique, constituent une des caractéristiques principales du style nationaliste. Par ailleurs, dans notre analyse du *Quatuor à cordes n° 2* (1958, « néo-expressionniste »), présentée aux chapitres III et IV, nous avons constaté deux cas différents de citation. Tout d'abord, les mesures 9-10 (ou bien 22-23) de la troisième des *Cinq pièces op. 5 pour quatuor à cordes* d'Anton Webern (1909), reprises par Ginastera à la manière d'un *incipit* pour le premier mouvement de son *Quatuor*. Ensuite, l'autocitation des mesures 29-31 du *Triste* appartenant aux *Cinq chansons populaires argentines pour voix et piano* (1943), interpolées vers la fin du quatrième mouvement du *Quatuor* (et éliminées dans la révision de 1968). À partir de ces exemples, il nous est possible de déceler trois types spécifiques de pratique citationnelle chez Ginastera : la citation folklorique, la citation « érudite » (c'est-à-dire de la musique savante européenne) et l'autocitation. Ce chapitre se propose de montrer que ces trois cas de pratique citationnelle concernent une partie significative de la production de Ginastera, traversant ses diverses périodes. En outre, nous examinerons deux autres types d'intertextualité pratiqués par Ginastera : celui de la parodie et celui de l'écriture « à la manière de » ou « l'hommage »[1].

---

[1] Le terme « intertextualité », forgé par Julia Kristeva en 1967 (Kristeva, 1967 : 441), peut être défini soit d'une manière vaste, soit d'une manière plus restrictive. Michael Riffaterre en propose cette définition large : « L'intertexte est la perception, par le lecteur, de rapports entre une œuvre et d'autres qui l'ont précédée ou suivie » (cité *in* Genette, 1982 : 8). En revanche, Gérard Genette signale : « Je le définis pour ma part, d'une manière sans doute restrictive, par une relation de coprésence entre deux ou plusieurs textes, c'est-à-dire, eidétiquement et le plus souvent, par la présence effective d'un texte dans un autre. Sous sa forme la plus explicite et la plus littérale, c'est la pratique traditionnelle de la *citation* (avec guillemets, avec ou sans référence précise) ; sous une forme moins explicite et moins canonique, celle du *plagiat* (chez Lautréamont, par exemple), qui est un emprunt non déclaré, mais encore littéral ; sous forme encore moins explicite et moins littérale, celle de l'*allusion*, c'est-à-dire d'un énoncé dont la pleine intelligence suppose la perception d'un rapport entre lui et un autre auquel renvoie nécessairement telle ou telle de ses inflexions, autrement non recevable... »

1. La citation « érudite »

Nous considérons comme citations « érudites » les énoncés que Ginastera insère dans son œuvre, suivant différents procédés et avec diverses fonctions, et qui sont prélevés dans des pièces appartenant au répertoire de la musique savante européenne, comme dans le cas du fragment de Webern déjà signalé. En paraphrasant la formule de Michel Butor : « Nous écrivons toujours *dans* la littérature » (Butor, 1968 : 18), on peut certainement dire : le compositeur compose toujours *dans* la musique. Cela implique qu'il compose dans un environnement déjà saturé de musique, à l'intérieur duquel la citation, donc la répétition interdiscursive, apparaît comme quelque chose d'inéluctable. Comme le signale Françoise Escal : « Un musicien emprunte à un autre musicien un thème, un motif qu'il importe dans sa musique, quitte à le transformer, ou bien un style qu'il imite pour se l'approprier, consciemment ou inconsciemment » (Escal, 1984 : 17).

Il serait difficile d'attribuer le cas de l'emprunt fait par Ginastera du motif webernien, le prenant comme *incipit* de son *Quatuor*, à un phénomène inconscient, de mémoire involontaire, car l'évocation du motif est trop précise pour être involontaire. Cet *incipit* tiré de Webern, dont le motif apparaît légèrement modifié, s'enchaîne aisément avec le discours de Ginastera qui, d'une certaine manière, l'absorbe en raison de la continuité stylistique qu'il engendre. Mais comme ce motif emprunté apparemment de manière non déclarée par Ginastera, provient de l'une des pièces emblématiques du répertoire du XXe siècle pour quatuor à cordes, on peut supposer qu'un auditeur compétent pourra toutefois le déceler, bien que le motif soit parfaitement intégré au discours de Ginastera. Le cas de cet emprunt est vraisemblablement relié à la fonction de la citation en tant que moyen de s'approprier un style, tout d'abord en le copiant et en l'imitant, pour ensuite le réinterpréter. Car

(Genette, 1982 : 8). Notre appréciation des pratiques intertextuelles de Ginastera, présentée dans ce chapitre, convient de façon générale à la définition restrictive proposée par Genette, bien qu'occasionnellement nous percevions de rapports intertextuels moins effectifs ou plus indirects qui correspondraient mieux à la définition de Riffaterre, comme par exemple le rapport entre le *Quatuor à cordes n° 3 avec soprano* de Ginastera et le *Quatuor n° 2* de Schoenberg, comme nous le verrons plus loin.

rappelons que cet *incipit* webernien introduit à la première œuvre « néo-expressionniste » de Ginastera, dans laquelle il explore l'atonalité et, pour la première fois, la technique dodécaphonique, tributaire de l'École de Vienne. Néanmoins, il s'agit de l'un des rares cas de citation érudite non avouée dans la pratique citationnelle de Ginastera. Pour les prochains cas de citation érudite que nous allons examiner, Ginastera prend soin d'indiquer certaines références.

1.1. *Concerto pour violon et orchestre* (1963)

La partition de poche du *Concerto pour violon et orchestre* (publiée par Boosey & Hawkes en 1966) inclut une brève analyse écrite par l'auteur, à l'instar d'une note de programme. À propos du troisième mouvement (*Scherzo pianissimo et Perpetuum mobile*), Ginastera signale : « Le finale, comme le premier mouvement, est conçu en deux sections. La première, *Sempre volante, misterioso e appena sensibile* (Toujours en vol, mystérieux et à peine audible) doit être exécutée très rapidement, comme s'il s'agissait d'un mystérieux murmure à peine perceptible. Quelques thèmes des *Caprices* de Paganini font leur apparition dans la partie centrale, comme si l'ombre du grand violoniste passait dans l'orchestre ». Au chiffre de répétition 180, Ginastera donne cette référence : « *Evocacion de Paganini* ». En effet, la partie du violon solo présente la première mesure et le premier temps de la deuxième mesure (c'est-à-dire le premier motif) de l'un des plus célèbres des *Caprices pour violon solo op. 1* de Nicola Paganini, le *Caprice n° 24* en *la* mineur, qui consiste en une forme thème et variations. Le motif, qui porte l'indication « *spettrale* », apparaît encore trois fois durant les cinquante mesures suivantes, toujours au violon soliste. Puis il disparaît, tel l'ombre de Paganini.

Comme Antoine Compagnon le souligne, par rapport à la citation littéraire : « ...la citation est exemplairement une phrase : la moindre unité de langage autonome et fermée sur elle-même. La phrase vit : on peut la transplanter ; ce n'est pas la tuer mais seulement la mettre en demeure » (Compagnon, 1979 : 31). En musique, le motif constitue probablement l'unité la plus concise dotée de sens, susceptible de caractériser une œuvre. Il peut être « transplanté » tout en conservant son identité. Le court motif du *Caprice* en *la* mineur cité par Ginastera reste facilement identifiable, et il suffit à connoter cette pièce emblématique de la virtuosité de Paganini. On pourrait dire que cette citation serait l'équivalent d'une citation avec guillemets en littérature, car elle se manifeste clairement comme un élément étranger dans le discours de Ginastera. Contrairement au cas du motif webernien, le discours de Ginastera et celui de Paganini ne sont pas en continuité, les frontières de la citation étant distinctement fixées à l'occasion de la première occurrence du motif du *Caprice*. On a l'impression que Ginastera interrompt momentanément son discours afin de laisser la parole au plus grand violoniste de l'histoire. L'hétérogénéité entre les discours de Ginastera (atonal, principalement dodécaphonique) et de Paganini (diatonique, le motif étant basé sur la triade de *la* mineur) contribue à accentuer cette dualité d'énonciation.

« La citation tente de reproduire dans l'écriture une passion de lecture, de retrouver l'instantanée fulgurance de la sollicitation, car c'est bien la lecture, solliciteuse et excitante, qui produit la citation », écrit Compagnon (Compagnon, 1979 : 27). Dans l'acte de citer ce motif retenu des *Caprices*, on pourrait voir chez Ginastera l'intention de partager sa passion de connaisseur et son admiration pour la musique de Paganini. C'est pour cela que le compositeur cherche à ce que la citation soit comprise instantanément, comme un clin d'œil. En même temps, elle met l'œuvre de Ginastera en rapport avec la tradition la plus prestigieuse de la musique savante pour violon, à laquelle elle fait par là même acte d'allégeance.

1.2. *Sonate pour guitare* (1976)

Un article portant sur Ginastera publié dans la *Guitar Review* rapporte ce commentaire d'Aurora Natola, épouse du compositeur, à propos de la *Sonate pour guitare* : « The *Sonata for Guitar* is truly an ingenious work. One morning when Alberto was composing it, he came running into my studio, 'Aurora, Aurora, I want you to listen to something.' As he began to play what was to be a part of the second movement, I laughed. Alberto was using a passage from the part of Sixtus Bcckmcsscr, a comic character who plays the lute in Wagner's opera *Die Meistersinger*. The critics had lambasted it, but here in the *Sonata* it was beautiful, as even the critics later agreed » (cité *in*

Wiseman, 1985 : 12). Par ailleurs, dans une note écrite par Ginastera, qui accompagne la partition de la *Sonate* (publiée par Boosey & Hawkes en 1981), on trouve cette référence : « Le deuxième mouvement, *Scherzo*, qui doit être exécuté '*il più presto possibile*', est un jeu d'ombres et de lumières, de climats nocturnes et magiques, de contrastes dynamiques, de danses lointaines, d'ambiances surréalistes, tels que je les ai employés dans des œuvres précédentes. Vers la fin, le thème du luth de Sixtus Beckmesser apparaît comme une fantasmagorie ». Sur la partition du *Scherzo*, à la mesure 146, il y a un astérisque avec l'indication : « Sixtus Beckmesser is coming ! ».

L'emprunt utilisé par Ginastera provient de la Scène VI du Deuxième Acte des *Maîtres Chanteurs de Nuremberg*, située dans une rue de Nuremberg. Le son d'un luth qu'on accorde annonce l'arrivée de Beckmesser qui se prête à donner une sérénade à Eva. Il se voit pourtant empêché par Sachs, qui frappe vigoureusement sur son enclume de cordonnier. Beckmesser, qui veut à tout prix chanter sa sérénade, accepte à contrecœur que Sachs « marque » ses fautes à coups de marteau sur les chaussures. Beckmesser perd bientôt patience à mesure que Sachs martelle chaque infraction commise aux règles des Maîtres Chanteurs.

Ce sont effectivement quelques mesures tirées de la partie du luth que Ginastera insère dans la dernière page de son *Scherzo* : notamment celles qui contiennent les sons de l'accordage du luth que Beckmesser est en train d'essayer, en guise de prélude pour sa sérénade[2]. Les sons de l'accordage du luth de Beckmesser coïncident certainement avec l'« accord de la guitare », sonorité récurrente dans la musique de Ginastera, devenue une sorte de *signature* de son style, comme on l'a vu. L'« accord de la guitare » est en effet l'un des éléments unificateurs de la *Sonate pour guitare*. Il en ouvre le premier mouvement (*Esordio*), et il se manifeste à plusieurs reprises, souvent transformé, tout au long des quatre mouvements de la sonate. Sa récurrence souligne l'importance de la note *mi* comme axe général de l'œuvre. Ainsi, le rapport entre les deux matériaux, celui emprunté à Wagner et celui, caractéristique, de

[2] Il est intéressant de noter que cette mélodie pour luth jouée par Beckmesser est elle-même, sinon une citation, en tout cas une parodie : très exactement, d'un passage des *Huguenots* de Meyerbeer.

Ginastera, apparaît-il évident. Voici l'exemple de la mesure 146 du *Scherzo* de Ginastera :

Ex. 1

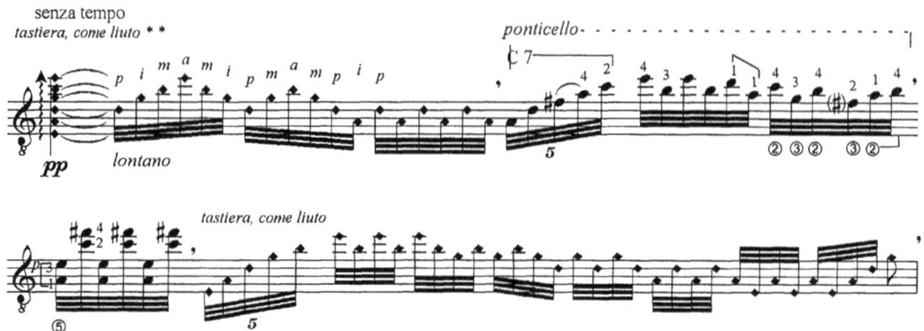

La première des quatre unités qui composent cette mesure, cite les trois mesures du début de la partie du luth de Beckmesser (Scène VI, mes. 853-854-855). Comme on peut le remarquer, il s'agit bel et bien de l'« accord de la guitare » ginasterien :

Ex. 2

Pour sa part, la deuxième unité de la mesure 146 consiste en la citation de la mesure 877, toujours de la même scène du Deuxième Acte des *Maîtres Chanteurs* :

Ex. 3

Quant à la troisième unité, elle fait partie de l'un des moments les plus comiques de la scène de la sérénade. Beckmesser, de plus en plus gagné par la colère à cause des interruptions de Sachs, doit ajuster la corde de *ré* de son luth qu'il a auparavant haussée sans s'en rendre compte. Ginastera cite les accords « faux » (première mesure de l'Ex. 4) que Beckmesser joue avant de s'apercevoir du désaccord et d'ajuster la corde de *ré*, pour finalement jouer correctement la dominante de *Sol* majeur, tonalité de sa sérénade (mes. 1217-1220) :

Ex. 4

La dernière unité correspond aux mesures 1120-1123. Il s'agit à nouveau d'un arpège sur l' « accord de la guitare » que Beckmesser joue « avec une furie intense » :

Ex. 5

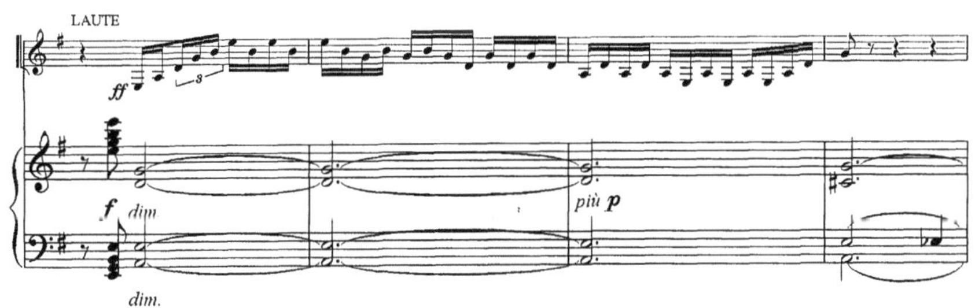

On peut donc voir comment la citation réalisée par Ginastera agence à sa manière les quatre énoncés wagnériens, qui ont toutefois été

retenus fidèlement. Selon Michel Butor : « La citation la plus littérale est déjà dans une certaine mesure une parodie. Le simple prélèvement la transforme, le choix dans lequel je l'insère, sa découpure [...], les allègements que j'opère à l'intérieur, lesquels peuvent substituer une autre grammaire à l'originelle, et naturellement la façon dont je l'aborde, dont elle est prise dans mon commentaire... » (Butor, 1968 : 18). Comme cela a été déjà mentionné, Ginastera exprime son intention d'évoquer le thème du luth de Sixtus Beckmesser « comme une fantasmagorie » (il demande de le jouer *senza tempo*, *pianissimo* et *lontano*), l'assimilant ainsi au caractère surréaliste qui imprègne le *Scherzo*. Cela modifie l'esprit comique du morceau original, mais en même temps, le fait que le thème apparaisse distinctement reconnaissable, inséré dans un contexte radicalement différent de celui de l'opéra wagnérien, confère à cette citation un caractère particulièrement ludique.

1.3. *Concerto pour piano et orchestre n° 2* (1972)

Le livret qui accompagne le disque du *Concerto pour piano et orchestre n° 2*, interprété par la pianiste argentine Dora de Marinis (enregistré en 1999), contient ce commentaire de Ginastera : « Le *Concerto* est composé de quatre mouvements ; ils accentuent mon inclination à créer des formes nouvelles ayant un rapport avec les besoins de la musique de notre époque. Le premier mouvement, *32 variazioni sopra un accordo di Beethoven*, est basé sur l'accord de la mesure 208 du quatrième mouvement de la *Neuvième Symphonie* de Beethoven (*fa-la-ré-do#-mi-sol-sib*). Avec les notes restantes [*do-mi bémol-sol bémol-la bémol-si bécarre*], j'ai construit un autre accord, et de leur juxtaposition dérive le matériel harmonique et mélodique de ce mouvement. Les variations – chacune avec ses propres caractéristiques – techniques pour le piano et relatives au timbre quant à l'orchestre, sont divisées en cinq sections : la première (Variations 1-8), la troisième (Variations 13-20) et la cinquième (Variations 25-32) sont dynamiques (rapides ou avec une rapidité croissante), et la seconde (Variations 9-12) et la quatrième (Variations 21-24) sont lentes. Le thème, l'accord de Beethoven, *fortissimo*, suivi par l'accord secondaire pianissimo, apparaît à la fin du mouvement en forme de coda ». Voici l'exemple de l'accord de la mesure 208 du quatrième mouvement de la *Neuvième Symphonie* de Beethoven :

Ex. 6

Ce *Concerto pour piano n° 2* présente donc un cas de citation avouée dans le titre même, puisque le premier mouvement consiste en des « variations sur un thème de... ». La variation constitue un genre basé spécifiquement sur le procédé consistant à faire de la musique d'après la musique, soit à partir d'un thème original, soit à partir d'un thème emprunté, en utilisant toutes les possibilités de transformation. Dans ce cas, le titre du mouvement (*32 variazioni sopra un accordo di*

Beethoven) fonctionne comme un *indice contractuel* pour l'auditeur qui se voit de ce fait prévenu de la relation intertextuelle soutenant l'oeuvre et constituant l'horizon de sa réception[3]. Le titre indique également qu'il s'agit des variations sur un accord jouant le rôle de thème, lequel résulte en partie de l'utilisation linéaire des sons composant l'accord. Mais l'accord lui-même apparaît vers la fin du mouvement, cité littéralement avec l'orchestration originelle de Beethoven, en tant que signe interdiscursif distinctement reconnaissable, et aboutissement du procédé de variation.

Un accord isolé pourrait sembler un élément insuffisant à la pratique citationnelle, parce que dépourvu du sens autonome nécessaire à assurer son identification, afin d'établir le rapport intertextuel. Cependant il est des accords dans l'histoire de la musique qui possèdent une certaine qualité d'objets iconiques, tels que l'accord du *Tristan* de Wagner, ou celui de *Farben*, de Schoenberg. C'est le cas vraisemblablement de cet accord de la mesure 208 du célèbre mouvement de la *Neuvième Symphonie* de Beethoven. En raison de sa structure et de son timbre particuliers, et à cause également de sa fonction formelle de « détonateur », cet accord devient, par une sorte de capacité métonymique, une référence, un signe du mouvement dans sa totalité. Ainsi cet accord est-il chargé d'un sens très lourd : celui de représenter, de manière iconique, l'une des œuvres emblématiques de la musique savante occidentale.

Enfin, le titre du mouvement ajoute une autre référence intertextuelle, celle des *32 variations*, qui ne peut que nous rappeler les *32 variations sur un thème original en do mineur pour piano* (1806), de Beethoven bien sûr.

---

[3] Nous empruntons l'expression *indice contractuel* à Gérard Genette. Ces *indices*, qui peuvent être le titre de l'œuvre, le sous-titre, les intertitres, la préface, les avant-propos, etc., contribuent à créer un *pacte* ou *contrat* générique. Genette écrit : « Le terme [*contrat*] est évidemment fort optimiste quant au rôle du lecteur, qui n'a rien signé et pour qui c'est à prendre ou à laisser. Mais il reste que les indices génériques ou autres *engagent* l'auteur, qui – sous peine de mauvaise réception – les respecte plus souvent qu'on ne s'y attendrait… » (Genette, 1982 : 9). Comme Genette le précise, ces indices concernent la dimension pragmatique de l'œuvre, c'est-à-dire son action sur le récepteur.

1.4. *Glosses sobre temes de Pau Casals*, pour orchestre (1977)

Cette œuvre entretient plusieurs rapports intertextuels à la fois. Premièrement, il s'agit d'une pratique de transformation, de réécriture d'une œuvre antérieure pour orchestre à cordes et quintette à cordes « *in lontano* » (*Glosses sobre temes de Pau Casals*, 1976). Cette première version fonctionne en conséquence comme *avant-texte* de la version pour grand orchestre écrite en 1977. Ginastera décrit ainsi sa démarche dans la note qui préface la partition (éditée par Boosey & Hawkes en 1977) : « ...quand Mstislav Rostropovich me demanda une œuvre à jouer en première mondiale, je lui proposai d'élaborer une version de '*Glosses*' pour grand orchestre, dans laquelle on pourrait entendre les thèmes de son illustre collègue [Casals]. Il accueillit très bien ma suggestion et je développai donc la structure de la version pour cordes en amplifiant sa forme et en l'adaptant pour la nouvelle conception symphonique. Cette entreprise, que je mis en exécution dans le courant de 1977, s'avéra considérable et prit les mêmes proportions que la composition d'une nouvelle œuvre ». La première relation intertextuelle correspond donc à la transformation et à l'amplification d'un texte préexistant appartenant au même auteur, pratique qui relie également, comme nous l'avons déjà vu, deux autres pièces antérieures de Ginastera : le *Quatuor à cordes n° 2* et le *Concerto per corde*.

Le deuxième rapport intertextuel que cette pièce présente est, comme l'indique son titre, celui de la « glose » des thèmes empruntés à Pablo Casals (1876-1973). En littérature, la glose sert à éclaircir le sens d'un mot obscur ou bien à commenter un texte pour une meilleure intelligibilité, ou encore, elle peut consister en l'amplification d'un modèle donné. En musique, on retrouve le mot glose (*glosa*) dans la terminologie musicale espagnole, principalement au XVIe siècle, pour désigner toute espèce d'amplification d'un modèle donné, soit par variation ornementale (*diferencia*), soit par développement thématique (*tiento*, *ricercare*). On peut voir dans la pièce de Ginastera l'accomplissement de ce double sens du mot glose : celui particulièrement littéraire (commentaire qui met en lumière un mot obscur, une phrase ou un texte), et celui plus spécifiquement musical (amplification par variation ou par développement d'un modèle donné).

L'œuvre est constituée des cinq mouvements : 1. *Introducció* (chœurs de louange à la Vierge de Montserrat), 2. *Romanç* (avec des évocations des *Estrofas de amor*), 3. *Sardanes* (la danse nationale de Catalogne), 4. *Cant* (sur le thème *Cant dell Ocells*), 5. *Conclusió delirant.* Pour comprendre le procédé de la glose, nous allons nous arrêter brièvement sur le quatrième mouvement, *Cant*, basé sur la pièce *Cant dell Ocells* (Chant des oiseaux) de Pablo Casals, dont il existe trois versions : pour violoncelle et piano, pour violoncelle et orchestre à cordes, et pour orchestre composé uniquement de violoncelles. Nous retiendrons la version pour violoncelle solo et orchestre à cordes, publiée en 1972 à New York, afin d'effectuer sommairement une analyse comparative entre la pièce de Casals et celle de Ginastera.

Dans *Cant*, Ginastera cite de manière quasi littérale le thème de *Cant dell Ocells.* Ce qui correspond à la glose, en tant que commentaire ou notes servant à éclaircir un texte (dans ce cas, le thème de Casals), c'est l'environnement que Ginastera recrée autour du thème, à travers un matériau harmonique complexe et une orchestration imagée, illuminant la mélodie autrement[4]. Comme Ginastera lui-même l'exprime, encore une fois dans la préface de la partition : « Dans une atmosphère nocturne, magique, remplie de chansons d'oiseaux fabuleux, on peut entendre le thème *Cant del Ocells*, immortalisé par Casals ». Dans la version de Casals, le thème, une mélodie lyrique en *la* mineur, apparaît accompagné de manière austère par les cordes, suivant une série d'accords réalisant une harmonisation simple. Pour sa part, l'enrobage de facture contemporaine conçu par Ginastera conserve cet esprit recueilli, car une glose se doit d'être fidèle à l'essence du texte original, si elle veut parvenir à mettre ce dernier en valeur.

En ce qui concerne la glose comme variation et amplification d'un modèle donné, le simple passage d'une instrumentation pour violoncelle et orchestre à cordes (Casals), à un grand orchestre symphonique (Ginastera), implique déjà un procédé évident de variation et d'amplification, ne serait-ce qu'au niveau des timbres et du volume.

---

[4] L'enveloppement que Ginastera conçoit pour le thème de Casals nous rappelle le traitement utilisé par Luciano Berio dans certains de ses *Folk songs* (1964, mais nous pensons surtout à la version pour soprano et orchestre, 1973).

Plus en détail, on peut signaler que, si l'introduction dans la pièce de Casals, consiste en cinq mesures, dans *Cant* de Ginastera, elle s'étend sur 24 mesures, durée nécessaire à installer son « atmosphère magique ». Durant l'énonciation du thème, on trouve chez Ginastera l'interpolation d'un court motif répété évoquant le chant d'un oiseau. Enfin, tandis que dans la pièce de Casals la coda est une reprise de l'introduction (une sorte de prélude et postlude, sur la tonique de *la* mineur), la version de Ginastera présente, quant à elle, une extension de la mélodie au violoncelle, qui finit sur une cadence en mode phrygien (mes. 71-88).

Le troisième rapport intertextuel présent dans cette pièce est celui qui s'établit entre d'une part, les thèmes de Casals, et d'autre part, le folklore et la musique populaire catalans. En effet, Casals n'est pas l'auteur du thème de *Cant dell Ocells* : il s'agit d'un air folklorique que le grand violoncelliste a arrangé pour lui-même, le rendant ainsi célèbre de par le monde comme symbole de la lutte du peuple catalan pour sa liberté, bafouée par la dictature de Franco. De même, d'autres thèmes glosés par Ginastera dans *Glosses* proviennent en fait du folklore catalan, mais à travers des œuvres composées par Casals, comme les airs de sardanes ou les louanges à la Vierge de Montserrat. D'ailleurs, il faut rappeler que Ginastera était aussi d'origine partiellement catalane, ce qui a probablement contribué à le rapprocher de Casals et de cette musique nationale.

D'une certaine manière, cette œuvre de Ginastera résume les trois types de pratique citationnelle que nous avons énoncés dans l'introduction de ce chapitre. D'une part, la version de *Glosses sobre temes de Pau Casals* de 1977 pour grand orchestre est une sorte d'autocitation, ou plus précisément, d'« autoglose » de la pièce homonyme de 1976, pour orchestre à cordes et quintette à cordes *in lontano*, la deuxième version étant une variation et amplification de la première. D'autre part, la pièce est basée sur des thèmes empruntés à des œuvres de Casals faisant partie du répertoire de la musique savante européenne (citation érudite). Et enfin, dans la mesure où ces thèmes proviennent eux-mêmes de la tradition populaire catalane, ils sont également une illustration de la pratique citationnelle du folklore, quoique catalan et non latino-américain.

1.5. Le motif BACH et autres citations

Ginastera utilise le motif BACH dans le deuxième mouvement (*Adagio angoscioso*) de son *Quatuor à cordes n° 2*. Ce mouvement présente un thème bâti à l'instar d'une série dodécaphonique. Le motif basé sur le nom de BACH apparaît distribué sur les sons 1, 6, 7 et 12, c'est-à-dire qu'il se construit avec la première et la dernière note de chacun des deux hexacordes. Voici l'exemple du thème énoncé par le violoncelle aux mesures 9-10 ; les sons encerclés dessinent le motif BACH, transposé cependant au demi-ton inférieur[5] :

Ex. 7

Vers la fin du mouvement (mes. 60-61), on retrouve le motif BACH clairement énoncé au violon I, toujours commençant par *la* :

Ex. 8

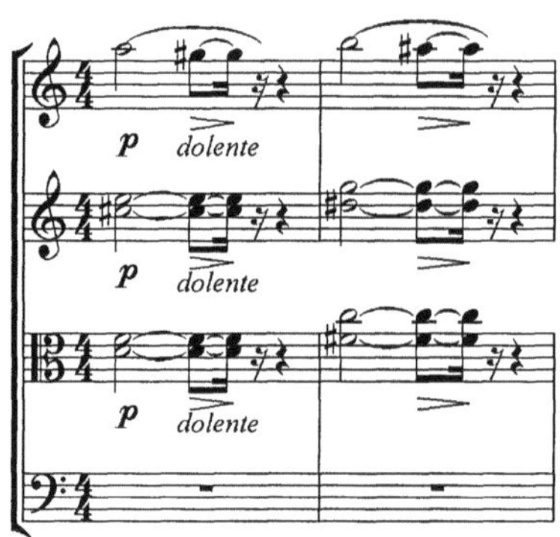

[5] Le motif BACH contient d'ailleurs les motifs [c] et [d] discernés dans la « série synthétique » que nous avons présentée dans le chapitre III. On retrouve le motif [d] constitué des intervalles 0-1-3 dans les notes *si bémol - la - do* (BAC), tandis que le motif [c] 0-2-3 est constitué des notes *si bécarre - do - la* (ACH).

Cette utilisation que Ginastera fait du motif BACH n'est pas sans rappeler l'idée d'Anton Webern, qui a bâti la série de son *Quatuor à cordes op. 28* sur les quatre sons correspondant aux quatre lettres du nom de Bach.

Ginastera réutilise cet illustre motif dans d'autres œuvres ultérieures, ce qui d'une certaine manière s'enchevêtre à sa pratique autocitationnelle. Par exemple, il l'emploie comme thème principal dans le troisième mouvement (*Adagissimo*) du *Concerto pour piano et orchestre n° 1* (mes. 1-15 à l'alto, mes. 35-40 au piano), ou encore, il en fait un élément important de l'opéra *Don Rodrigo*. Comme exemple de l'utilisation de ce motif dans *Don Rodrigo*, on pourrait mentionner les mesures 354-355 du Deuxième Tableau (Le couronnement) du Premier Acte, où le personnage principal, Rodrigo, chante le motif BACH, à partir de la note *sol*, et sur le mot « Espagne ».

Une autre citation érudite est commentée par le compositeur lui-même dans une note incluse dans le livret du disque du *Concerto pour piano et orchestre n° 2* enregistré par la pianiste argentine Dora de Marinis. Ginastera fait cette description du quatrième mouvement (*Cadenza e finale prestissimo*) de son *Concerto* : « Le mouvement se compose de cinq sections : première, transition, troisième ou section intermédiaire, réexposition et coda. Dans la section intermédiaire, un thème apparaît : ses onze notes proviennent de la fin de la *Sonate en si bémol mineur op. 35* de Chopin (Le vent entre les tombes plus connue comme *Marche funèbre*), qui symbolise la nature tragique et fantastique du concerto... ».

Sans la prétention de dresser l'inventaire exhaustif des citations dans l'œuvre de Ginastera, sinon d'apprécier les caractéristiques et l'importance de la pratique citationnelle dans sa production créatrice, nous mentionnons un dernier exemple de citation érudite. Comme Schwartz-Kates le signale dans son article « Ginastera » du *New Grove* : « In his *Cello Concerto no. 2* [1980-81], created for Aurora on their tenth wedding anniversary, he adds romantic epigraphs to a reworking of his earlier *Sonata* [pour violoncelle, 1979], interweaving veiled references to the cello theme from the third movement of Brahms's *Piano Concerto no. 2* into the newly composed first movement » (Schwartz-Kates, 2001 :

878). La citation érudite apparaît donc associée ici à une pratique d'autocitation et d'élaboration des matériaux provenant d'une pièce précédente. Nous nous proposons justement d'illustrer la pratique que Ginastera effectue de l'autocitation, au long de ses différentes périodes de création[6].

2. L'autocitation

Comme nous l'avons déjà vu dans le chapitre IV, le quatrième mouvement du *Quatuor à cordes n° 2*, dans sa première version de 1958, contient une autocitation prélevée du *Triste* (mes. 29-31), appartenant aux *Cinq chansons populaires argentines pour voix et piano* composées en 1943. Dans ce cas, Ginastera donne la référence sur la partition du *Quatuor* afin que le lien intertextuel soit clairement compris par l'interprète. En revanche, dans d'autres cas d'autocitation que nous avons examinés, il n'y a pas d'indication sur la partition, et il devient difficile de déterminer s'il s'agit toujours d'autocitations volontaires. Comme cela a déjà été illustré, il est évident que Ginastera s'intéresse à la pratique de la réécriture, soit simplement comme révision (exemple du *Quatuor à cordes n° 2*), soit comme arrangement (le *Quatuor* transformé en *Concerto per corde*), soit encore à la manière des versions successives (les deux versions de *Glosses sobre temes de Pau Casals*). Bien que ces exercices de réécriture soient souvent dus à la nécessité de produire pour satisfaire à des commandes, on peut dire que le geste de réemployer et de réélaborer constamment des matériaux donnés, c'est-à-dire la pratique élargie de l'autocitation, constitue une caractéristique fondamentale du travail de composition de Ginastera. Le réseau des séries dérivées à partir d'une série « synthétique » traversant les différentes œuvres sérielles (dont il a été question dans le chapitre III), atteste de cette activité particulière de réflexion sur un matériau unique, pour en effectuer des réutilisations multiples (les configurations d'intervalles 0-1-6-7 ou *Z-cells*).

---

[6] Il faudrait encore mentionner un dernier exemple de citation érudite. Le livret qui accompagne le disque de la cantate *Milena* pour soprano et orchestre, enregistré en 1989 par l'Orchestre Symphonique de Denver et la soprano Phyllis Curtin, contient ce commentaire de Ginastera : « One single musical indication : in the *Cantus Finalis* [le dernier des six mouvements qui composent l'œuvre] the theme of the organ grinder in the last lied of the *Winterreise* by Schubert is to me a song for the dead ».

Comme le soutient Malena Kuss : « The sense of continuity that compelled him to begin his second opera *Bomarzo* (1967) on the final cluster of *Don Rodrigo* (1964), and to recompose earlier materials in works spanning well over three decades (as with the structural and thematic links between *Pampeana no. 2* (1950) and the *Cello Sonata* (1979)), binds stages in the development of a personal language that retains stylistic consistency while facing the challenge of rapidly changing aesthetic » (Kuss, 1986 : 8).

S'il existe un élément associé de manière privilégiée à cette quête de continuité d'œuvre en œuvre, à travers l'exercice de l'autocitation, cet élément est manifestement l'« accord de la guitare ». Quasi omniprésente, bien que souvent transformée, cette structure citant la sonorité des cordes à vide de la guitare espagnole, ou *criolla*, apparaît pour la première fois dans les *Danzas Argentinas* pour piano (1937), l'une des premières pièces de Ginastera, et pour la dernière fois dans la *Sonate pour piano n° 3* (1982), son ultime composition. Nous avons parlé plus haut, à propos de l'accord prélevé de la *Neuvième Symphonie*, des accords acquérant une valeur symbolique en raison de leur structure particulière et de leur fonction, comme c'est le cas aussi de cet « accord de la guitare ». Dans l'œuvre de Ginastera, cet accord a eu une double utilisation : d'un côté, il se veut une allusion à l'univers *gauchesco* et à la culture *criolla*, mais d'un autre côté, il a été élaboré et utilisé comme élément purement musical, indépendamment de cette capacité évocatrice. Toutefois, dans la dernière composition de Ginastera (la *Sonate pour piano n° 3*), l'accord prend toute sa connotation nationaliste, comme à l'occasion de sa première apparition quarante-cinq ans auparavant, dans la *Danza del viejo boyero*. Car cette sonate appartient à la phase finale du « néo-expressionnisme », quand Ginastera opère un retour aux éléments folkloriques. Le contexte que cet accord retrouve dans la *Sonate* éveille certainement sa capacité symbolique. Six mesures avant la fin de la *Sonate*, qui est composée d'un seul mouvement, on retrouve cet accord de structure identique à celle de l'« accord de la guitare » original (*mi*2-*la*2-*ré*3-*sol*3-*si*3-*mi*4) mais transposée au triton inférieur, portant l'indication de jeu « *come chitarra* ». Voici l'exemple (mes. 107) :

Ex. 9

2.1. *Quatuor à cordes n° 1* (1948), *Pampeana n° 2* (1950) et *Sonate pour violoncelle et piano* (1979)

Malena Kuss signale, dans le paragraphe cité plus haut, qu'il existe des liens interdiscursifs entre la *Pampeana n° 2* et la *Sonate pour violoncelle et piano*, ces deux œuvres, distantes de près de trente ans, étant d'ailleurs les seules que Ginastera ait écrites pour cette formation. Dans un article écrit à l'occasion de la création de la *Sonate*, publié dans la revue *Tempo*, Kuss donne quelques précisions sur ces rapports. Elle mentionne que Ginastera réutilise l'accord initial de la *Pampeana n° 2*, pour commencer et achever le troisième mouvement (*Presto mormoroso*) de la *Sonate* (Kuss, 1980a : 42). En effet, on retrouve au *Presto mormoroso* le même accord (constitué d'une seconde majeure redoublée à l'octave) qui ouvre la *Pampeana*, mais cette fois-ci transposé d'un triton, joué dans le registre grave, et avec l'indication de jeu « *senza suono* » (c'est-à-dire qu'il faut enfoncer les touches sans produire de son, afin d'obtenir un effet de résonance).

Pour notre part, nous avons repéré un autre lien intertextuel (encore une pratique d'autocitation) qui ne concerne pas seulement la *Pampeana* et la *Sonate pour violoncelle*, mais également le premier mouvement du *Quatuor à cordes n° 1*. À la mesure 38 du premier mouvement (*Allegro violento ed agitato*) du *Quatuor n° 1*, on trouve cette mélodie d'inspiration folklorique (mes. 38-42) :

Ex. 10

La *Pampeana n° 2* présente à la mesure 22 un thème contenant la même tournure mélodique que le *Quatuor n° 1* (tierce mineure descendante répétée et broderie inférieure, *sol-mi-ré-mi*, ce qui constitue une transposition du motif du *Quatuor*, *do-la-sol-la*), avec cependant une variation rythmique, notamment caractérisée par une diminution du premier son. On peut alors voir, dans ces mesures 22-24 de la *Pampeana*, une autocitation élaborée des mesures 38-42 de l'*Allegro* du *Quatuor à cordes n° 1*. Cet exemple montre donc la mélodie de la *Pampeana n° 2* dérivée du *Quatuor n° 1* (mes. 22-24) :

Ex. 11

Pour sa part, le premier mouvement (*Allegro deciso*) de la *Sonate pour violoncelle et piano* présente, à la mesure 18, l'autocitation littérale des mesures 38-42 du premier mouvement du *Quatuor à cordes n° 1*. La seule modification apportée est la transposition à la quinte descendante.

Dans les trois œuvres, séparées par trente et une années, où nous avons repéré la présence de cette mélodie, celle-ci est toujours utilisée comme thème principal. Voici l'exemple des mesures 18-21 de l'*Allegro deciso* de la *Sonate pour violoncelle*[7] :

Ex. 12

2.2. La *Sonate pour violoncelle et piano* (1979) et autres rapports intertextuels

Le troisième mouvement (*Presto mormoroso*) de la *Sonate pour violoncelle*, dont nous avons parlé auparavant à propos de ses liens avec la *Pampeana*, contient d'autres références interdiscursives. Aux mesures 91-92 et 118-119, au violoncelle, on retrouve la série « *d'Amour* » de l'opéra *Don Rodrigo*, celle composée uniquement des motifs [d] et [c]. À sa première apparition (mes. 91-92), elle présente les mêmes hauteurs que dans l'aria de Florinda, qui la chante sur les mots « *Noche, estrellada noche…* » (mes. 302-305 du Tableau Cinq, Deuxième Acte) ; le seul changement est la rétrogradation des sons 4-5-6 et 10-11-12. À sa deuxième apparition (mes. 118-119), la série est énoncée telle qu'on la retrouve au début du premier mouvement du *Concerto pour violon et orchestre*. Il faut rappeler que Ginastera réemploie la série « *d'Amour* » de *Don Rodrigo* comme thème du *Concerto pour violon* (1963), dans une pratique autocitationnelle littérale, due vraisemblablement au fait qu'il travaillait sur les deux œuvres en même temps.

---

[7] Il faut ajouter que le deuxième mouvement (*Impetuosamente*) de la *Pampeana n⁰ 3* pour orchestre (1954) présente cette même autocitation, aux mesures 37-41. La mélodie, identique à celle du *Quatuor n⁰ 1* (Ex. 10), apparaît ici transposée sur *ré dièse*.

Finalement, un dernier rapport intertextuel lié à l'autocitation, qui concerne ce même mouvement de la *Sonate pour violoncelle*, est la réutilisation que Ginastera fait ici de la forme « miroir », employée précédemment dans l'*Interlude fantastique* de la *Cantata para América Mágica* pour soprano et orchestre de percussion (1960). Comme cela a été déjà mentionné dans le chapitre III, l'*Interlude fantastique* (uniquement instrumental) consiste en une forme « miroir », avec un axe central de symétrie à la mesure 134, à partir duquel toute la première partie (les premières 133 mesures) est rétrogradée. Quant à la forme du *Presto mormoroso* de la *Sonate pour violoncelle et piano*, Ginastera en donne cette description dans la préface de la partition (publiée par Boosey & Hawkes en 1982) : « Le troisième mouvement, *Presto mormoroso*, construit tel un miroir, est un scherzo à cellules multiples et rétrogradables entre le début et l'axe central tout d'abord, puis, se réfléchissant jusqu'à la fin du morceau ». L'axe central se trouve à la mesure 97.

En ce qui concerne le deuxième mouvement (*Adagio passionato*) de la *Sonate pour violoncelle et piano*, il contient une autocitation avouée, c'est-à-dire avec référence indiquée sur la partition, à l'instar de l'autocitation du *Triste* incluse dans le *Quatuor à cordes n° 2*, déjà illustrée au chapitre IV. Ginastera emprunte cette nouvelle autocitation déclarée à son *Quatuor à cordes n° 3 avec soprano* (1973), troisième mouvement (*Amoroso*). Le motif prélevé appartient à la partie de la soprano (mesures 54-55), où il apparaît chanté sur le mot « *amor* » (amour). Dans la *Sonate*, on retrouve ce motif cité littéralement à la partie du violoncelle (mesure 13 de l'*Adagio*), y compris le mot « *amor* », écrit entre parenthèses. Il s'agit d'une autocitation de signification autobiographique : le message d'amour est destiné à son épouse, la violoncelliste Aurora Nátola, à qui cette *Sonate* est dédiée (« *a mi querida Aurora* »), et qui a créé l'œuvre à New York en 1979. Il est à noter que, dans les deux cas d'autocitation avouée, les emprunts proviennent des parties destinées à la voix, donc avec du texte, et que le texte est aussi inclus dans l'autocitation, en tant que porteur d'information assurant l'intelligibilité du geste citationnel. Voici l'exemple qui présente les mesures 54-55 de l'*Amoroso* du *Quatuor n° 3 avec soprano* ainsi que la mesure 13 de l'*Adagio* de la *Sonate pour violoncelle et piano* :

Ex. 13

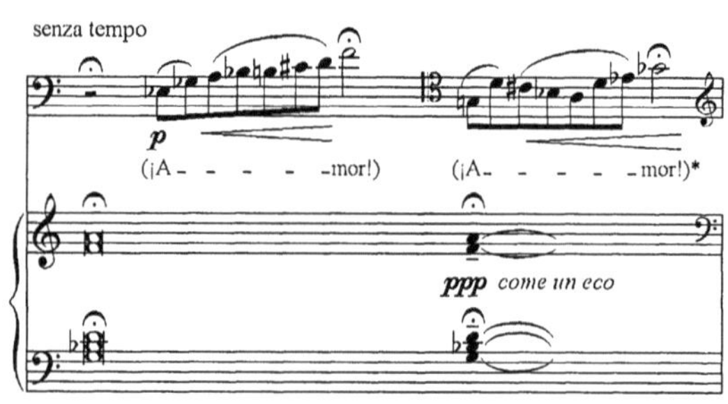

* From the "Third String Quartet".

Pour sa part, le *Quatuor à cordes n° 3 avec soprano*, source de cette autocitation, nous renvoie aux rapports intertextuels traités auparavant, concernant la musique érudite. Comme Ginastera l'exprime dans la note qui accompagne la partition du *Quatuor* (publiée par Boosey & Hawkes en 1977) : « J'étais toujours fasciné par l'imagination de Schoenberg lorsqu'il inclut une partie vocale dans son *Second Quatuor*, non pas comme soliste avec accompagnement mais comme un composant d'un événement musical. La commande d'une œuvre pour de la musique de chambre m'offrit ainsi la possibilité de créer une œuvre du même genre »[8]. Tandis que Schoenberg a utilisé pour les parties chantées de son *Quatuor à cordes n° 2* (qui remonte à 1908, appartenant à l'époque expressionniste) des textes du poète allemand Stefan George (1868-1933), Ginastera a pour sa part repris des textes des trois célèbres poètes espagnols liés à la génération dite de 1927 : Juan Ramón Jiménez (1881-1958), Federico García Lorca (1899-1936) et Rafael Alberti (1902-1999).

2.3. *Douze préludes américains* pour piano (1944) et *Sonate pour guitare* (1976)

Le quatrième prélude des *Douze préludes américains* pour piano porte le titre *Vidala*, faisant allusion à la chanson folklorique caractéristique de la région andine du nord-ouest argentin, de forte tradition quechua. En effet, la mélodie du *Prélude américain* ressemble distinctement à une mélodie typique de *vidala*. L'exemple suivant montre la première phrase du prélude (mesures 1-4) :
Ex. 14

D'un autre côté, dans la préface de la partition de sa *Sonate pour guitare* (publiée par Boosey & Hawkes en 1981), Ginastera décrit le premier mouvement par ces mots : « Le premier mouvement, *Esordio*, est une entrée solennelle suivie d'un chant inspiré de la musique Quechua et

[8] Comme nous l'avons déjà mentionné, le rapport intertextuel existant entre le *Quatuor n° 2* de Schoenberg et le *Quatuor n° 3* de Ginastera n'implique pas la présence effective du texte de Schoenberg dans le texte de Ginastera. C'est-à-dire qu'il ne s'agit pas ici d'une pratique citationnelle littérale, mais d'un renvoi d'un ordre plus général.

qui prend fin avec la réexposition abrégée de ces deux éléments ». Voici l'exemple de ce « chant d'inspiration quechua » qui apparaît dans la deuxième partie du mouvement (*Poco più mosso*, mes. 1-8) :

Ex. 15

Comme on peut le remarquer, ce chant s'apparente étroitement à la mélodie du *Prélude américain n° 4* citée dans l'exemple antérieur, ce qui nous permet d'y voir une pratique autocitationnelle, à savoir la réutilisation d'une même mélodie, légèrement modifiée, dans une pièce composée trente-deux ans plus tard. En même temps, cette autocitation comporte la citation du folklore qui en est à l'origine, puisque la source de la mélodie est la chanson folklorique appelée *vidala*. Il faut signaler que le premier emploi repéré de cette mélodie se trouve dans une œuvre appartenant à la période du « nationalisme objectif », alors que sa deuxième utilisation intervient dans une pièce de la phase finale du « néo-expressionnisme », quand Ginastera opère un retour aux matériaux folkloriques[9].

[9] Comme on peut le remarquer, la description de la mélodie dans la *Sonate pour guitare* comme un « chant d'inspiration Quechua » est plus opaque que dans le *Prélude américain* où elle est désignée par le titre spécifique de *Vidala*. Peut-être est-ce parce que les *Douze Préludes Américains* appartiennent à la période du « nationalisme objectif », dans laquelle Ginastera était plus profondément attaché aux références folkloriques. En outre, quand Ginastera écrit la *Sonate pour guitare* il est déjà un compositeur reconnu au niveau international, et il s'adresse alors, dans la préface de la *Sonate*, à un public plus large qui pourrait ne pas comprendre une référence trop précise au folklore argentin. Il est encore ici question d'indices contractuels et de leur action sur l'auditeur. D'autre part, il est intéressant de noter que cette autocitation, bien que provenant d'une œuvre du « nationalisme objectif », s'intègre aisément dans le discours

Dans une certaine mesure, la deuxième utilisation de la mélodie, celle de la *Sonate pour guitare*, semble plus proche d'une *vidala* authentique que la première version énoncée dans le *Prélude américain*. D'une part, la mélodie dans la *Sonate pour guitare* présente une quarte augmentée (*fa-si*), un intervalle caractéristique du mode lydien utilisé dans les mélodies des *vidalas* les plus anciennes[10]. D'autre part, la mélodie tire parti du timbre de la guitare, plus évocateur du folklore que le piano, et surtout de l'accompagnement de percussion (*tambora*) des mesures 5-8, imitant la sonorité du *bombo*, ou bien, de la *caja* (caisse). Traditionnellement, la *vidala* s'accompagne d'un instrument à percussion, *bombo* ou *caja*, qui suit le rythme du chant. Pour reproduire cette pratique, Ginastera demande au guitariste (de la mesure 5 à la mesure 8), de frapper les cordes avec son pouce afin d'obtenir un effet percussif appelé *tambora*, réitérant le rythme de la mélodie. Ce rythme, qui est certainement un rythme typique de *vidala*, se retrouve pratiquement identique dans les deux versions présentées de cette même mélodie[11]. Ainsi, ce dernier exemple de pratique autocitationnelle chevauche-t-il directement le troisième type de citation que nous avons

---

de la *Sonate pour guitare*, ce qui souligne le retour aux allusions folkloriques opéré par Ginastera dans la phase finale du « néo-expressionnisme ». Par contre, rappelons que, dans le cas de l'autocitation du *Triste* (issue également du « nationalisme objectif ») insérée dans le quatrième mouvement du *Quatuor à cordes n° 2* (début du « néo-expressionnisme »), elle avait été éliminée dans la révision du *Quatuor*, au moment où Ginastera s'était davantage détaché des références folkloriques, durant la première phase du « néo-expressionnisme ».

[10] Par rapport aux modes européens anciens et à la gamme *bimodale* avec quarte augmentée, utilisés par les mélodies folkloriques du nord-ouest de l'Argentine dont la *vidala*, cf. le chapitre I.

[11] En comparant les deux versions, il est intéressant de noter les différences qui concernent l'aspect harmonique. Dans le cas du prélude pour piano, la mélodie de *vidala* comporte une harmonisation tonale, contenant du chromatisme, qui découle de la musique savante européenne du début du XXe siècle. Cette harmonisation confère à la mélodie une expression plus *criolla* qu'indigène, car la musique *criolla*, de par sa tradition européenne, utilise l'harmonie tonale. Par contre, l'harmonisation de cette même mélodie dans la *Sonate pour guitare* utilise le total chromatique, présentant notamment des structures 0-1-6 et 0-5-6, caractéristiques du langage sériel de Ginastera. D'une certaine manière, ce langage harmonique non fonctionnel met davantage en avant l'inspiration indigène de la mélodie.

décelé dans la musique de Ginastera : la citation du folklore, que nous abordons plus spécifiquement maintenant[12].

3. La citation folklorique

La citation du folklore constitue évidemment l'un des éléments essentiels de la musique de Ginastera, particulièrement durant la période du « nationalisme objectif » où les matériaux empruntés, surtout à la musique *criolla*, restent facilement identifiables, c'est-à-dire plus proches de la citation littérale. Toutefois, comme cela a été illustré notamment au chapitre I, Ginastera s'adonne à ce que l'on a appelé le « folklore imaginaire » (Serge Moreux), qui consiste en l'invention de matériaux nouveaux à partir des éléments du folklore. On peut considérer comme exemple la mélodie de la *Sonate pour guitare*, objet de la dernière autocitation signalée plus haut, que Ginastera décrit comme « un chant inspiré de la musique Quechua ». En effet, cette mélodie, qui pourrait éventuellement passer pour la citation d'une phrase d'une *vidala* authentique, est en fait une invention de Ginastera qui imite une *vidala* typique. C'est pour cela qu'il est parfois difficile de faire la distinction, surtout dans la première période de Ginastera, entre une citation directe du folklore et une imitation d'un matériau folklorique donné. En suivant la formule de Gérard Genette, « imiter, c'est généraliser » (Genette, 1982 : 92), on peut dire qu'il s'agit, pour Ginastera, de capter et de reproduire quelques traits typiques qui suffisent pertinemment à caractériser, ou en tout cas à évoquer, un air folklorique déterminé, pour pouvoir ainsi le citer à la manière d'un *modèle* emprunté au folklore.

Ginastera a alors comme projet, pour ce qui touche une partie importante des œuvres du « nationalisme objectif », d'imiter des

---

[12] Dans son ouvrage *Alberto Ginastera : técnicas y estilo (1935-1950)*, Guillermo Scarabino mentionne pour sa part un exemple d'autocitation. Il s'agit de l'autocitation du *Prélude américain n° 12* pour piano (dont le titre est *Dans le premier mode pentatonique majeur*) qui se retrouve à la fin de la pièce symphonique *Popol Vuh*. Par cet exemple, Scarabino veut illustrer le phénomène de la récurrence de certains éléments (des traits, des gestes, ou encore des « climats ») tout au long de la production de Ginastera. Ces éléments fonctionnent, selon Scarabino, comme des signes renvoyant d'œuvre en œuvre, ces signes étant parfois des citations textuelles d'œuvres antérieures (c'est-à-dire des autocitations) (Scarabino, 1996 : 5).

chansons ou des danses folkloriques spécifiques, cherchant en même temps à les recréer, voire cherchant parfois à produire des combinaisons hybrides de leurs éléments. Si bien que les matériaux folkloriques provenant de différentes chansons et de diverses danses se fondent dans le discours de Ginastera qui se les approprie d'emblée. Cela se vérifie dans des pièces comme par exemple le *Malambo* pour piano (1940) ou les *Cinq chansons populaires argentines* (1. *Chacarera*, 2. *Triste*, 3. *Zamba*, 4. *Arrorró*, 5. *Gato*) pour voix et piano (1943), dont les titres témoignent déjà de cette pratique d'appropriation des modèles folkloriques, à travers la citation et l'imitation.

Dans cette analyse des rapports interdiscursifs avec le folklore, nous nous restreindrons aux cas, peu nombreux, de citations folkloriques avouées, qui ne se limitent pas à un titre général allusif d'une danse ou d'une chanson folklorique, comme c'est le cas le plus fréquent, mais qui contiennent une référence ponctuelle plus précise. Curieusement, les exemples que nous avons retenus proviennent des œuvres de la phase finale du « néo-expressionnisme », quand le compositeur opère un retour évident aux sources folkloriques.

3.1. *Sonate pour piano n° 2* (1981)

Dans la note de programme qui préface la partition de la *Sonate n° 2 pour piano* (publiée par Boosey & Hawkes en 1981), Ginastera signale : « This work is in three movements. The first, *Allegramente*, has a main subject, a quasi introduction and conclusion, framing developments based on different dances and songs, among them the Argentinian '*Palapala*' ». En effet, à la mesure 135 du premier mouvement commence la citation presque littérale de la mélodie du *Pala-pala*, un air très populaire et, de ce fait, facilement reconnaissable. L'exemple suivant montre les mesures 135-138 du premier mouvement de la *Sonate pour piano n° 2* :

Ex. 16

ainsi que la mélodie du *Pala-pala* transcrite par Isabel Aretz (Aretz, 1952 : 219) :

Comme on peut l'observer dans cet extrait, la musique du *Pala-pala* est constituée de quatre phrases, chacune de deux mesures, suivant le dessin [a-a-b-a']. Cette mélodie de quatre phrases sert à chanter une strophe. La citation de Ginastera n'en retient que la phrase [a], la réitérant trois fois pour avoir la même durée que la strophe du *Pala-pala*. Le *Pala-pala* est une danse folklorique de couple, typique du nord-ouest argentin, et dont l'origine pourrait remonter à une ancienne danse indigène. Cependant la musique reconnue, identifiée comme étant celle sur laquelle on danse le *Pala-pala*, est assez récente et n'est certainement pas d'origine indigène mais *criolla*. Le mot «*pala-pala* », qui provient de la langue quechua, signifie « corbeau ». Or justement, la chorégraphie du *Pala-pala* imite le mouvement des ailes d'un oiseau à l'aide du *poncho*, ce qui serait une trace de l'ancienne danse indigène.

Encore dans la préface de la partition de cette deuxième sonate, pénultième composition de Ginastera, l'auteur signale d'autres rapports entre sa pièce et le folklore. Néanmoins, ces mentions n'ont pas la même spécificité que la référence directe au *Pala-pala* illustrée auparavant. À propos du deuxième mouvement (*Adagio sereno - Scorrevole - Ripresa dell'Adagio*), Ginastera écrit : « The first part is a harawi [*yaraví*], a melancholy love song, of pentatonic pre-Columbian origin from Cuzco, with the characteristic vocal inflections of primitive civilizations ». En ce qui concerne le troisième mouvement (*Ostinato aymará*), l'auteur le décrit ainsi : « The third movement, *Ostinato aymará*, takes the form of a toccata whose fundamental rhythm comes from a dance called 'karnavalito' [*carnavalito*]. This part is solid and impetuous, as is characteristic of South American Music »[13].

Lorsque Ginastera dit que le deuxième mouvement « est un *yaraví* », cela ne veut pas dire qu'il consiste en la citation d'un *yaraví* réel, mais plutôt en l'invention d'un *yaraví* imaginaire, grâce à l'appropriation, puis à la recréation, de certains de ses traits significatifs. Par rapport au troisième mouvement, l'*Ostinato aymará*, il faut d'abord signaler que le titre contient une première référence au folklore, puisque Aymara est le nom d'une nation autochtone de la Bolivie soumise par les Incas. Ainsi le titre *Ostinato aymará* fait manifestement allusion à un rythme répété de manière obstinée, et dont la provenance est indigène. Ginastera nous apprend que le rythme provient spécifiquement du *carnavalito*, danse traditionnelle et très populaire de la région andine. L'un de ses rythmes de base est le pied binaire constamment répété constitué d'une croche et de deux doubles croches, que Ginastera cite textuellement.

Si nous avons centré notre attention particulièrement sur *El Pala-pala*, c'est parce qu'il constitue l'un des rares exemples de citation

---

[13] Pour une meilleure compréhension, nous donnons entre parenthèses le nom de l'air folklorique tel qu'on le retrouve normalement écrit en espagnol, et tel qu'il a été utilisé tout au long de ce travail.

littérale avouée d'une mélodie folklorique bien connue et reconnaissable. En revanche, les cas du *yaraví* et du *carnavalito* représentent la pratique citationnelle la plus fréquente, celle caractéristique du « folklore imaginaire », par laquelle certains éléments sélectionnés sont précisément cités (comme le rythme du *carnavalito*) ou imités, tandis que d'autres subissent des transformations profondes.

3.2. *Puneña n° 2* pour violoncelle seul (1976)

Le second mouvement de cette pièce, *Wayno Karnavalito*, a fait l'objet de notre analyse au chapitre précédent. Dans le présent chapitre, c'est le premier mouvement qui nous occupe. Ce mouvement porte le titre référentiel de *Harawi* (*yaraví*), que Ginastera définit souvent comme un « chant mélancolique d'amour ». Il contient une nouvelle citation folklorique avouée, bien que la référence reste assez opaque. À la mesure 19 (cf. Ex. 17), on peut lire cette indication en français sur la partition : « Métamorphose d'un thème precolumbien [sic] du Cuzco »[14]. Tenant compte du titre de la pièce, on présume que ce thème métamorphosé provient d'un *yaraví*, qui est justement un type très ancien de chanson d'origine précolombienne, caractéristique de la culture quechua. Rappelons d'ailleurs que Cuzco était l'ancienne capitale de l'empire inca. Comme la référence est vague, il est donc difficile de savoir si Ginastera a effectivement emprunté un thème réel pour le soumettre à diverses transformations, ou s'il s'agit encore une fois d'un exercice de « folklore imaginaire ». On peut toutefois remarquer dans ce thème métamorphosé certains des traits caractéristiques du *yaraví* en général, tels que la liberté rythmique, le mode pentatonique, ou les ornements qui, associés au microtonalisme, imitent la manière de chanter appelée « avec *kenko* ». Comme cela a déjà été traité dans le chapitre IV, la pratique du chant dans la région andine se caractérise par l'ornementation mélodique, ainsi

---

[14] Rappelons que la *Puneña n° 2* a été écrite en hommage à Paul Sacher, pour fêter son soixante-dixième anniversaire. Le premier thème du *Harawi* est composé sur le nom de Sacher : eS (*mi bémol*)-A (*la*)-C (*do*)-H (*si*)-E (*mi*)-Re (*ré*), combinant les noms des notes en différentes langues. Ginastera indique sur la partition le nom des notes dessinant le nom de Sacher. Il est possible que le fait de mentionner la source du premier thème (le nom de Sacher) sur la partition, amène Ginastera à fournir également la référence concernant le second thème (« métamorphose d'un thème précolombien ») sur la partition.

que des inflexions particulières de la voix et l'ajout de *glissandi* ou *portamenti* au moment de l'attaque des sons, ces moyens expressifs étant désignés par le mot quechua « *kenko* ».

Dans le cas de cette citation, il n'est pas possible d'identifier le thème original éventuel, car la référence est opaque, et le thème cité n'est pas, pour nous, reconnaissable. L'exemple suivant montre le thème extrait de *Harawi* de Ginastera et un exemple choisi d'un *yaraví*, pour constater certains rapports existants. Ce *yaraví*, transcrit par Isabel Aretz, est joué par une *quena* (flûte andine), il porte l'indication « *ritmo libre* » (rythme libre) et les barres de mesure sont simplement suggérées, tout comme dans la partition de Ginastera[15]. Voici l'exemple de la pièce de Ginastera (mes. 19-22) :

Ex. 17

ainsi que du *yaraví* recueilli par Aretz (Aretz, 1952 : 68) :

[15] Le *yaraví*, étant donné son fort caractère indigène, présente généralement des tournures pentatoniques, bien qu'elles apparaissent souvent associées, comme dans le cas de l'exemple recueilli par Aretz, aux modes européens contenant des demi-tons. Comme nous l'avons déjà dit, le *yaraví* est d'origine précolombienne mais il a longuement persisté après la conquête espagnole, assimilant des éléments de la musique européenne.

Un dernier exemple de citation folklorique, dont la référence est indiquée sur la partition même, est le cas de la citation du rythme de *carnavalito*, dans le quatrième mouvement (*Allegro con fuoco*) de la *Sonate pour violoncelle et piano* (1979). Ginastera donne, dans la préface de la partition, cette description du mouvement : « Le quatrième mouvement, *Allegro con fuoco*, est un final impétueux en cinq parties dans lequel apparaît le rythme du '*Karnavalito*' originaire de la musique Inca ». À la mesure 24, on peut lire cette indication sur la partition : « *Ritmo di Karnavalito* »[16]. Voici l'exemple des mesures 24-25 de ce mouvement :

Ex. 18

Ce quatrième mouvement contient aussi quelques bribes de mélodie de *carnavalito*, particulièrement les tournures pentatoniques aux mesures 148-153.

Il faudrait souligner que, dans sa pratique citationnelle des modèles folkloriques, particulièrement en ce qui concerne les cas illustrés du *yaraví* et du *carnavalito*, Ginastera ne se contente pas de citer des matériaux musicaux, il cherche essentiellement à s'emparer des différents *pathos*, des « affects » de chacune des danses et des chansons. Par exemple, le *yaraví*, qui a été défini selon Carlos Vega comme « la chanson la plus triste du monde » (Vega, 1965 : 263), donne l'occasion à

[16] Cette indication fonctionne comme une sorte d'*indice contractuel*, établissant clairement le lien intertextuel entre cette musique de Ginastera et le *carnavalito*. Dans ce cas-ci, l'*indice contractuel* n'occupe pas la place du titre du mouvement (comme, par exemple, dans le *Wayno Karnavalito* de la *Puneña n° 2*), mais apparaît seulement comme une remarque ponctuelle, réservée aux interprètes ou aux lecteurs de la partition. Le rythme de *carnavalito* est toutefois facilement perceptible.

Ginastera de créer des expressions dramatiques intenses, et en même temps austères. En revanche, le *carnavalito* lui procure une expression de vitalité et d'euphorie.

Pour finir avec la pratique citationnelle de musiques de tradition orale, il y aurait un dernier exemple à signaler, comportant cependant des caractéristiques différentes. Il s'agit du *Rondo sobre temas infantiles argentinos* (Rondeau sur des thèmes argentins pour enfants), pièce pour piano écrite en 1947 et dédiée aux deux enfants de Ginastera, Alex et Georgina, qui à l'époque étaient encore très jeunes. Cette pièce contient la citation littérale de trois chansons qui accompagnaient ordinairement les jeux des enfants argentins : *Sobre el puente de Aviñón* (Sur le pont d'Avignon), *Palomita ingrata* (Colombe ingrate) et *Encontré a mamita* (J'ai trouvé ma maman). Évidemment, *Sur le pont d'Avignon* n'est pas une chanson d'origine argentine, mais une chanson traditionnelle importée d'Europe, en l'occurrence de France, comme tant d'autres chansons, et incorporée au répertoire populaire argentin, particulièrement à celui adressé aux enfants. Il ne faut pas perdre de vue le lien important existant entre l'Argentine et l'Europe depuis la colonisation espagnole, et renforcé par les vagues successives d'immigration européenne durant le XIXe siècle, et surtout au début du XXe siècle.

Comme cela a déjà été souligné, le but central du présent chapitre est d'apprécier et d'illustrer l'importance et la fonction de la pratique citationnelle dans la production de Ginastera, et non d'inventorier de manière exhaustive toutes les citations existant dans son œuvre. Nous nous proposons maintenant d'observer deux autres types spécifiques d'activité intertextuelle : la parodie et l'hommage. Puis, nous essaierons d'avancer quelques réflexions sur l'ensemble du phénomène de l'intertextualité dans l'œuvre de Ginastera, d'une part, du point de vue de la réception, et d'autre part, dans la perspective du travail d'écriture.

4. La parodie : *Obertura para el 'Fausto' Criollo*, pour orchestre (1943)

Le titre de cette pièce constitue un indice contractuel qui prévient l'auditeur de certaines relations intertextuelles impliquées. Pour l'auditeur averti, le nom de Faust associé au mot ouverture, rappelle immédiatement l'opéra *Faust* de Charles Gounod. Même si ce n'est pas le seul opéra à porter le nom de Faust dans le titre, cet opéra reconnu est en effet probablement le premier qui vienne à l'esprit. Évidemment, le titre suggère aussi, de manière implicite, le *Faust* de Goethe. Cependant le mot « *criollo* » associé dans le titre au nom de Faust, constitue l'indice générique qui dénote un type précis de rapport intertextuel, celui de la parodie, avertissant l'auditeur de l'intention ludique. La simple notion d'un « *Fausto Criollo* » suffit à suggérer une déformation parodique du célèbre drame de Goethe. Justement, l'œuvre de Ginastera s'inspire d'une parodie littéraire appelée *Faust* de l'écrivain argentin Estanislao del Campo (1834-1880), dont la particularité est qu'elle ne se base pas directement sur la pièce de Goethe, mais plutôt sur l'opéra de Gounod. On remarque ainsi le caractère intersémiotique ou interesthétique de ces pratiques de dérivation : le poème *Faust* de Estanislao del Campo parodie l'opéra *Faust* de Gounod, qui se base lui-même sur le drame de Goethe, et à son tour, Ginastera, comme on le verra, parodie musicalement l'opéra de Gounod en se basant sur l'idée d'un « *Fausto Criollo* » tirée de la parodie littéraire conçue par Estanislao del Campo.

Une forme de parodie consiste en la transposition d'un texte noble dans un style vulgaire. C'est la pratique choisie par Estanislao del Campo qui, dans son poème *Faust* (1866), rapporte les impressions d'un *gaucho* qui assiste par hasard à une soirée d'opéra (en l'occurrence le *Faust* de Gounod), au théâtre Colón de Buenos Aires. Le poème est essentiellement le compte rendu de l'argument (le livret écrit par Barbier et Carré) et de l'action scénique du *Faust*, que le *gaucho* raconte en utilisant le langage *gauchesco*, c'est-à-dire l'espagnol oral et populaire des habitants de la *pampa* du XIXe siècle. La conception de ce poème est née d'un jeu, affirmant l'intention principalement ludique de la parodie[17].

---

[17] Il est intéressant de noter la proximité entre la date de création à Paris du *Faust* (1859, sous forme d'opéra comique) et la date de publication de la parodie écrite par Estanislao del Campo (1866), laquelle nous permet de savoir que l'opéra *Faust* a été représenté au théâtre Colón de Buenos Aires en 1866 (plus précisément, pour la première fois, le 24 août 1866), seulement sept ans après sa première parisienne. Ce détail chronologique illustre l'étendu de la communication entre la culture européenne, notamment la culture française, et le milieu culturel argentin de cette époque. Précisons qu'il s'agit ici du premier théâtre Colón construit en 1857, et non de l'actuel Théâtre Colón, qui n'a été inauguré qu'en 1908.

Selon Carmen Del Rio : « La parodie n'est pas seulement une manière d'écrire, mais aussi, ou peut-être principalement, une manière de 'lire'. Écriture et lecture sont les deux moments d'une même production : la parodie est lecture d'une écriture mais aussi écriture d'une lecture, elle lie à toute écriture une lecture et à toute lecture une écriture » (Del Rio, 1983 : 107). Dans le cas de l'œuvre de Ginastera, on pourrait dire qu'elle est l'écriture résultant de la lecture d'un texte musical à la lumière de la lecture d'un texte littéraire. Plus précisément, Ginastera reprend certains thèmes de l'opéra de Gounod, qui constitue son texte de base, ou encore son *pré-texte*, pour réécrire l'ouverture d'un nouveau *Faust*, transformé sur le mode d'un « *Fausto criollo* » tel que travesti dans le poème de Estanislao del Campo. Le procédé utilisé pour produire cet effet parodique est constitué d'un double mouvement, de référence et de différence : la référence au texte de Gounod permet de rappeler le souvenir de l'œuvre originale, tandis que la différence suscite le contraste ludique, le divertissement. Évidemment, puisque il s'agit d'un Faust *gauchesco*, la différence est marquée par des matériaux provenant de la musique *criolla*.

L'œuvre commence par une introduction (mes. 1-35) entièrement dérivée de l'*Introduction* de l'opéra de Gounod. Les sept premières mesures citent, de manière légèrement transformée et condensée, les mesures 1-22 de l'*Introduction* composée par Gounod. À partir de la mesure 8, Ginastera cite presque textuellement le thème en imitation canonique énoncé aux mesures 23-32 de l'ouverture de Gounod. Ginastera prolonge ce thème pour atteindre, avec un *accelerando* graduel et une montée du registre, l'entrée du thème principal (mes. 36), d'inspiration très nettement folklorique. Ce thème emprunte ses caractéristiques à la danse typique du *gaucho* appelée *malambo*, dont il a été déjà question dans des chapitres antérieurs. On retrouve l'« accord de la guitare » à l'accompagnement, aux cordes. Cette entrée du thème de *malambo* constitue le premier grand contraste, qui fonctionne évidemment comme une surprise, entre la reprise du texte de Gounod et les thèmes issus du folklore. Ce procédé consistant à contraster les deux matériaux (référence/différence) structure intégralement l'ouverture dont la forme est, par ailleurs, tout à fait classique. Le développement, par exemple, consiste en un *fugato* qui utilise comme sujet une mélodie prélevée dans la scène de la kermesse (« Vin ou bière ») de l'Acte II du

Faust, chantée par le personnage appelé Wagner, ainsi que par ses compagnons buveurs. Cette phrase de huit mesures, citée fidèlement, correspond aux mesures 43-50 de la scène de la kermesse (les paroles commençant par « Jeune adepte du tonneau »). Voici l'exemple de cette citation, aux mesures 207-214 de l'*Ouverture pour le 'Faust' Criollo* (partie de la trompette) :

Ex. 19

L'effet parodique est donc le résultat d'un traitement inattendu des citations du *Faust* de Gounod, principalement en raison du détournement du contexte : de l'opéra parisien, au folklore (recréé) de la *pampa*. Comme le signale Claude Bouché : « Elle [la parodie] est en même temps un texte et un autre texte, un texte dans un autre texte, qui l'absorbe et s'y confond. Penser un texte sous la catégorie de la parodie, c'est s'obliger à le voir d'un seul regard comme lui-même et comme autre chose que lui… » (cité *in* Del Rio, 1983 : 106). Cela implique que la pleine intelligence d'un texte parodique exigerait la connaissance du texte parodié. Nous reviendrons plus loin sur le sujet de la réception.

5. L'hommage : *Doce Preludios Americanos* pour piano (1944)

Il existe dans l'histoire de la musique une longue tradition d'œuvres écrites en l'honneur ou à la mémoire d'un compositeur ou d'un maître de musique. Certaines de ces œuvres, conçues comme des « hommages », prennent les caractéristiques du pastiche, c'est-à-dire de l'écriture « À la manière de… », imitant ou tout au moins évoquant le style de la personnalité célébrée[18]. Des douze préludes qui constituent les *Doce Preludios Americanos* pour piano, quatre ont été composés en hommage à un compositeur : le prélude numéro 6 est un hommage à Roberto Garcia Morillo, le numéro 8 à Juan José Castro, le numéro 9 à Aaron Copland, et le numéro 11 à Heitor Villa-Lobos. Ces hommages rendus par Ginastera à ces quatre collègues aînés sont un témoignage de respect et de reconnaissance pour ceux qui étaient, d'une certaine manière, ses maîtres et ses promoteurs.

Au moment de la composition des *Douze préludes américains*, Ginastera était en train d'établir son prestige de compositeur sud-américain, tandis que le Brésilien Heitor Villa-Lobos (1887-1959) était déjà la grande figure de la musique de l'Amérique latine[19]. Pour sa part, le compositeur états-unien Aaron Copland (1900-1990) avait très tôt manifesté son intérêt pour la musique de Ginastera. Dans un article qui est une sorte de rapport sur les compositeurs de l'Amérique du Sud, publié dans le *Modern Music* en 1942 (quand Ginastera n'avait que 26 ans), Copland signale : « All groups are agreed, however, that the white hope of Argentine music is young Alberto Ginastera. Ginastera has a natural flair for writing brilliantly effective, sure-fire music of the French-Spanish persuasion. Sometimes it acquires an increased charm through a well placed use of local melodic phraseology. He also possesses an unusual knack for bright-sounding orchestrations. Later Ginastera may become more ambitious, and learn to look inside himself for deeper sources. But already, no report of music in the Argentine is complete without mention of his name » (Copland, 1942 : 77). Ginastera

[18] La citation de la troisième des *Cinq pièces op. 5 pour quatuor à cordes* d'Anton Webern, utilisée par Ginastera comme incipit de son *Quatuor à cordes n° 2*, pourrait être interprétée comme une sorte d'hommage « caché ».

[19] Pour éviter la confusion, propre à la langue française, entre le mot « américain » et le mot « états-unien », précisons que les *Préludes* de Ginastera sont américains, au sens où ils appartiennent au continent américain, et non parce qu'il faille les associer aux États-Unis. En espagnol, langue originale du titre de l'œuvre, cette confusion n'existe pas ; c'est pour cela que le mot « américains » englobe les compositeurs issus du Brésil, des États-Unis et de l'Argentine, qui sont tous les trois évidemment des pays du continent américain.

a rencontré Copland pour la première fois à l'occasion de ses cours de composition à Tanglewood (États-Unis) en 1941, et ils se sont par la suite liés d'amitié.

En ce qui concerne les deux compositeurs argentins honorés dans les *Doce preludios americanos*, Roberto Garcia Morillo et Juan José Castro, Ginastera les considère dans son article « Eight from the Argentine » publié dans le *Modern Music* en 1946, comme deux des huit principaux compositeurs de la musique savante argentine moderne. À propos de Garcia Morillo, Ginastera souligne sa tendance expressionniste, esthétique à laquelle Ginastera, comme on le sait, s'identifie lui-même. Par rapport à Juan José Castro (1895-1968), Ginastera remarque qu'il a su utiliser des éléments musicaux populaires ou bien provenant du folklore, subtilement élaborés, tel qu'on l'apprécie dans des oeuvres comme les *Tangos* pour piano ou la cantate *Martin Fierro*. Par ailleurs, Castro a contribué à donner de l'élan à la carrière de Ginastera ; en tant que directeur de l'orchestre du Théâtre Colón, il a assuré la première création importante d'une œuvre de Ginastera (*Suite du ballet Panambí*, 1937). De même, Juan José Castro a dirigé la première de l'*Obertura para el 'Fausto' Criollo* en 1944, pièce que lui était d'ailleurs dédiée.

Le *Prélude américain n° 8* en l'hommage de Juan José Castro présente les caractéristiques d'une référence admirative à l'œuvre de Castro. Ginastera imite d'emblée le style du compositeur célébré en choisissant un *Tempo di Tango*, qui renvoie clairement à l'une des œuvres les plus connues de Castro (les *Tangos* pour piano, 1941). Ce *Prélude* constitue la seule référence transparente au tango dans la musique de Ginastera qui, contrairement à plusieurs autres compositeurs (pas nécessairement argentins), n'a guère trouvé dans le tango une source d'inspiration appréciable[20]. Ginastera s'aventure alors dans l'écriture de ce tango recréé, pour rendre ainsi à Juan José Castro un hommage en forme de pastiche[21].

---

[20] La *Sinfonía n° 1* (*Porteña*), que Ginastera a écrite en 1942, contenait aussi un thème de tango, mais cette pièce a été retirée du catalogue par l'auteur.

[21] L'importance de la relation d'amitié entre Juan José Castro et Ginastera, et l'influence que la musique de Castro a pu avoir sur le style du « nationalisme subjectif » de Ginastera sont traitées par Schwartz-Kates (Schwartz-Kates, 2002 : 271-274).

6. La réception

La pratique citationnelle, comme toute activité intertextuelle, fait appel à la compétence de l'auditeur, dont la perception se voit doublement orientée : d'une part, vers l'acte de reconnaissance et de réminiscence du discours cité, d'autre part, vers le processus de construction du sens du discours citant. Une fois que l'auditeur a repéré la présence d'un élément étranger dans le texte, établissant ainsi le caractère duel du discours, il lui faut comprendre la relation existant entre les deux discours coprésents, ce qui implique en effet de saisir le sens de la citation. Car, comme le soutient Antoine Compagnon, le sens de la citation se trouve dans « la relation instantanée de la chose [l'énoncé cité] à la force actuelle qui l'investit » (Compagnon, 1979 : 38). Une fois identifiés, le motif de Paganini ou la mélodie du *Pala-pala* ne prennent leur signification actuelle qu'en rapport avec l'intention du discours de Ginastera.

Dans le cas de la musique de Ginastera, la compétence de l'auditeur est triplement sollicitée, puisque les références interdiscursives s'ouvrent sur trois champs différents : la musique savante européenne, le folklore latino-américain, et la musique de Ginastera lui-même. Pour avoir la pleine intelligence d'une œuvre comme la *Sonate pour guitare*, par exemple, l'auditeur « modèle » devrait être capable de reconnaître la citation des *Maîtres chanteurs*, associée à l'apparition de l'« accord de la guitare », et précédée de l'allusion à une mélodie de *vidala*. En fait, la citation fonctionne comme un repère pour l'auditeur. Dans la mesure où elle est un élément déjà connu d'avance, stocké dans la mémoire en attendant d'être éveillé, la citation aide à l'ajustement de l'auditeur, faisant face à une œuvre nouvelle. Pour un auditeur qui s'y connaît en folklore argentin, ne serait-ce que superficiellement, le fait de reconnaître des traits de *vidala* dans la *Sonate pour guitare* facilite sa réception de l'œuvre, en lui procurant un point de repère. Il en est de même pour l'auditeur capable de reconnaître le fragment de Beckmesser. Plus un auditeur aura les compétences requises, plus sa réception de l'œuvre sera facilitée par les citations.

Mais, même si les indices contractuels et les références sont là pour requérir la compétence de l'auditeur, et pour établir l'horizon d'une réception appropriée, les œuvres de Ginastera entretenant diverses relations interdiscursives, comportent leur signification autonome pouvant être entendues pour elles-mêmes. La connaissance du *Faust* de Gounod n'est pas indispensable à la simple intelligence de l'*Obertura para el 'Fausto' Criollo*, pas plus que la connaissance de la danse du *Pala-pala* n'est nécessaire pour comprendre la *Sonate pour piano n° 2*. Néanmoins, une réception qui négligerait ces aspects constitutifs de l'œuvre liés à l'intertextualité serait une réception incomplète ou, selon l'expression de Gérard Genette, « amputée », car elle manquerait la compréhension de l'œuvre au second degré (Genette, 1997 : 190). Certes, le fait qu'une réception soit incomplète ne veut pas dire qu'elle puisse être qualifiée d'esthétiquement inférieure. Mais, pour sa part, une réception capable de repérer toutes les références interdiscursives, si elle n'est pas forcément meilleure en tant qu'expérience esthétique, est néanmoins plus éclairée, ou en tout cas, plus en accord avec l'objet artistique proposé par le compositeur.

Il est toutefois difficile d'affirmer que toutes les relations interdiscursives que nous avons illustrées dans ce chapitre soient là pour être comprises de l'auditeur, surtout dans le cadre d'une première écoute. Ainsi, certains aspects de la pratique de réécriture de Ginastera semblent plus véritablement liés à des stratégies efficaces de composition qu'à la production de gestes destinés à être ponctuellement perçus[22]. Nous allons maintenant clore le présent chapitre par quelques remarques générales sur le travail de citation pratiqué par Ginastera, tout au long de sa production.

7. Le *bricolage*

À travers la pratique de l'intertextualité, des matériaux de seconde main ou déjà fabriqués se voient relancés dans un nouveau circuit de sens, participant à la création d'une œuvre nouvelle. L'intertextualité réussit à « faire du neuf avec du vieux », et à sa manière, elle relève ainsi du bricolage[23]. Comme Compagnon le soutient,

---

[22] Selon sa théorie de la tripartition, Jean-Jacques Nattiez signale que les stratégies compositionnelles, faisant partie du « niveau poïétique », n'ont pas vocation à la communication (Nattiez, 1987).

[23] À propos du terme « bricolage », Genette signale : « C'est un terme dont la connotation est généralement péjorative, mais auquel certaines analyses de Lévi-Strauss

« Bricoleur, l'auteur fait avec ce qu'il trouve, il monte en épingle, il ajuste ; c'est une petite main » (Compagnon, 1979 : 33). Dans le cas de Ginastera, comme nous l'avons vu, ses matériaux de base sont pris de trois sources différentes : principalement du folklore, mais également d'œuvres antérieures de Ginastera lui-même, et enfin de la musique savante européenne.

Ces matériaux issus des trois sources disparates pourraient se trouver en dissonance, comme par exemple, le fragment de Wagner avec les matériaux folkloriques dans la *Sonate pour guitare*. Pour cette raison, le travail de citation, et donc le bricolage qui lui est associé, requièrent un certain nombre d'arrangements, de raccords, et de transitions entre les éléments hétérogènes mis en présence. Mais en même temps, cette dissonance entre les matériaux, qu'il faut réguler, a l'avantage de produire des objets plus complexes. Un des mérites de la citation est celui d'élargir l'horizon de l'œuvre : justement parce que venue d'ailleurs, la citation insère l'œuvre dans un réseau de textes ou de discours, et par là même, dans un tissu culturel donné. À travers la citation d'une *vidala* ou des *Maîtres chanteurs*, Ginastera met son œuvre en relation avec tout un univers culturel déterminé.

Et c'est justement de par sa condition distinctive de compositeur argentin que Ginastera peut se permettre d'emprunter légitimement ses matériaux à ces deux univers culturels bien différents, soit l'art traditionnel latino-américain, soit l'art européen. Car comme le soutient Michel Butor : « L'œuvre d'un individu est une sorte de nœud qui se produit à l'intérieur d'un tissu culturel au sein duquel l'individu se trouve non pas plongé mais *apparu*. L'individu est, dès l'origine, un moment de ce tissu culturel. Aussi bien, une œuvre est-elle toujours une œuvre collective. C'est d'ailleurs pour cette raison que je m'intéresse au problème de la citation » (cité *in* Compagnon, 1979 : 91). Ginastera est

---

ont donné quelques lettres de noblesse » (Genette, 1982: 451). Pour leur part, Deleuze et Guattari résument ainsi le concept de bricolage formulé par Lévi-Strauss dans *La pensée sauvage* : « Quand Lévi-Strauss définit le bricolage, il propose un ensemble de caractères bien liés : la possession d'un stock ou d'un code multiple, hétéroclite et tout de même limité ; la capacité de faire entrer les fragments dans des fragmentations toujours nouvelles ; d'où découle une indifférence du produire et du produit, de l'ensemble instrumental et de l'ensemble à réaliser » (Deleuze et Guattari, 1972 : 13).

« *apparu* » dans la culture argentine des années 1930, et il a été concerné par l'antinomie entre « nationalisme » et « cosmopolitisme » (ou « universalisme »), qui a longuement hanté les intellectuels et les créateurs argentins, face au caractère profondément hétéroclite de leur patrimoine culturel. La citation folklorique et la citation « érudite », pratiquées par Ginastera, illustrent, d'une certaine manière, cette dialectique entre « nationalisme » et « cosmopolitisme ». On peut remarquer que la plupart des citations de musiques européennes se trouvent dans les œuvres appartenant à la première phase du « néo-expressionnisme », justement au moment où Ginastera se détache davantage des références folkloriques pour se plonger dans des thématiques « universalistes ». En revanche, la citation ou l'allusion folklorique est étroitement liée à la période du « nationalisme objectif », ainsi qu'à la phase finale du « néo-expressionnisme » quand Ginastera opère une sorte de synthèse entre le langage « nationaliste » et le langage « néo-expressionniste ». Contenant de citations folkloriques et de citations érudites, la *Sonate pour guitare* constitue un exemple de cette synthèse.

Cette perspective culturelle concerne moins directement, cependant, le troisième type d'activité citationnelle que nous avons caractérisé chez Ginastera : l'autocitation, qui, quant à elle, relève d'une manière bien spécifique du travail de l'écriture conçu comme du *bricolage*[24]. Le réemploi des matériaux a certes un côté utilitaire, permettant de produire plus vite et de satisfaire aux commandes. Mais il obéit surtout à un principe de cohérence et d'économie, qui s'exprime par une réflexion toujours plus approfondie sur des mêmes matériaux, ainsi que sur des idées antérieures reprises.

[24] De son côté, Deborah Schwartz-Kates parle de « recyclage ». Elle signale : « ...the composer [Ginastera] frequently 'recycled' his music, linking several works together with common subjects, themes, and techniques » (Schwartz-Kates, 1997 : 893). Pour sa part, Malena Kuss aborde brièvement la notion d'intertextualité appliquée à l'écriture de Ginastera, pour souligner qu'il existe à l'intérieur de l'œuvre de Ginastera un réseau de relations intertextuelles. Ainsi, chez Ginastera, l'intertextualité fait de chaque œuvre une source potentielle pour une nouvelle œuvre, comme une sorte de *work in progress* (Kuss, 2002 : 978-979). Kuss mentionne aussi que Ginastera pratique un autre type d'intertextualité, qui implique des rapports entre son œuvre et celle d'autres compositeurs, tels que Bartók ou Beethoven (Kuss, 2005 : 53).

Dans la conclusion de notre travail, nous tenterons, d'une part, de formuler une synthèse des traits dominants de chacune des périodes et des phases traversées par le langage de Ginastera, et d'autre part, de déterminer les constantes stylistiques susceptibles de caractériser la « sonorité ginasterienne ». À la lumière de ces variantes et de ces constantes stylistiques, nous allons reconsidérer les différentes possibilités de périodisation, ou de non périodisation, qui ont été énoncées dans l'introduction, et qui ont sous-tendu le présent travail.

Conclusion

Dans l'introduction du présent travail, nous avons souligné que la démarche analytique qui prétend à une caractérisation stylistique est éminemment comparative. Les traits distinctifs du style d'un compositeur ou du style d'une période dans la vie créatrice d'un compositeur ne se définissent complètement que par leur différence par rapport aux traits caractéristiques d'autres compositeurs ou d'autres périodes. Comme l'exprime Ginastera : « Si j'avais pensé au public, j'aurais conservé le style des *Danzas Argentinas* ou de la *Canción al árbol del olvido*, au lieu de créer les complexités sonores de *Bomarzo* ou du *Concerto pour violoncelle* » (cité *in* Suárez Urtubey, 1972 : 28). Ce commentaire de Ginastera distinguant deux styles différents, celui des *Danzas Argentinas* et celui de *Bomarzo*, par un trait dominant (la « complexité sonore » de *Bomarzo*, confrontée implicitement à une certaine « simplicité » des *Danzas Argentinas*), nous sert à illustrer cette démarche comparative. Par ailleurs, ces deux œuvres évoquées par Ginastera dans son commentaire (et qui ont été étudiées aux chapitres I et IV) peuvent être considérées comme unes des œuvres qui contrastent le plus dans sa production.

Nous avons tenté, au long de ce travail, de caractériser les différentes périodes et phases traversées par le langage de Ginastera. Dans cette conclusion, nous essaierons, tout d'abord, de formuler une synthèse de ces traits stylistiques que nous avons sélectionnés, mettant effectivement l'accent sur les *variantes* dans le style de Ginastera, puisqu'elles permettent d'individualiser des différents moments dans le continuum de l'activité créatrice du compositeur.

Les traits caractéristiques de la période du « nationalisme objectif » (1934-1947) peuvent se résumer ainsi (chapitre I) :

- Importance des références extramusicales liées à la tradition *criolla* et de la musique « à programme » ou « à texte » basée notamment sur la thématique « *gauchesca* ».
- Application de la notion de « folklore imaginaire ». Recréation des matériaux folkloriques, empruntés notamment à la musique *criolla*. Imitation et recréation des danses et des chansons folkloriques spécifiques (telles que le *malambo* ou le *triste*). Pratique de la citation

directe de certains matériaux folkloriques ou de l'allusion transparente. Utilisation de titres renvoyant aux sources folkloriques.
- Langage de la néo-tonalité, intégrant des modes typiques du folklore (Mode A et Mode B pentatonique-anhémitonique ou modes européens anciens tels que le phrygien). Utilisation de la bimodalité ainsi que de la polytonalité.
- Emploi de l'hémiole et de la polyrythmie (alternance et superposition de pieds binaires et ternaires, 3/4 = 6/8), issues de la musique *criolla*.

Les traits caractéristiques du « nationalisme subjectif » (1948-1957) sont, selon nous, les suivants (chapitre II) :

- Importance des formes « abstraites » et de la musique « pure ». Absence quasi-totale de références extramusicales, à l'exception des *Pampeanas*, inspirées de l'expérience subjective de la *pampa*. Utilisation de la forme sonate et thème et variation.
- Élaboration plus intensive des matériaux folkloriques, employés davantage comme éléments constructifs que comme citation ou allusion transparente à une chanson ou à une danse spécifique.
- L'« accord de la guitare » comme élément symbolique de l'univers *criollo* ainsi que comme élément constructif.
- Langage néo-tonal très chromatisé. Utilisation des polyrythmies.

Pour la première phase du « néo-expressionnisme » (1958-1973), nous proposons les trais dominants suivants (chapitres III et IV) :

- Langage atonal et techniques sérielles. Utilisation assez rigoureuse de la méthode dodécaphonique notamment dans les œuvres composées entre 1958 et 1965. Utilisation, également, d'un langage atonal non sériel, basé sur une organisation chromatique libre.
- Importance de la configuration intervallique 0-1-6-7, ou *Z-cell*, dérivée de l'« accord de la guitare ». Réseau des séries contenant une même structure sous-jacente, impliquant différents agencements de trois configurations 0-1-6-7. Fonction éminemment thématique des séries.
- Utilisation des microtons, de procédés aléatoires, de polyrythmies complexes et de rythmes indéterminés.
- Emploi des microtons inspirée de la pratique d'ornementation du chant de tradition quechua, appelée *kenko*. Cet élément consiste, par ailleurs, en

une des rares références au folklore, plus précisément de tradition indigène, présent dans cette phase, car il s'amalgame bien avec le langage atonal. En revanche, les matériaux de la musique *criolla* sont pratiquement absents, ou en tout cas, indiscernables.
- Importance de la musique « à programme » ou « à texte » basée sur des univers très variés (*Don Rodrigo*, *Bomarzo*, *Milena*, etc.), éloignés de la thématique nationaliste.
- Ces thématiques variées (incluant la *Cantata para América Mágica*) présentent un traitement « néo-expressionniste », consistant en la déformation délibérée du sujet traité, afin d'exprimer la réaction émotionnelle de l'artiste. Ainsi, ces œuvres apparaissent teintées d'un caractère surréaliste ou fantastique, qui se distingue du traitement plutôt réaliste réservé à la thématique « *gauchesca* » dans la première période.

Et voici les traits que nous proposons pour la phase finale du « néo-expressionnisme » (1973-1983) (chapitre V) :

- Retour des matériaux folkloriques clairement repérables, provenant notamment des musiques de tradition indigène (quechua). Recréation très élaborée des danses et des chansons typiques de cette tradition, telles que le *carnavalito* et le *yaraví*. Citation directe de certains de leurs éléments. Présence aussi de certains matériaux de la musique *criolla*, comme l'« accord de la guitare » à l'état original. Explicitation des sources folkloriques à travers des titres et des références.
- Retour des références extramusicales folkloriques, particulièrement liées à l'univers précolombien.
- Langage généralement chromatique mais affecté par le retour de certains procédés de la néo-tonalité, associés à la réapparition des matériaux folkloriques, engendrant des polarisations tonales. Présence de la configuration 0-1-6-7.
- Emploi de procédés aléatoires, des rythmes indéterminés et des microtons, qui s'assimilent aux allusions à la musique de tradition indigène.
- Esthétique « néo-expressionniste » (particulièrement le caractère « magique ») appliquée aux éléments issus de l'univers précolombien.

Ces traits décelés dans chacune des périodes et des phases rendent compte des transformations dans le style de Ginastera. Quant à l'aspect technique du langage, il faut rappeler que Ginastera a évolué comme compositeur à une époque particulièrement instable. Il a assisté, et participé à sa manière, aux changements successifs des langages de référence, presque tout au long du XXe siècle. Ainsi, sa première et sa deuxième périodes ont été marquées par Stravinski, Bartók (le Bartók de l'*Allegro barbaro*), le « Groupe des Six », ou de Falla. Dans sa période « néo-expressionniste », il a tout d'abord subi la grande influence d'Alban Berg et encore de Bartók (celui des *Six Quatuors à cordes*). Puis, il a assimilé des éléments de Xenakis et de Penderecki. Or l'assimilation continuelle de différents procédés techniques a été motivée et guidée, selon le témoignage de Ginastera, par de profonds besoins spirituels. Les différents procédés compositionnels ont donc accompagné l'évolution des intentions esthétiques de Ginastera, de l'identification avec les traditions *criollas* propre au courant nationaliste, à l'intensité dramatique du « néo-expressionnisme », pour finir dans l'allusion, teintée de surréalisme, au passé précolombien.

L'appréciation des pratiques intertextuelles de Ginastera (chapitre VI) nous a permis de jeter un regard d'ensemble sur son œuvre, et aussi d'établir des liens entre les œuvres de différentes périodes. Nous avons associé la notion de *bricolage* au travail intertextuel de Ginastera, car il réussit « à faire du neuf avec du vieux », c'est-à-dire à relancer des matériaux de seconde main dans de nouveaux circuits de sens. Ces matériaux réutilisés afin de produire de nouvelles œuvres proviennent de trois sources différentes : le folklore, la musique savante occidentale et les œuvres antérieures de Ginastera. L'intérêt de Ginastera pour la réécriture apparaît comme une *constante* dans sa vie créatrice, obéissant aux principes de cohérence et d'économie. C'est ce dont témoigne la haute récurrence de l'« accord de la guitare », présent dans les *Danzas Argentinas* (1937) et dans la *Sonate pour piano n° 3* (1982), ultime composition de Ginastera. Ou la reprise de la mélodie de *vidala* du *Prélude américain n° 4* (1944) dans la *Sonate pour guitare* (1976). De même, la réutilisation multiple de la configuration 0-1-6-7, apparaissant pour la première fois dans le *Malambo* pour piano (1940) et pour la dernière fois dans la *Sonate pour piano n° 3* (1982), et constituant la structure de base des principales séries dodécaphoniques, atteste d'une longue réflexion, toujours plus approfondie, sur un même matériau.

Nous avons pu déceler d'autres constantes dans le style de Ginastera :

- Conception éminemment expressive de la musique : la musique comme voie d'expression de l'identité nationale (première période), du sentiment subjectif de l'argentinité (deuxième période), ou bien, d'émotions plus intimes ou plus universelles (troisième période).
- Attachement aux formes traditionnelles ou « classiques », de construction rigoureuse et facilement saisissable. L'importance que Ginastera accorde à l'expression ne se traduit pas pour autant dans le débordement ou l'éclatement de la forme, si ce n'est seulement dans une utilisation fréquente de la *cadenza* (première phase du « néo-expressionnisme »), possédant par définition le caractère d'une improvisation.
- Prédominance des structures régulières de huit, quatre ou deux mesures, ce qui peut être relié à l'influence de la musique *criolla*, structurée assez régulièrement.
- Œuvres qui présentent généralement la succession de mouvements au caractère et au *tempo* nettement contrastants. Plus particulièrement à partir du « nationalisme subjectif », un mouvement *allegro* très énergique est suivi d'un *adagio* fortement expressif ou d'un *presto* au caractère évanescent.
- Le caractère « énergique » et « impétueux » est associé aux rythmes marqués, inspirés de danses folkloriques, *criollas* ou indigènes, dont notamment le *malambo*, le *gato* et le *carnavalito*. Le caractère « lyrique » ou « dramatique » s'inspire du *pathos* des chansons folkloriques *criollas* ou indigènes, telles que le *triste*, la *vidala* et le *yaraví*.
- Le caractère « magique », qui est né, selon Ginastera, de son expérience de la « nature impénétrable du pays », se révèle déjà dans une première œuvre de Ginastera (le ballet *Panambí*), mais il est dominant à partir de la *Sonate pour piano n° 1* (mouvement *Presto misterioso*), restant lié à son esthétique « néo-expressionniste ».
- Utilisation intensive de la polyrythmie dérivée de la musique *criolla*.
- Importance des effectifs de percussions.
- Présence généralement d'un centre tonal, ou des polarisations sur une note dans le cas de certaines œuvres sérielles ou atonales non sérielles.

- Éclectisme de l'écriture de Ginastera, qui lui permet d'amalgamer des matériaux et des techniques disparates, ce qui nous renvoie à la notion de *bricolage* traitée au chapitre VI.

À la lumière de ces variantes et de ces constantes que nous avons décelées dans la musique de Ginastera, nous allons maintenant reconsidérer les différentes périodisations qui ont été résumées dans l'introduction du présent travail.

Selon la périodisation effectuée par Ginastera en 1967, les œuvres composées entre 1935 et 1957 se divisent en deux périodes distinctes, qui ont toutefois un élément en commun, le « nationalisme », mais ce nationalisme possède un caractère « objectif », dans la première période, et « subjectif » dans la deuxième. Les critères employés dans cette périodisation sont plutôt en rapport avec le contenu sémantique de sa musique, bien que le mot « nationalisme » implique également l'appartenance à un courant musical caractérisé par certains traits spécifiques de langage musical. Or, dans la seconde périodisation, proposée par Ginastera en 1981, ces œuvres composées entre 1935 et 1957 constituent une seule et grande période, caractérisée par la tonalité et la polytonalité, ou par ce que nous préférons désigner comme néo-tonalité. Ginastera emploie ici un critère lié exclusivement aux éléments du langage spécifiquement musicaux. Comme cela a déjà été mentionné, Scarabino propose une périodisation qui coïncide avec cette dernière, formulée par Ginastera en 1981.

Il est vrai qu'il existe une continuité dans les éléments du langage entre 1935 et 1957. De fait, on pourrait dire que certains éléments ne montrent qu'une intensification dans la période « subjective », comme, par exemple, l'élaboration des matériaux folkloriques ou l'utilisation du chromatisme, bien qu'en restant clairement dans le cadre de la tonalité. Cependant, la distinction entre expression « objective » ou « subjective » du nationalisme est révélatrice d'un glissement dans les intentions esthétiques de Ginastera. L'utilisation presque exclusive de formes « abstraites » durant la période « subjective » témoigne de ce changement de perspective. Nous croyons qu'il est donc intéressant de garder la division en deux périodes nationalistes distinctes. La première période apparaît comme clairement liée à la tendance nationaliste argentine, telle qu'elle s'est manifestée dans les différents arts durant les premières décennies du XXe siècle, prônant l'exaltation des traditions *criollas*. Par contre, la deuxième période peut être considérée comme une transition vers une esthétique plus « universaliste », qui marquera la « première phase » de la troisième période de Ginastera.

Nous avons délibérément mis des guillemets à « première phase » car cette troisième période pose justement le problème de sa subdivision, en raison de sa non homogénéité. Comme cela a été illustré au chapitre V, la date de 1973 marque le retour des matériaux folkloriques et a délimité, dans notre travail, deux phases distinctes à l'intérieur de la période « néo-expressionniste ». Tout d'abord, il faut préciser que Ginastera qualifie la période qui s'étend de 1958 à 1983 de « néo-expressionniste » en 1967, tandis qu'en 1981, il la caractérise par le langage atonal. Encore une fois, il emploie un critère différent dans les deux cas. Le terme de « néo-expressionnisme » relève de l'intention esthétique, alors que la notion d'atonalité renvoie aux éléments spécifiquement musicaux.

Nous croyons que le qualificatif de « néo-expressionniste » peut s'appliquer à des œuvres composées tout au long de cette période, bien qu'il soit plus clairement pertinent pour les œuvres de la première phase. Comme nous l'avons vu, Ginastera continue d'associer le caractère « magique » à sa musique, après la réapparition des matériaux folkloriques, liés notamment à la tradition indigène, dans la phase finale du « néo-expressionnisme ». En revanche, la définition de cette période comme une période intégralement « atonale » ne rendrait pas compte du retour des procédés de la néo-tonalité à partir de 1973, accompagnant les matériaux folkloriques.

Quant à savoir comment segmenter cette période, en tenant compte de la réapparition des matériaux folkloriques, rappelons tout d'abord les deux positions résumées dans l'introduction à ce travail. Tandis que Tabor subdivise la période « néo-expressionniste » en trois tendances, Schwartz-Kates propose de créer une quatrième période, appelée « synthèse finale » (1976-1983). La position de Tabor est, d'une certaine manière, plus conciliatrice, car elle conserve la périodisation effectuée par Ginastera, mais elle essaie en même temps de rendre compte de la diversité manifestée dans cette période, à travers de différentes « tendances ». En revanche, Schwartz-Kates affirme qu'il existe un contraste suffisamment important pour permettre d'établir une période nouvelle.

Pour notre part, nous croyons que l'esthétique « néo-expressionniste » (intensité expressive et caractère « magique ») homogénéise, dans une certaine mesure, toute la période, tout autant que le « nationalisme » homogénéise les deux périodes « nationalistes ». Or, si nous avons cru intéressant de garder la distinction entre deux périodes nationalistes, « objectif » et « subjectif », parce qu'elle rendait compte d'un glissement significatif dans les intentions esthétiques de Ginastera, nous croyons, de la même manière, qu'il est justifié de créer une nouvelle période à partir du retour des allusions folkloriques. Cette phase finale (1973-1983) deviendrait une quatrième période, consistant en une sorte de « néo-expressionnisme traditionaliste ». Ginastera reprend ici la pratique de la citation directe (exemple du *Pala-pala*), de l'allusion transparente (au *yaraví* et au *carnavalito*) et de la référence extramusicale aux éléments du folklore (*Popol Vuh*, *Puneñas*), qui sont toutes des pratiques utilisées durant les périodes « nationalistes ». Mais à la différence de ces périodes, liées à la tradition *criolla*, Ginastera se réfère ici notamment à la tradition indigène. Comme nous l'avons déjà souligné, la première raison pour laquelle Ginastera se penche sur la tradition indigène est que l'univers précolombien se prête mieux à son traitement « néo-expressionniste », imprégné de magie et de forts contrastes. La deuxième raison est que les matériaux de la musique indigène s'amalgament mieux que les matériaux de la musique *criolla* avec le langage plus contemporain de Ginastera. Enfin, la troisième raison est que la thématique indigène a une dimension continentale, ce qui témoigne de l'intention plus universaliste de Ginastera.

Cet examen des périodisations de l'œuvre de Ginastera implique tacitement que nous croyons légitime de périodiser son œuvre, contrairement à Malena Kuss qui s'oppose à toute périodisation[1]. Kuss

[1] Selon Kuss, la pratique de l'intertextualité serait le principal obstacle à la périodisation. Kuss soutient que le réseau de relations intertextuelles que Ginastera crée à l'intérieur de l'ensemble de son œuvre voue à l'échec toute tentative de résumer des groupes d'œuvres en phases créatrices définies de façon chronologique (Kuss, 2002 :

affirme qu'il est beaucoup plus pertinent de voir l'œuvre de Ginastera comme « an uninterrupted search for synthesis between the sounds that carry the stamp of his culture and the 20th-century techniques he learned to master with consummate virtuosity » (Kuss, 1986 : 8). Cette affirmation de Kuss semble obéir à une perspective téléologique. Selon cette perspective, la recherche ininterrompue de Ginastera se développerait de manière unidirectionnelle, menant à un aboutissement, et faisant, en l'occurrence, de *Bomarzo* l'évolution nécessaire des *Danzas Argentinas*. Comme nous l'avons vu par les constantes stylistiques énoncées auparavant, il est vrai que l'œuvre de Ginastera révèle un principe de cohérence et d'économie mis à l'œuvre, qui s'exprime par une réflexion toujours plus approfondie sur des mêmes matériaux, ainsi que sur des idées antérieures reprises. Mais en même temps, Ginastera explore des voies nouvelles qui n'étaient pas forcément prédestinées par les œuvres précédentes, mais qui sont le résultat de découvertes, de nouvelles curiosités et de nouveaux besoins. Il existe certes une unicité du style de Ginastera, qui permet de l'identifier parmi les compositeurs du XXe siècle, mais ce style est fait de différentes facettes dont la caractérisation propre aux diverses périodes essaie de rendre compte[2]. Car, comme l'exprime l'historien Jacques Le Goff : « La périodisation est l'instrument principal d'intelligibilité des changements significatifs » (Le Goff, 1988 : 218).

Tout au long de notre travail de caractérisation, nous avons rencontré beaucoup de questions qui mériteraient des recherches plus approfondies. Par exemple, Elliott Antokoletz mentionne au passage que le caractère « magique » qui imprègne certaines œuvres de Ginastera

---

978). Pourtant, nous avons pu voir à travers l'exemple de l'autocitation de la mélodie de *vidala* du *Prélude américain n° 4*, reprise trente-deux ans plus tard dans la *Sonate pour guitare* (chapitre VI, Ex. 14 et Ex. 15), que la réécriture témoigne justement des changements significatifs survenus dans le langage de Ginastera entre les différentes périodes. En effet, l'examen du travail de réécriture chez Ginastera nous a souvent servi, dans ce livre, à mieux comprendre les facteurs de discontinuité dans le style de Ginastera, comme l'illustre le chapitre IV qui compare le *Quatuor à cordes n° 2* avec le *Concerto per corde*.

[2] Pour sa part, Pola Suárez Urtubey parle de « trois styles et une même pensée essentielle » pour signaler à la fois l'unicité et les diverses facettes du style de Ginastera (Suárez Urtubey, 1999 : 630). Rappelons que Suárez Urtubey conserve la division en trois périodes formulée par Ginastera en 1967.

pourrait être relié à la littérature de Borges. Il s'agit certainement d'une piste de réflexion passionnante, surtout tenant compte que le conte ou la nouvelle fantastique, de caractère expressionniste ou surréaliste, a une place privilégiée dans la littérature argentine. On peut également penser au *realismo mágico* qui a marqué le « boom de la littérature latino-américaine » dans la seconde moitié du XXe siècle, et dont Gabriel García Márquez est probablement le représentant le plus célèbre. Il serait intéressant de savoir aussi s'il y a eu des éléments contextuels ponctuels qui ont agi pour que Ginastera retourne au folklore en 1973. Enfin, l'aspect de la réception des différents styles de Ginastera, qui a été pratiquement absent dans notre travail, constituerait un champ de recherche d'énorme intérêt. Comme le révèle le commentaire de Ginastera cité au tout début de cette conclusion, le public a promptement apprécié, avec enthousiasme, le style nationaliste de Ginastera, par contre, ses œuvres « néo-expressionnistes » ont parfois rencontré une certaine résistance.

Comme toute analyse, et pour paraphraser Freud, une caractérisation de style est donc interminable, ou dans une vision encore plus pessimiste, est une entreprise impossible comme celles qui obsèdent certains personnages de Borges. Car elle prétend définir les traits essentiels de quelque chose d'aussi indescriptible que, selon les mots de Bartoli, « la trace éternelle du geste créateur » (Bartoli, 1989 : 14).

Liste chronologique des œuvres d'Alberto Ginastera

1934 Piezas infantiles, pour piano (retirées du catalogue)
1934 Impresiones de la puna, pour flûte et quatuor à cordes
1935 Primer Concierto Argentino, pour piano et orchestre de chambre (retiré du catalogue)
1935-37 Panambí (F. Errico), ballet
Suite du ballet Panambí, pour orchestre
1937 Danzas Argentinas, pour piano
1937 El arriero canta, pour chœur (retirée du catalogue)
1938 Dos canciones (F. Silva Valdés), pour voix et piano
1938 Sonatina, pour harpe
1938 Cantos del Tucumán (R. Jijena Sánchez), pour flûte, violon, harpe et deux tambours indiens
1938 Psaume CL, pour chœur mixte, chœur d'enfants et orchestre
1940 Tres Piezas, pour piano
1940 Malambo, pour piano
1941 Estancia, ballet
Danses du ballet Estancia, pour orchestre
1942 Symphonie n° 1 *Porteña* (retirée du catalogue)
1943 Obertura para el 'Fausto' Criollo
1943 Cinco canciones populares argentinas (textes traditionnels), pour voix et piano
1943 Las horas de una estancia (S. Ocampo), pour voix et piano
1944 Doce Preludios Americanos, pour piano
1944 Symphonie n° 2 *Élégiaque* (retirée du catalogue)
1945 Duo, pour flûte et hautbois
1946 Hieremiae Prophetae Lamentationes, pour chœur mixte
1946 Suite de Danzas Criollas, pour piano
1947 Pampeana n° 1, pour violon et piano
1947 Ollantay, pour orchestre
1947 Toccata, Villancico y Fuga, pour orgue
1947 Rondó sobre temas infantiles argentinos, pour piano
1948 Quatuor à cordes n° 1
1950 Pampeana n° 2, pour violoncelle et piano
1952 Sonate pour piano n° 1
1953 Variaciones concertantes, pour orchestre de chambre
1954 Pampeana n° 3, pour orchestre
1956-65 Concerto pour harpe et orchestre
1958 Quatuor à cordes n° 2

1960 Cantata para América Mágica (textes précolombiens), pour soprano et orchestre de percussions
1961 Concerto pour piano et orchestre n° 1
1963 Quintette, pour piano et quatuor à cordes
1963 Concerto pour violon et orchestre
1963-64 Don Rodrigo (A. Casona), opéra
Sinfonía *Don Rodrigo* (A. Casona), pour soprano et orchestre
1964 Cantata Bomarzo (M. Mujica Láinez), pour narrateur, ténor ou baryton, et orchestre de chambre
1965 Concerto per corde
1966-67 Bomarzo (M. Mujica Láinez), opéra
Suite de l'opéra Bomarzo, pour chœur et orchestre
1967 Estudios Sinfónicos, pour orchestre
1968 Concerto pour violoncelle et orchestre n° 1
1971 Milena (F. Kafka), cantate pour soprano et orchestre
1971 Beatrix Cenci (W. Shand et A. Girri), opéra
1972 Concerto pour piano et orchestre n° 2
1973 Quatuor à cordes n° 3 avec soprano (R. Alberti, F. García Lorca, J. R. Jiménez)
1973 Puneña n° 1, pour flûte seule (inachevée)
1973 Serenata (P. Neruda), pour violoncelle, baryton, et orchestre de chambre
1974 Turbae ad Passionem Gregorianam (Vulgate, Liber usualis), pour ténor, baryton, baryton-basse, chœur mixte et d'enfants, et orchestre
1975-83 Popol Vuh, pour orchestre (dernier mouvement inachevé)
1976 Puneña n° 2, pour violoncelle seul
1976 Glosses sobre temes de Pau Casals, pour orchestre à cordes et quintette à cordes *in lontano*
1976 Sonate pour guitare
1977 Glosses sobre temes de Pau Casals, pour orchestre
1977 Barrabas (d'après M. de Ghelderode), opéra (inachevé)
1979 Sonate pour violoncelle et piano
1979-80 Jubilum, célébration symphonique
Fanfare, pour quatre trompettes
1980 Variazioni e Toccata sopra « Aurora lucis rutilat », pour orgue
1980-81 Concerto pour violoncelle et orchestre n° 2
1981 Sonate pour piano n° 2
1982 Sonate pour piano n° 3

Bibliographie

ADORNO, Theodor W., 1962 : *Philosophie de la nouvelle musique*, traduit de l'allemand par Hans Hildenbrand et Alex Lindenberg, Paris, Gallimard.

Alberto Ginastera. A Complete Catalogue of His Published Works, With an Introduction by Aurora Nátola de Ginastera and Malena Kuss, rev. ed., 1986, New York, Boosey & Hawkes.

ALTAMIRANO, Carlos et SARLO, Beatriz, 1983 : *Literatura / Sociedad*, Buenos Aires, Hachette.

ALTAMIRANO, Carlos et SARLO, Beatriz, 1997 : *Ensayos argentinos. De Sarmiento a la vanguardia*, Buenos Aires, Ariel.

ANTOKOLETZ, Elliott, 1981 : « The Musical Language of Bartók's *14 Bagatelles* for Piano », *Tempo*, n° 137, June, pp. 8-16.

ANTOKOLETZ, Elliott, 1984 : *The Music of Béla Bartók: A Study of Tonality and Progression in Twentieth-Century Music*, Berkeley, University of California Press.

ANTOKOLETZ, Elliott, 1992 : *Twentieth-Century Music*, Englewood Cliffs, Prentice-Hall.

ARETZ, Isabel, 1952 : *El folklore musical argentino*, Buenos Aires, Ricordi Americana.

ARETZ, Isabel, 1980 : *Síntesis de la etnomúsica en América Latina*, Caracas, Monte Ávila Editores.

ARIZAGA, Rodolfo, 1971 : *Enciclopedia de la música argentina*, Buenos Aires, Fondo Nacional de las Artes.

BARILI, Amelia, 1999 : *Jorge Luis Borges y Alfonso Reyes : la cuestión de la identidad del escritor latinoamericano*, México, Fondo de cultura económica.

BARTOLI, Jean-Pierre, 1989 : « La Notion de style et l'analyse musicale : Bilan et essai d'interprétation », *Analyse musicale*, n° 17, 4e trimestre, pp. 11-14.

BEARD, David et GLOAG, Kenneth, 2005 : *Musicology. The Key Concepts*, London and New York, Routledge.

BÉHAGUE, Gerard, 1979 : *Music in Latin America : An Introduction*, Englewood Cliffs, Prentice-Hall.

BERVEILLER, Michel, 1973 : *Le Cosmopolitisme de Jorge Luis Borges*, Paris, Publications de la Sorbonne, Didier.

BORGES, Jorge Luis, 1978 : *Le Livre de sable*, traduit de l'espagnol par Françosie-Marie Rosset, Paris, Gallimard.

BORGES, Jorge Luis, 1982 : *Páginas seleccionadas por el autor*, Barcelona, Gedisa.

BOULEZ, Pierre, 1963 : *Penser la musique aujourd'hui*, Genève, Éditions Gonthier.
BOULEZ, Pierre, 1995 : *Points de repère I. Imaginer*, Paris, Christian Bourgois, Éditions du Seuil.
BUTOR, Michel, 1968 : *Répertoire III*, Paris, Les éditions de Minuit.
CAHUZAC, Philippe, 1992 : « Vocabulaire et phrases de *Facundo*. Analyse lexicographique et phraséologique de l'univers gauchesque dans *Facundo* de D. F. Sarmiento », dans *Le Gaucho dans la littérature argentine*, Paris, Presses de la Sorbonne nouvelle (*América*, cahiers du Centre de Recherches Interuniversitaire sur les Champs Culturels en Amérique Latine, n° 11), pp. 81-96.
CARBALLO, Eric, 2000 : « El tiempo latinoamericano en la música de Ginastera », *Pauta*, Vol. XIX, n° 73, pp. 146-174.
CARPENTIER, Alejo, 1977 : « América Latina en la confluencia de coordenadas históricas y su repercusión en la música », dans *América Latina en su música*, Unesco y siglo veintiuno editores, pp. 7-19.
CHASE, Gilbert, 1957a : « Alberto Ginastera : Argentine Composer », *Musical Quarterly*, n° 43, October, pp. 439-460.
CHASE, Gilbert, 1957b : « Alberto Ginastera : Portrait of an Argentine Composer », *Tempo*, n° 44, summer, pp. 11-16.
CHASE, Gilbert, 1958 : « Creative Trends in Latin American Music I », *Tempo*, n° 48, summer, pp. 28-34.
CHASE, Gilbert, 1967 : « Recordando a Carlos Vega », *Revista Musical Chilena*, Año XXI, n° 101, julio-septiembre, pp. 36-48.
CHASE, Gilbert, 1980 : « Ginastera, Alberto (Evaristo) », *The New Grove Dictionary of Music and Musicians*, London, volume 7, pp. 387-390.
CHASE, Gilbert, 1985 : « Remembering Alberto Ginastera », *Latin American Music Review*, volume 6, n° 1, spring-summer, pp. 80-84.
CHAUNU, Pierre, 1999 : *Histoire de l'Amérique latine*, Paris, Presses Universitaires de France.
COMPAGNON, Antoine, 1979 : *La Seconde Main ou le travail de la citation*, Paris, Éditions du Seuil.
COPLAND, Aaron, 1942 : « The Composers of South America », *Modern Music*, volume XIX, n° 2, January-February, pp. 75-82.
CORDERO, Roque, 1977 : « Vigencia del músico culto », dans *América latina en su música*, Unesco y siglo veintiuno editores, pp. 154-173.
CYMERMAN, Claude, 1992 : « Gauchophiles et gauchophobes », dans *Le Gaucho dans la littérature argentine*, Paris, Presses de la Sorbonne nouvelle (*América*, cahiers du Centre de Recherches Interuniversitaire sur les Champs Culturels en Amérique Latine, n° 11), pp. 33-48.

DAHLHAUS, Carl, 1989 : *Nineteenth-Century Music*, English translation by J. Bradford Robinson, Berkeley, University of California Press.
DAVIES, Hugh, 2001 : « Microtonal instruments », *The New Grove Dictionary of Music and Musicians*, London, volume 16, pp. 617-624.
DELEUZE, Gilles, et GUATTARI, Félix, 1972 : *Capitalisme et schizophrénie. Tome I : L'anti-Œdipe*, Paris, Les éditions de Minuit.
DELIÈGE, Célestin, 1989 : « La *Set-Theory* ou les enjeux du pléonasme », *Analyse musicale*, n° 17, 4e trimestre, pp. 64-79.
DEL RIO, Carmen, 1983 : *Jorge Luis Borges y la ficción: el conocimiento como ficción*, Miami, Florida, Ediciones Universal.
DESRUISSEAUX, Pierre et AMAYA, Daisy, 1987 : *Popol Vuh. Le livre des événements. Bible américaine des Mayas-Quichés*, Montréal, vlb éditeur & le castor astral.
DEVOTO, Daniel, 1977 : « Expresiones musicales : sus relaciones y alcance en las clases sociales », dans *América latina en su música*, Unesco y siglo veintiuno editores, pp. 20-34.
DIAZ, Nilda, 1988 : « Ricardo Rojas y la argentinidad », dans *Les Mythes identitaires en Amérique Latine*, Paris, Publications de la Sorbonne Nouvelle (*América*, cahiers du Centre de Recherches Interuniversitaire sur les Champs Culturels en Amérique Latine, n° 3), pp. 233-253.
DIAZ, Nilda, 1990 : « *La Campana de palo* - Primera época », dans *Le Discours culturel dans les revues latino-américaines de l'entre-deux-guerres 1919-1939*, Paris, Publications de la Sorbonne Nouvelle (*América*, cahiers du Centre de Recherches Interuniversitaire sur les Champs Culturels en Amérique Latine, n° 4/5), pp. 359-368.
Dictionnaire de la musique Larousse, 1999 : entrée « Prélude », Larousse, pp. 678-679.
Dictionnaire de la musique Larousse, 1999 : entrée « Programme (musique à) », Larousse, p. 682.
DUFOURT, Hughes et FAUQUET, Joël-Marie, éd., 1996 : *La Musique depuis 1945. Matériau, esthétique et perception*, Bruxelles, Mardaga.
EAGLETON, Terry, 1994 : « Nationalisme : Ironie et engagement », dans *Nationalisme, colonialisme et littérature*, Lille, Presses Universitaires de Lille.
ERAUSQUIN, Estela, 1990 : « El pensamiento nacionalista católico en la revista argentina *Criterio* (1936-1939) », dans *Le Discours culturel dans les revues latino-américaines de l'entre-deux-guerres 1919-1939*, Paris, Publications de la Sorbonne Nouvelle (*América*, cahiers du Centre de Recherches Interuniversitaire sur les Champs Culturels en Amérique Latine, n° 4/5), pp. 393-411.

ESCAL, Françoise, 1984 : *Le Compositeur et ses modèles*, Paris, Presses Universitaires de France.

ETKIN, Mariano, 1985 : « Reflexiones sobre la música de vanguardia en América Latina », dans *Musicología en Latinoamérica*, La Habana, Editorial Arte y Literatura, pp. 282-287.

FANNING, David, 2001 : « Expressionnism », *The New Grove Dictionary of Music and Musicians*, London, volume 8, pp. 472-477.

FERNANDEZ LATOUR, Olga, 1986 : *Atlas de la cultura tradicional argentina para la Escuela,* Buenos Aires, Edición del Ministerio de Educación y Justicia.

FERNANDEZ LAVIE, Fernand, 1972 : *La Guitare pour tous*, Paris, Presses d'Ile de France.

GARCIA ACEVEDO, Mario, 1963 : *La música argentina contemporánea*, Buenos Aires, Ediciones Culturales Argentinas, Ministerio de Educación y Justicia.

GARCIA MORILLO, Roberto, 1984 : *Estudios sobre música argentina*, Buenos Aires, Ediciones Culturales Argentinas, Secretaría de Cultura.

GENETTE, Gérard, 1982 : *Palimpsestes : La littérature au second degré*, Paris, Éditions du Seuil.

GENETTE, Gérard, 1997 : « La Fonction artistique », dans *L'œuvre de l'art II : La relation esthétique*, Paris, Éditions du Seuil.

GINASTERA, Alberto, 1946 : « Eight From the Argentine », *Modern Music*, volume 23, winter-fall, pp. 266-272.

GINASTERA, Alberto, 1948 : « Notas sobre la música moderna argentina », *Revista Musical Chilena*, Año 4, n° 31, octubre-noviembre, pp. 21-28.

GINASTERA, Alberto, 1958 : « Tendencias actuales de la música », *Revista de la Universidad Nacional de La Plata*, n° 6, cuarto trimestre, pp. 19-32.

GINASTERA, Alberto, 1960 : « 150 años de música argentina », *Homenaje a la Revolución de Mayo, 1810-1960*, Buenos Aires, Del Atlántico, pp. 41-54.

GINASTERA, Alberto, 1962 : « Alberto Ginastera Speaks », *Musical America*, volume LXXXII, n° 10, October, pp. 10-11.

GINASTERA, Alberto, 1967 : « Personal Viewpoints », *Tempo*, n° 81, summer, pp. 26-29.

GINASTERA, Alberto, 1981 : « Homage to Bela Bartok », *Tempo*, n° 136, March, pp. 3-4.

GOMEZ GARCIA, Zoila, 1985 : Prólogo de *Musicología en Latinoamérica*, La Habana, Editorial Arte y Literatura, pp. 5-27.

GÜIRALDES, Ricardo, 1964 : *Don Segundo Sombra*, Buenos Aires, Losada.

HANLEY, Mary Ann, 1975 : « The Solo Piano Music of Alberto Ginastera », *American Music Teacher*, XXIV, 6, pp. 17-20, XXV, 1, pp. 6-9.

JAMESON, Fredric, 1994 : « Modernisme et Impéralisme », dans *Nationalisme, colonialisme et littérature*, Lille, Presses Universitaires de Lille.
JARMAN, Douglas, 1989 : *Alban Berg : Wozzeck*, Cambridge, Cambridge University Press.
KING, John, 1985 : *El Di Tella y el desarrollo cultural argentino en la década del sesenta*, Buenos Aires, Ediciones de Arte Gaglianone.
KING, John, 1990 : « Sur y la cultura argentina en la década del treinta », dans *Le Discours culturel dans les revues latino-américaines de l'entre-deux-guerres 1919-1939*, Paris, Publications de la Sorbonne Nouvelle (*América*, cahiers du Centre de Recherches Interuniversitaire sur les Champs Culturels en Amérique Latine, n° 4/5), pp. 381-391.
KRISTEVA, Julia, 1967 : « Bakhtine, le mot, le dialogue et le roman », *Critique*, n° 239, avril, pp. 438-465.
KUSS, Malena, 1970 : « Alberto Ginasterá [sic] y la Formación Temprana del Compositor », *Heterofonía*, Año II, n° 10, enero-febrero, pp. 13-17.
KUSS, Malena, 1980a : « Ginastera's Cello Sonata », *Tempo*, n° 132, March, pp. 41-42.
KUSS, Malena, 1980b : « Type, Derivation, and Use of Folk Idioms in Ginastera's *Don Rodrigo* (1964) », *Latin American Music Review*, volume 1, n° 2, October, pp. 176-195.
KUSS, Malena, 1984 : « Symbol und Phantasie in Ginasteras *Bomarzo* (1967) », dans *Alberto Ginastera*, Friedrich Spangemacher, éd., Bonn, Boosey & Hawkes, pp. 88-102.
KUSS, Malena, 1986 : Introduction to *Alberto Ginastera: A Complete Catalogue*, rev. ed., New York, Boosey & Hawkes.
KUSS, Malena, 1990 : « The Structural Role of Folk Elements in 20th-Century Art Music », dans *Atti del XIV° Congresso della Società Internazionale di Musicologia*, Torino, Edizioni di Torino, pp. 99-120.
KUSS, Malena, 2002 : « Ginastera, Alberto », *Die Musik in Geschichte und Gegenwart*, Kassel, pp. 974-982.
KUSS, Malena, 2005 : « Il pensiero occidentale da un punto de vista transculturale (la decolonizzazione dell'America latina) », dans *Enciclopedia della musica, vol. V: L'unità della musica*, a cura di J.J. Nattiez, Torino, Einaudi, pp. 32-62.
LARRALDE, Jorge, 1952 : *Coreografías de danzas folklóricas*, Buenos Aires, Sed.
LAUBENGAYER, Karen Eleanor, 1983 : *Alberto Ginastera's Sonata no. 1 for piano op. 22*, Ph. D. diss., Washington University, Saint Louis, Missouri.
LE GOFF, Jacques, 1988 : *Histoire et mémoire*, Paris, Gallimard.
LEIBOWITZ, René, 1949 : *Introduction à la musique de douze sons*, Paris, L'arche.

LELEU, Jean-Louis, 1986 : « Le Quoi et le Comment », *Entretemps*, n° 2, novembre, pp. 19-35.
LELLOUCHE, Raphaël, 1989 : *Borges ou l'hypothèse de l'auteur*, Paris, Balland.
LÉVI-STRAUSS, Claude, 1962 : *La pensée sauvage*, Paris, Plon.
LINDSTROM, Naomi, 1977 : *Literary Expressionism in Argentina : The Presentation of Incoherence*, Arizona, Arizona State University.
LISSA, Zofia, 1976 : « Fonctions esthétiques de la citation musicale », *Versus*, n° 13, aprile, pp. 19-34.
LOCATELLI, Ana María, 1977 : « Raíces musicales », dans *América latina en su música,* Unesco y siglo veintiuno editores, pp. 35-52.
LOPRETE, Carlos Alberto, 1975 : *Literatura Hispanoamericana y Argentina*, Buenos Aires, Plus Ultra.
LOWENS, Irving, 1958 : « Current Chronicle », *Musical Quarterly*, volume XLIV, n° 3, July, pp. 378-382.
LOWENS, Irving, 1973 : « Ginastera's *Beatrix Cenci* », *Tempo*, n° 105, pp. 48-53.
LUNA, Félix, 1995 : *Historia Integral de la Argentina*, Buenos Aires, Planeta.
MOLINO, Jean, 1989 : « Analyser », *Analyse musicale*, n° 16, 3e trimestre, pp. 11-13.
MOREUX, Serge, 1949 : *Béla Bartók. Sa vie – Ses œuvres – Son langage*, Paris, Richard-Masse éditeurs.
NATTIEZ, Jean-Jacques, 1987 : *Musicologie générale et sémiologie*, Paris, Christian Bourgois éditeur (*Musique/Passé/Présent*).
NATTIEZ, Jean-Jacques, 1993 : « Quelques réflexions sur l'analyse du style », *Analyse musicale*, n° 32, 3e trimestre, pp. 5-8.
NAVARRO, Desiderio, éd., 1996 : *Intertextualité. Francia en el origen de un término y el desarrollo de un concepto*, La Habana, Criterios.
ORECCHIA HAVAS, Teresa, 1988 : « Mythologies et littérature : Notes sur l'œuvre de Leopoldo Marechal », dans *Les Mythes identitaires en Amérique Latine*, Paris, Publications de la Sorbonne Nouvelle (*América*, cahiers du Centre de Recherches Interuniversitaire sur les Champs Culturels en Amérique Latine, n° 3), pp 255-279.
PAZ, Juan Carlos, 1955 : *Introducción a la música de nuestro tiempo*, Buenos Aires, Editorial Nueva Visión.
PERLE, Georges, 1977 : « The Secret Programme of the Lyric Suite », I, II, III, *Musical Times*, volume 118, n° 1614, 1615, 1616, August, September, October, pp. 629-632, 709-713, 809-813.
PIETRO, Aurora de et CASTILLO, Cátulo, 1947 : *Danzas Argentinas*, Buenos Aires, Peuser.

PLESCH, Melanie, 1996 : « La música en la construcción de la identidad cultural argentina : el *topos* de la guitarra en la producción del primer nacionalismo », *Revista Argentina de Musicología*, n° 1, pp. 57-68.

PLESCH, Melanie, 2002 : « De mozas donosas y gauchos matreros », *Huellas*, Universidad de Cuyo, n° 2, pp. 24-31.

POIRIER, Alain, 1995 : *L'Expressionnisme et la musique*, Paris, Fayard.

POULIN, Jean Claude, 1983 : « Homenaje a Alberto Ginastera : Rigor e integridad 1916 - 1983 », *Journal de Genève, Revista Musical Chilena*, Año XXXVII, n° 159, enero-junio, pp. 111-112.

PUJOL, Sergio, 2002 : *La década rebelde. Los años sesenta en la Argentina*, Buenos Aires, Emecé.

RICHARDS, James Edward Jr., 1985 : *Pitch Structure in the Opera Don Rodrigo of Alberto Ginastera*, Ph. D. diss., University of Rochester, Rochester, New York.

ROSEN, Charles, 2000 : *Le Style classique*, traduit de l'anglais par Marc Vignal et Jean-Pierre Cerquant, Paris, Gallimard.

SADAÏ, Yizhak, 1993 : « D'une phénoménologie du style musical », *Analyse musicale*, n° 32, 3e trimestre, pp. 34-39.

SAID, Edward W., 1994 : « Yeats et la décolonisation », dans *Nationalisme, colonialisme et littérature*, Lille, Presses Universitaires de Lille.

SALZMAN, Eric, 1988 : *Twentieth-Century Music, An Introduction*, Englewood Cliffs, Prentice-Hall.

SAMUEL, Claude, 1962 : *Panorama de l'art musical contemporain*, Paris, Gallimard.

SCARABINO, Guillermo, 1987 : « Juan Carlos Paz y el 'Grupo Renovación' », *Revista del Instituto de Investigación Musicológica Carlos Vega*, Año 8, n° 8, pp. 23-32.

SCARABINO, Guillermo, 1996 : *Alberto Ginastera : Técnicas y estilos (1935-1950)*, Buenos Aires, Facultad de Artes y Ciencias Musicales, Universidad Católica Argentina, Cuaderno n° 2.

SCHECHTER, John M., 2001 : « Yaravi », *The New Grove Dictionary of Music and Musicians*, London, volume 27, p. 642.

SCHOENBERG, Arnold, 1977 : *Le Style et l'idée*, écrits réunis par Léonard Stein, traduit de l'anglais par Christiane de Lisle, Paris, Buchet-Chastel.

SCHWARTZ-KATES, Deborah, 1997 : *The Gauchesco Tradition as a Source of National Identity in Argentine Art Music (1890-1955)*, Ph. D. diss., University of Texas, Austin.

SCHWARTZ-KATES, Deborah, 2001 : « Ginastera, Alberto (Evaristo) », *The New Grove Dictionary of Music and Musicians*, London, vol. 9, pp. 875-879.

SCHWARTZ-KATES, Deborah, 2002 : « Alberto Ginastera, Argentine Cultural Construction, and the Gauchesco Tradition », *The Musical Quarterly*, n° 86 (2), summer, pp. 248-281.

SLONIMSKY, Nicolás, 1947 : *La música de América Latina*, Buenos Aires, El Ateneo.

SPANGEMACHER, Friedrich, éditeur, 1984 : *Alberto Ginastera*, Bonn, Boosey & Hawkes.

SPRAGUE SMITH, Carleton, 1985 : « Alberto Ginastera's Duo for flute and oboe », *Latin American Music Review*, vol. 6, n° 1, spring-summer, pp. 85-93.

STEVENSON, Robert, 1985 : « Ginastera's Arrangement of an Organ Toccata by Domenico Zipoli : Some Recollections about the career of a Master Composer », *Latin American Music Review*, volume 6, n° 1, spring-summer, pp. 94-96.

STUART POPE, W., 1985 : « The Composer-Publisher Relationship : Chronicle of a Friendship », *Latin American Music Review*, volume 6, n° 1, spring-summer, pp. 97-107.

STUCKENSCHMIDT, H. H., 1969 : *La Musique du XXe siècle*, Paris, Hachette.

SUAREZ URTUBEY, Pola, 1965 : « Alberto Ginastera's *Don Rodrigo* », *Tempo*, n° 74, autumn, pp. 11-18.

SUAREZ URTUBEY, Pola, 1967 : *Alberto Ginastera*, Buenos Aires, Ediciones Culturales Argentinas.

SUAREZ URTUBEY, Pola, 1968 : « Ginastera's *Bomarzo* », *Tempo*, n° 84, spring, pp. 14-21.

SUAREZ URTUBEY, Pola, 1972 : *Alberto Ginastera en cinco movimientos*, Buenos Aires, Lerú.

SUAREZ URTUBEY, Pola, 1986 : « Alberto Ginastera (1916 – 1983) », *Revista del Instituto de Investigación Musicológica Carlos Vega*, Año 7, n° 7, pp. 137-152.

SUAREZ URTUBEY, Pola, 1999 : « Ginastera, Alberto », *Diccionario de la música española e hispanoamericana*, Madrid, pp. 625-642.

SUCHOFF, Benjamin, 1995 : *Bartók : Concerto for Orchestra. Understanding Bartók's World*, New York, Prentice-Hall, Schirmer Books.

TABOR, Michelle, 1994 : « Alberto Ginastera's Late Instrumental Style », *Latin American Music Review*, volume 15, n° 1, spring-summer, pp. 1-31.

TAN, Lilian, 1984 : « An Interview with Alberto Ginastera », *American Music Teacher*, XXXIII, 3, pp. 6-8.

The New Harvard Dictionary of Music, 1986 : entrée « Nationalism », Cambridge, Harvard University Press, p. 527.

TOUCHARD, Jean et ROUQUIÉ, Alain, 1972 : *La République Argentine*, Paris, Presses Universitaires de France.

TRANCHEFORT, François-René, 1978a : *L'opéra. 1. D'Orfeo à Tristan*, Paris, Éditions du Seuil.
TRANCHEFORT, François-René, 1978b : *L'opéra. 2. De Tristan à nos jours*, Paris, Éditions du Seuil.
TREITLER, Leo, 1959 : « Harmonic Procedure in the *Fourth Quartet* of Béla Bartók », *Journal of Music Theory* 3, November, pp. 292-299.
VEGA, Carlos, 1944 : *Panorama de la música popular argentina*, Buenos Aires, Losada.
VEGA, Carlos, 1986 (éd. or. 1952) : *Las danzas populares argentinas, tomo II*, Buenos Aires, Dirección Nacional de Música, Ministerio de Educación y Justicia.
VEGA, Carlos, 1953 : *El Malambo*, Buenos Aires, Julio Korn.
VEGA, Carlos, 1956 : *El origen de las danzas folklóricas*, Buenos Aires, Ricordi Americana.
VEGA, Carlos et PIETRO, Aurora de, 1962 : *Danzas Argentinas*, Buenos Aires, Ediciones Culturales Argentinas, Ministerio de Educación y Justicia.
VEGA, Carlos, 1965 : *Las canciones folklóricas argentinas*, Buenos Aires, Instituto de Musicología, Ministerio de Educación de la Nación.
VERDEVOYE, Paul, 1992 : « Gaucho et littérature : tradition populaire et création savante (jusqu'à *Don Segundo Sombra*) », dans *Le Gaucho dans la littérature argentine*, Paris, Presses de la Sorbonne nouvelle (*América*, cahiers du Centre de Recherches Interuniversitaire sur les Champs Culturels en Amérique Latine, n° 11), pp. 11-20.
VINAY, Gianfranco, 1996 : « 'Pour' et 'contre' Stravinsky : la réception de *la poétique musicale* en France et en Allemagne après la deuxième guerre mondiale », dans *La musique depuis 1945. Matériau, esthétique et perception*, Bruxelles, Mardaga.
WALLACE, David Edward, 1964 : *Alberto Ginastera : An Analysis of his Style and Techniques of Composition*, Ph. D. diss., Northwestern University, Illinois.
WALTON, Kendall, 1992 : « Catégories de l'art », dans *Esthétique et poétique*, Paris, Éditions du Seuil (*Points/Essais*).
WISEMAN, Cynthia, 1985 : « Alberto Ginastera », *Guitar Review*, Volume 61, spring, pp. 11-14.

L'HARMATTAN, ITALIA
Via Degli Artisti 15 ; 10124 Torino

L'HARMATTAN HONGRIE
Könyvesbolt ; Kossuth L. u. 14-16
1053 Budapest

L'HARMATTAN BURKINA FASO
Rue 15.167 Route du Pô Patte d'oie
12 BP 226
Ouagadougou 12
(00226) 50 37 54 36

ESPACE L'HARMATTAN KINSHASA
Faculté des Sciences Sociales,
Politiques et Administratives
BP243, KIN XI ; Université de Kinshasa

L'HARMATTAN GUINEE
Almamya Rue KA 028
En face du restaurant le cèdre
OKB agency BP 3470 Conakry
(00224) 60 20 85 08
harmattanguinee@yahoo.fr

L'HARMATTAN COTE D'IVOIRE
M. Etien N'dah Ahmon
Résidence Karl / cité des arts
Abidjan-Cocody 03 BP 1588 Abidjan 03
(00225) 05 77 87 31

L'HARMATTAN MAURITANIE
Espace El Kettab du livre francophone
N° 472 avenue Palais des Congrès
BP 316 Nouakchott
(00222) 63 25 980

L'HARMATTAN CAMEROUN
BP 11486
(00237) 458 67 00
(00237) 976 61 66
harmattancam@yahoo.fr

631297 - Novembre 2015
Achevé d'imprimer par